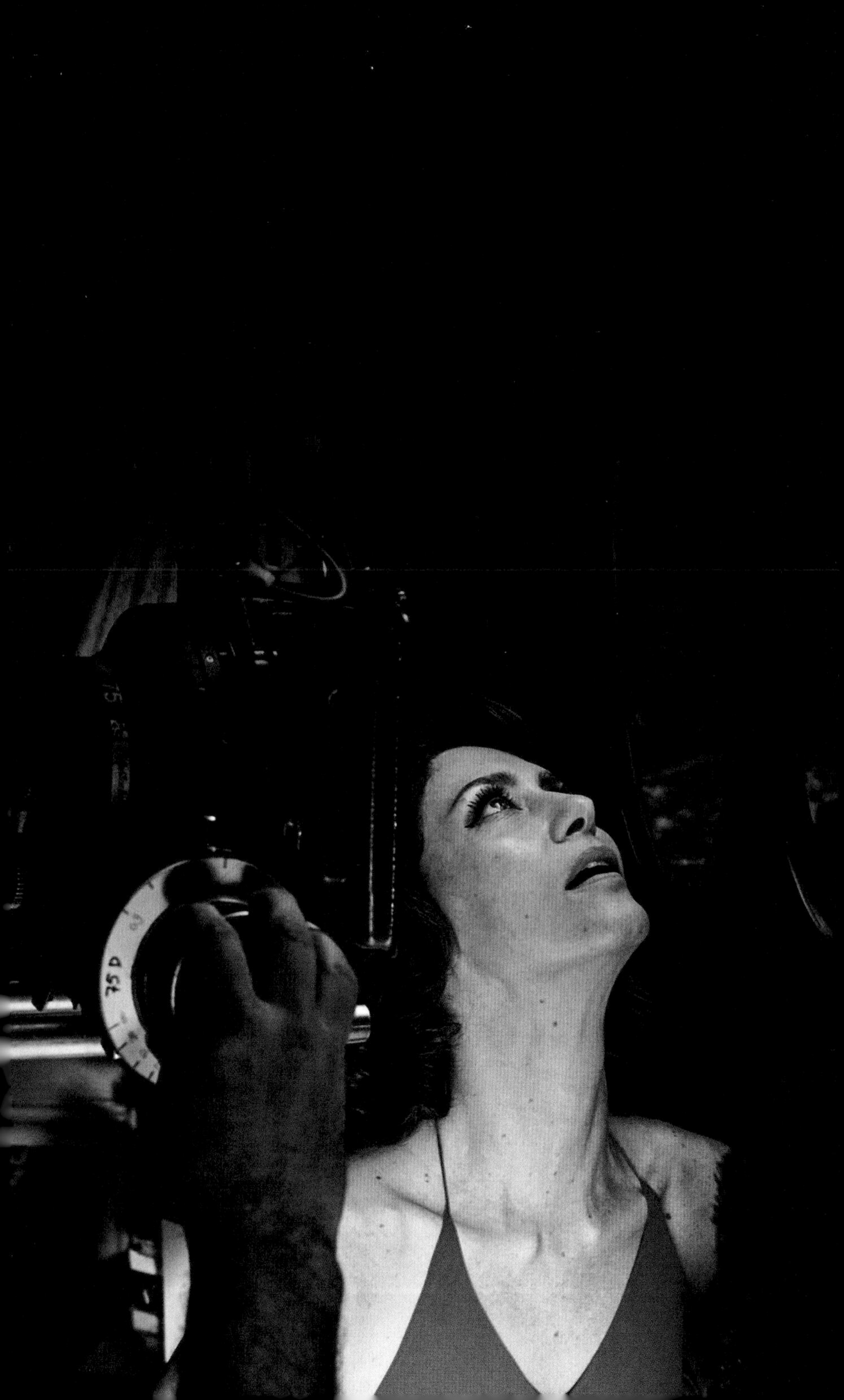

MELINA DALBONI

DIÁRIO DE UM FILME

A PAIXÃO SEGUNDO G.H.

Rocco

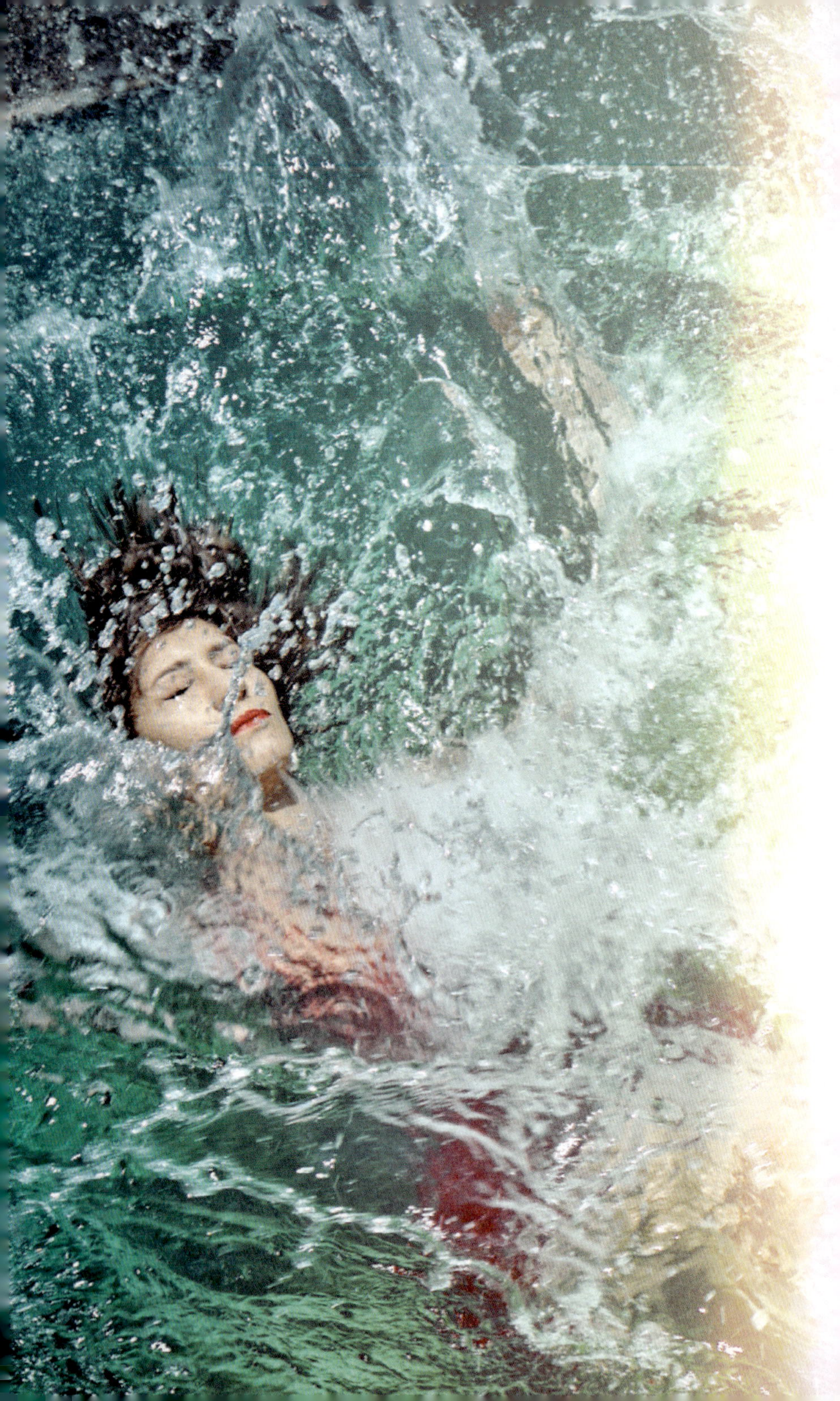

"Este livro é como um livro qualquer.
Mas eu ficaria contente se fosse lido
apenas por pessoas de alma já formada.
(...)
Aquelas pessoas que, só elas,
entenderão bem devagar que
este livro nada tira de ninguém.
A mim, por exemplo,
o personagem G.H.
foi dando pouco a pouco
uma alegria difícil;
mas chama-se alegria."

Clarice Lispector

Para Leonardo Macedo e Betina Dalboni.

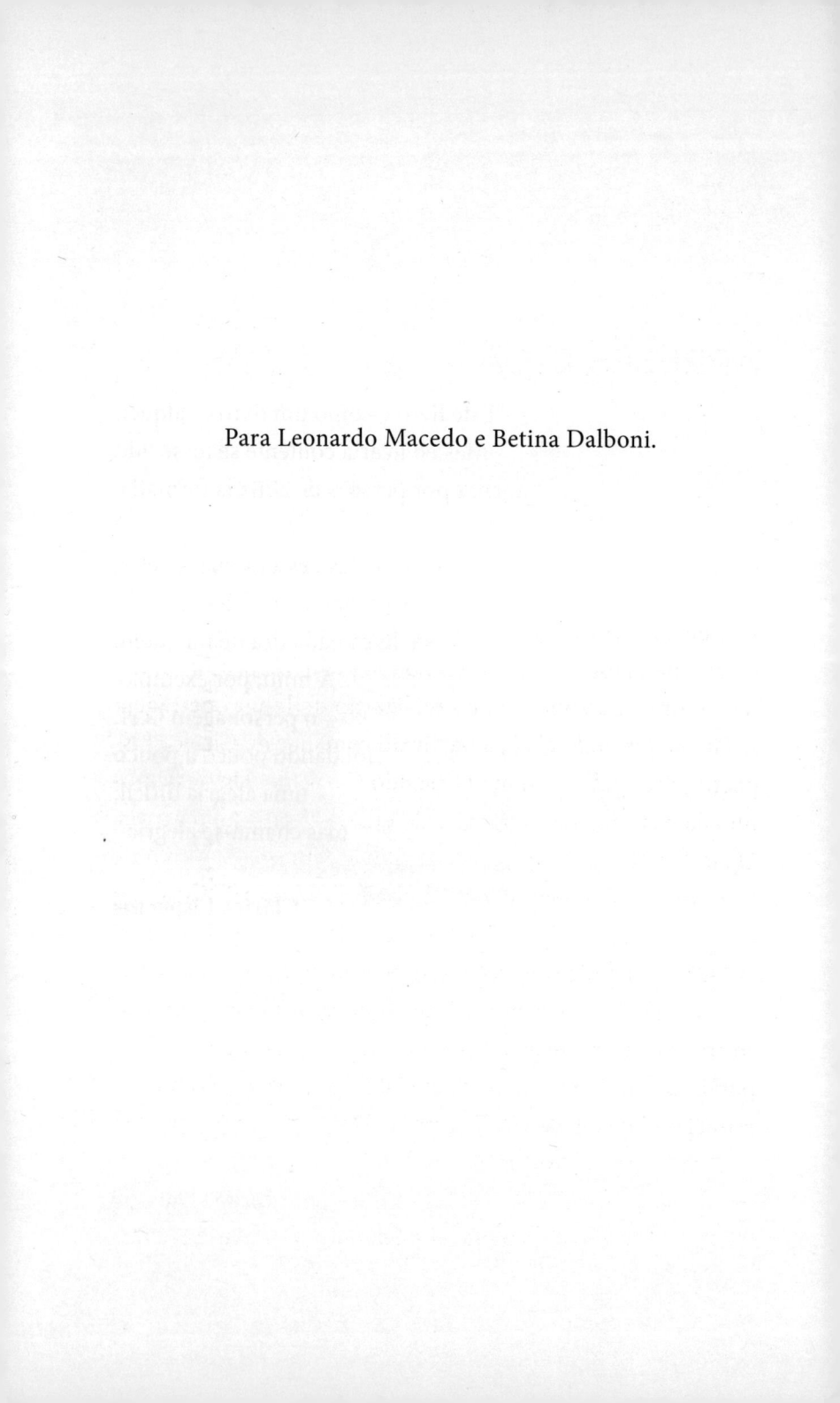

APRESENTAÇÃO

Um ensaio de caráter inapropriadamente pessoal sobre o fazer cinematográfico. Um relato em primeira pessoa, como narradora e personagem, da realização do longa-metragem *A Paixão Segundo G.H.*, a partir do romance de Clarice Lispector e dirigido por Luiz Fernando Carvalho. Um testemunho da história que há por trás do que se vê projetado na tela. O espelhamento dos temas atravessados no romance e no filme e revelados no elenco e equipe. A jornada se inicia motivada pela paixão pelo cinema e pela literatura e se descortina na descoberta radical do que se oferece na suspensão do tempo e da ação.

Este diário reúne quase dois anos que reconstituem o processo criativo que parte do estudo do livro *A paixão segundo G.H.*, publicado em 1964, e termina em 2023, poucos meses antes da estreia do filme *A Paixão Segundo G.H.*

A vida dentro da vida.

Melina Dalboni
Roteirista de *A Paixão Segundo G.H.* (2023)

O Percurso G.H.

PRIMEIRO ATO

Outubro, 2017 — Arte, ofício e sacrifício
Maio, 2018 — Oficinas Teóricas
Junho, 2018 — Pesquisa de linguagem visual
Julho, 2018 — Mudança da ordem dos filmes

SEGUNDO ATO

Julho, 2018 — Pesquisa de locação
Agosto, 2018 — Leitura de mesa do romance
Setembro, 2018 — Pré-produção. Direção de arte e roteiro
Outubro, 2018 — Pré-produção. Escalação da personagem Janair e chegada da atriz Maria Fernanda Candido

TERCEIRO ATO

18 a 21 de outubro, 2018 — Início das filmagens. O quarto de empregada
22 a 28 de outubro, 2018 — Filmagem. O café da manhã

29 de outubro a 3 de novembro, 2018 — Filmagem. A carta
4 a 10 de novembro, 2018 — Últimos dias de filmagem. Top Bambino
Janeiro a julho, 2019 — Roteiro final na montagem

PRIMEIRO ATO

PRIMEIRO ATO

Outubro, 2017. Rio de Janeiro. Arte, ofício e sacrifício

O encontro cinematográfico entre Clarice Lispector e Luiz Fernando Carvalho está previsto para acontecer em 2019. *A Paixão Segundo G.H.* será filmado quase que imediatamente após um outro filme com roteiro original do diretor chamado *Objetos Perdidos*. A equipe será a mesma, inclusive. Em dezembro, os ensaios dos dois projetos vão começar a correr em paralelo num galpão na Lapa, em São Paulo, onde nos anos 1980 funcionava uma fábrica. A equipe começa a transformar o espaço no chamado Galpão criativo, conceito idealizado pelo cineasta e aplicado em todos os seus projetos desde os ensaios de *Lavoura Arcaica* (2001), em 1997. A ênfase da preparação dos atores será em *Objetos Perdidos*, que será rodado primeiro, possivelmente em meados de 2018.

* * *

A Paixão Segundo G.H. não tem roteirista previsto no orçamento. A função não existe nem é desejada pelo diretor, que rejeita a ideia de se escrever uma adaptação do romance de Clarice, classificado como sem gênero definido e infilmável. Luiz Fernando deseja filmar a partir do livro, sem nenhuma intermediação entre literatura e cinema, como fez em *Lavoura Arcaica* (2001), a partir do livro homônimo de Raduan Nassar.

É na impossibilidade que se dá minha conexão com o filme diante do desejo de atuar como colaboradora no roteiro de *G.H.* e da iminente realização deste projeto que será filmado após duas décadas desde sua idealização. Nos meses anteriores, eu havia editado em forma de livro o roteiro de *Objetos Perdidos* e mergulhado no vasto arquivo dos trinta anos de carreira do cineasta para criação do seu site pessoal.

Os dois novos filmes começam a sair do papel, e testemunho os relatos destes primeiros passos. Não viver esta aproximação artística rara entre a literatura radical de Clarice Lispector e o cinema autoral de Luiz Fernando Carvalho — dois artistas brasileiros que sempre preferiram se definir como amadores, e não profissionais, para preservar a liberdade — não me soa como uma opção. Mesmo sem saber exatamente como me situar dentro da equipe de *G.H.*, minha trajetória profundamente ligada à escrita, que inclui quinze anos no exercício do jornalismo, me apontam o caminho.

Luiz Fernando, uma das pessoas mais intuitivas com quem convivi, percebe minha encruzilhada profissional — sem que eu muito lhe diga sobre isso. Conversamos horas seguidas sobre o tema, durante as quais o deixo falar sem lhe dizer muita coisa. "Quem é você no mundo? O que quer realizar?" Não é uma conversa confortável. Quanto mais ele pergunta, mais me calo. Quanto mais me perco, mais me fecho. É quando ele me provoca dizendo o que eu já pensava: "Você não quer fazer *G.H.*? Vem para *G.H.*?"

Ele me chama para integrar a equipe criativa do filme como dramaturga. E reforça: *A Paixão Segundo G.H.* não terá roteiro.

Dias depois dessa conversa, mexo numa caixinha daquelas dadas como lembranças de batizado em que se tira pedacinhos de papel com versículos aleatórios como se fossem recados da sorte. Puxo um deles pensando em tudo isso. No papel, lê-se: "Lembre-se de tuas ofertas, e aceite os teus sacrifícios." Está dito.

Meses antes, eu havia lido num dos cadernos do diretor usados durante as filmagens de *Lavoura Arcaica* uma frase escrita por ele, provavelmente em 1999, num momento de profundas incertezas diante da finalização das filmagens, interrompidas por questões orçamentárias. "Arte é ofício e sacrifício." Embaixo da frase, uma foto cortada ao meio com o rosto de Clarice Lispector.

Maio, 2018. Galpão, São Paulo. Oficinas Teóricas

O Galpão criativo criado por Luiz Fernando Carvalho em parceria com a Academia de Filmes, uma das produtoras dos dois projetos cinematográficos, está repleto de convidados por volta das 15h, quando chego. Sobre o tablado, profissionais dos departamentos criativos e o elenco. Estão todos sentados no chão. Além destes, estão presentes também duas dezenas de atores de grupos de teatro independente de São Paulo.

    É o primeiro dia das Oficinas Teóricas dos filmes *Objetos Perdidos* e *A Paixão Segundo G.H.*, etapa importante dentro do processo criativo do cineasta. Há vinte anos, Luiz Fernando oferece uma série de seminários apresentados por estudiosos ligados ao tema da obra em que está trabalhando. Os encontros elucidam e apontam caminhos, puxam novos fios na criação e servem de coluna intelectual e emocional da construção para os atores, para toda a equipe artística e técnica e, especialmente, para o próprio diretor, quase sempre o ouvinte mais atento e o que mais faz perguntas, sejam para guiar a reflexão do grupo ou por pesquisa pessoal.

Com a plateia completa, Luiz Fernando entra no Galpão acompanhado do primeiro convidado, o músico, compositor e ensaísta José Miguel Wisnik.

* * *

Luiz Fernando, então com cinquenta e sete anos, é uma das figuras mais celebradas e misteriosas do audiovisual contemporâneo no Brasil. Algo entre mestre, como chamam alguns, e indomável, como apontam outros. Eu o conheci em 2012 quando, então repórter do jornal *O Globo*, escrevi um e-mail convidando-o a dirigir um ensaio fotográfico inspirado na personagem Branca de Neve. Nunca havíamos nos falado antes. Embora o jornal não fosse uma plataforma onde ele costumava se expressar, Luiz Fernando não só aceitou o convite como conduziu o editorial exatamente com o mesmo rigor artístico com que se dedica aos projetos de televisão e cinema. Logo depois da segunda reunião, com a presença da estilista e figurinista Thanara Schönardie, na época uma de suas novas parceiras de trabalho, intuí que o percurso seria completamente novo para mim e para o próprio jornal.

* * *

No tablado do Galpão, Luiz Fernando apresenta seu convidado, num tom que lembra uma noite de estreia: "Senhoras e senhores, com vocês, José Miguel Wisnik."

Antes de começar sua apresentação, que se estende por cerca de quatro horas, Wisnik diz: "Quero dizer que eu estou onde eu queria estar, falando sobre aquilo que eu queria falar." O ensaísta é um dos grandes estudiosos da obra de Clarice Lispector no Brasil. Profundo conhecedor da cultura brasileira, ele é capaz de discorrer sobre os mais diversos temas, entre eles as manifestações populares que, em cruzamento, resultaram em movimentos como o Modernismo de 1922 e a Tropicália, da qual Wisnik, inclusive, é parte integrante.

Com o enorme dom de narrar e reproduzir os acontecimentos culturais como se fosse capaz de transformar os ouvintes em testemunhas oculares dos fatos contados por ele, Wisnik tem papel fundamental no modo como posteriormente abordaremos a jornada da personagem criada por Clarice Lispector. "É um romance altamente transgressor", ele assinala. E aponta o quanto o livro, publicado em 1964, em plena ditadura militar, dialoga ainda hoje de maneira vertical com o momento brasileiro e, sobretudo, com o lugar e a necessidade de romper tantas fronteiras que continuam a aprisionar o feminino. "Um livro poderoso de uma mulher empoderada" que faz dos mergulhos interiores e existenciais um paralelo e uma reflexão profunda da vida social e de todas as tensões que cercam G.H., entre tantas outras camadas narrativas.[1]

Maria Fernanda Candido, a protagonista, está sentada no chão, bem na frente. Na metade da palestra, a atriz divide com Wisnik, e com todos, o sentimento diante do paralelo entre a vivência de Clarice e o que ela própria experimenta em sua vida pessoal naquele momento.

---

[1] "Um romance altamente transgressor", síntese da apresentação de José Miguel Wisnik, página 245.

* * *

Em uma de suas crônicas, Clarice Lispector revela que vive de coincidências, das linhas que incidem uma na outra e se cruzam. De coincidências também vive sua obra.

Maria Fernanda Candido tem a mesma idade da escritora quando esta publicou o romance: quarenta e quatro anos. Clarice Lispector já era mãe de dois meninos, Pedro e Paulo, e havia voltado poucos anos antes ao Brasil, em 1959, após uma longa temporada vivendo no exterior por causa de seu casamento, que então chegara ao fim.

Assim como a escritora, a atriz também é mãe de dois meninos que têm exatamente a mesma idade dos filhos de Clarice na época em que ela lançou o romance. Maria Fernanda é casada com um empresário francês e se divide atualmente entre São Paulo e Paris, onde é a estrangeira.

Os pontos de contato que sobrepõem vida e obra de Clarice e Maria Fernanda haviam ganhado mais e mais camadas ao longo do período de estudo e das oficinas de corpo, voz e interpretação para os dois filmes realizadas naqueles últimos seis meses. As fronteiras entre a atriz e a personagem se diluem ao longo do processo. Maria Fernanda integra o elenco dos dois filmes que serão rodados. É a G.H. de *A Paixão Segundo G.H.* e é a Atriz de *Objetos Perdidos*. Na apresentação de José Miguel Wisnik, as coincidências que a intérprete compartilha com o grupo já tinham sido identificadas pela própria atriz após meses de elaboração, estudos e ensaios.

Chamar G.H. de personagem não cabe no vocabulário da artista. Ela não consegue nomeá-la assim. Sem se dar conta, prefere chamar G.H. de outro modo: "Essa mulher." É a forma que a intérprete parece ter encontrado para se referir ao seu papel. Talvez porque o trabalho de atuação no filme tenha sido desconstruído pelo diretor a ponto de nem ela mesma entendê--lo como interpretação. Talvez porque a preparação para os dois filmes tenha sido intensa a ponto de G.H. estar intimamente viva em Maria Fernanda, exatamente como ocorre numa leitura mais atenta do romance, em que o próprio leitor tem a perturbadora percepção de que a personagem é de certa forma um espelho de seus sentimentos mais íntimos.

De alguma maneira, a atriz começou a se aproximar deste papel em 2002, quando Luiz Fernando começou a dar à intérprete trechos manuscritos por ele de *A Paixão Segundo G.H.* Sem lhe revelar o nome do livro e da autora, o diretor lhe entregava estas notas soltas com o intuito de alimentar o subtexto da personagem dela no primeiro trabalho que fizeram juntos para a televisão. Maria Fernanda tinha vinte e nove anos. Um tempo depois, ele a presenteou com um exemplar do romance.

Quase quinze anos depois, em 2017, no período em que definia os detalhes para iniciar a produção do filme, Luiz Fernando teve um encontro com Paulo Gurgel Valente, filho de Clarice Lispector. O cineasta ainda não havia revelado quem tinha escolhido para protagonista do filme. Segurando um pedaço de papel dobrado em uma das mãos, o diretor perguntou a Paulo quem seria a atriz brasileira mais parecida com sua mãe. Paulo não precisou pensar muito e logo disse um nome em resposta. Em silêncio, o cineasta lhe entregou o papel que coincidia com a resposta. Quando Paulo o desdobrou, estava escrito à mão: Maria Fernanda Candido.

As duas, escritora e atriz, têm proporções de rosto semelhantes, especialmente as maças acentuadas e os olhos claros e amendoados. A mesma beleza hipnotizante.

* * *

Por diversos motivos, o quarto dia das Oficinas Teóricas, que tiveram curadoria de Ilana Feldman e coordenação de Cris Guzzi, é clariceano. Como muitas das narrativas da escritora, ele começa de forma aparentemente banal, para usar o vocabulário dos estudiosos da obra. Inicia-se com uma aula apresentada de modo bem tradicional sobre a biografia da escritora a partir de fotos conduzida pela professora de Literatura Nádia Battella Gotlib, uma das biógrafas de Clarice Lispector.[2]

Acompanhada de Luiz Fernando, Nádia entra no Galpão depois de conversar com o diretor. Todos os dias, ele recebe o palestrante aproximadamente uma hora antes para apontar alguns elementos importantes que poderão ser guiados durante o seminário de maneira a provocar criativamente a equipe. Numa metodologia desenvolvida pelo cineasta há mais de duas décadas que privilegia a criação coletiva, interessa a ele ter na plateia das Oficinas Teóricas não apenas os líderes de departamentos, mas também todos os envolvidos no projeto, mesmo que tenham funções puramente técnicas, como costureiras e motoristas.

Como uma professora, o que é também, Nádia sobe no tablado, onde quase todos estão sentados no chão, e se senta na cadeira em frente a uma pequena mesa. No projetor, mostra imagens da escritora desde bebê, passando pela juventude até a vida de casada fora do Brasil. Constrói sem pressa o panorama da personalidade e da história de vida. Em primeiro plano, vemos Nádia à mesa e, ao fundo, no telão, as fotos. Uma das maiores autoridades em Clarice Lispector no país e no mundo, Nádia é responsável por escavar e pesquisar sobre a escritora,

---

2 GOTLIB, Nádia Battella. *Clarice: Uma vida que se conta*. EDUSP, 1995.
_____. *Clarice: Fotobiografia*. EDUSP, 2007.

fundamentando-se tanto nos dados de caráter biográfico quanto em considerações críticas sobre sua obra literária, o que permitiu a todos os outros estudiosos que se seguiram avançar nas investigações.

"O que eu poderia ter sido se não fosse o que eu fui?" A biógrafa inicia a palestra[3] com este enigma escrito por Clarice Lispector e começa a falar sobre o estado de exílio e não pertencimento eterno que guiou sua literatura. Aos poucos, ao longo das quase cinco horas de apresentação, tudo ganha contornos de uma lente de aumento, Nádia vai ficando cada vez mais parecida com a própria Clarice, tanto fisicamente quanto nas provocações aparentemente despretensiosas que faz.

Nádia é uma mulher elegante. Seus olhos amendoados e grandes se tornam mais luminosos e magnéticos ao longo da apresentação conforme ela serpenteia e vai enlaçando a plateia com seu conhecimento irrestrito sobre Clarice Lispector. Ela domina tanto sua personagem, que conhece até o perfume de nome clariceano usado pela escritora: Improviso.

Conforme sua fala se estende, ela vai ao mesmo tempo se tornando mais íntima da plateia. Ela faz paralelos com Fernando Pessoa, aborda o procedimento narrativo de desmontagem usado por Clarice Lispector e expõe o percurso de G.H. de descascar as normas da civilização. Nádia reforça o ponto central do romance, mostrando que ao desejar atingir a essência da barata, descascando cada uma de suas camadas, G.H. quer atingir a essência de si mesma como mulher.

---

3 "To be and not to be at the same time", síntese da apresentação de Nádia Battella Gotlib, página 210.

Ao falar sobre G.H. ela conduz a compreensão do que representa a barata no romance. "Nós, os leitores, e agora os espectadores, somos a barata." Sexualidade, libido, êxtase, delírio orgástico, atrito erótico e ato de liberdade. Nádia ilumina o romance a partir da ideia de um texto de memória, com capacidade de presentificar a ação, sobre os estados da paixão, da dor, do prazer e da liberdade de ser e de não ser ao mesmo tempo.

Ela exemplifica ainda como vida e obra da autora se confundem de modo que as fronteiras entre G.H. e Clarice Lispector se entrecruzam. É ficção, mas tratando-se da escritora, é matéria viva pulsante. Sua orientação guia o nosso olhar para o romance a tal ponto que despertou no cineasta a ideia de convidá-la para integrar a equipe do filme também em todas as etapas posteriores à preparação, como leitura dramática e montagem.

* * *

A presença de Wisnik e de Nádia nas Oficinas Teóricas parece ter iluminado G.H. a tal ponto que nós da equipe começamos a falar do tema de forma quase monotemática, como se esse fosse o primeiro filme a ser rodado. Por *A paixão segundo G.H.* ser um livro publicado em 1964 e *Objetos Perdidos* ser um texto original do cineasta finalizado em 2017, naturalmente os especialistas convidados têm mais conhecimento da obra de Clarice Lispector, sobre a qual numerosos estudiosos já se debruçaram. Talvez seja este o motivo da impressão que passo a ter de que *G.H.* domina a atenção de todos mesmo que o projeto esteja previsto para ser filmado somente em 2019. E talvez seja mais provável que minha impressão venha do fato de que sou a única da equipe com a atenção voltada unicamente para o romance de Clarice Lispector.

* * *

Luiz Fernando Carvalho tem uma profunda ligação com a literatura desde a universidade, onde estudou Letras e Arquitetura. A escolha destas duas cadeiras na juventude aponta exatamente para o olhar que ele construiu como cineasta: igualmente rigoroso e inventivo com a imagem e o texto. Ele é, antes de mais nada, um devoto das entrelinhas da literatura.

Já tendo trabalhado com obras de escritores como Raduan Nassar, em *Lavoura Arcaica* (2001); Eça de Queirós, em *Os Maias* (2001); Ariano Suassuna, em *A Pedra do Reino* (2007); Machado de Assis, em *Capitu* (2008), Milton Hatoum, em *Dois Irmãos* (2017), Clarice Lispector, em *Correio Feminino* (2013), e Graciliano Ramos, em *Alexandre e Outros Heróis* (2013); ele busca nas entrelinhas do texto literário a matéria-prima para a criação das imagens — nunca o contrário. Todas as nuances do filme *A Paixão Segundo G.H.*, desde a paleta de cores à investigação de lentes criadas especialmente para as filmagens estavam sendo reveladas a partir da literatura.

A paixão de Luiz Fernando por este universo vem da adolescência, quando conviveu com a biblioteca de seu pai, um engenheiro civil (ferroviário) apaixonado por livros. Ele exerceu forte influência no hábito de leitura, estimulando a curiosidade do filho diante de livros e prateleiras que só poderiam ser acessadas conforme determinada idade. A cada aniversário, o jovem ganhava permissão para ler novos livros — entre eles romances europeus do século XIX, passando por filósofos como Schopenhauer e Karl Marx até regionalistas brasileiros dos anos 1940 e poetas como Cecília Meireles e Carlos Drummond de Andrade — em edições amareladas que o cineasta guarda até hoje.

Foi no final da década de 1990, quando já tinha roteirizado e dirigido seu premiado curta-metragem, *A Espera* (1986), baseado em um capítulo de *Fragmentos de um discurso amoroso*, de Roland Barthes, que Luiz Fernando decidiu se matricular na faculdade de Letras com o desejo de escrever para cinema.

* * *

No dia seguinte à apresentação de Nádia, duas estudiosas mais jovens do Rio de Janeiro, igualmente apaixonadas por Clarice Lispector e que tiveram a obra da escritora como tema de suas teses de doutorado e mestrado, se apresentam no Galpão. Autora do livro *Esboços não acabados e vacilantes: Despersonalização e experiência subjetiva na obra de Clarice Lispector*, a psicóloga Rafaela Zorzanelli fala sobre o desmanchamento, o pensar-sentir e a experiência da despersonalização em *A paixão segundo G.H.*[4]

Já a professora de Literatura Flavia Trocoli, autora de ensaios em torno de Clarice Lispector, Virginia Woolf, Marcel Proust e Marguerite Duras, lança uma provocação a partir de Proust: "O livro é uma lente que faz com o que leitor leia seu próprio inconsciente."[5] A frase é a senha para que aos poucos Flavia vá se

---

4 "'Esquecer-se de si e no entanto, viver tão intensamente': A vitalidade da despersonalização", síntese da apresentação de Rafaela Zorzanelli, página 273.
5 PROUST, Marcel. *O tempo redescoberto*. Rio de Janeiro: Biblioteca Azul, 2013. "Na realidade, todo leitor é, quando está lendo, um leitor de si mesmo. A obra não passa de uma espécie de instrumento óptico oferecido ao leitor a fim de lhe ser possível discernir o que, sem ela, não teria certamente visto em si mesmo."

permitindo nos revelar os pontos em comum entre ela mesma e G.H. As interseções entre quem fala e Clarice Lispector compõem uma pergunta que Luiz Fernando faz a quase todas as palestrantes. Flavia responde que tem mania de arrumar. Nádia, por exemplo, evitou responder de forma direta o que tinha de comum com a escritora ou com a personagem, mas não conseguiu se impedir de mimetizar e, de algum modo, virar um pouco a própria Clarice diante da provocação do cineasta. As clariceanas, como são chamadas as estudiosas da autora, têm uma devoção não só a Clarice Lispector e à sua obra, mas também à sua figura feminina.

Citando um poema de Álvaro de Campos, heterônimo de Fernando Pessoa, para traduzir a desmontagem da protagonista, Flavia[6] mostra como a personagem da empregada, Janair, despe G.H. de suas máscaras e de seus atributos: "A minha alma partiu-se como um vaso vazio./ Caiu pela escada excessivamente abaixo./ Caiu das mãos da criada descuidada./ Caiu, fez-se em mais pedaços do que havia loiça no vaso. (...) Tenho mais sensações do que tinha quando me sentia eu.[7]"

No dia seguinte, assistimos a mais dois seminários: o da professora de literatura Yudith Rosenbaum, sobre *G.H.*, e o da psicanalista Maria Rita Kehl, sobre a questão do amor em *Objetos Perdidos*. Assim como Maria Rita, outros estudiosos foram convidados para falar de *Objetos Perdidos*, como o psicanalista Carlos Byington (1933-2019), colaborador de longa data do cineasta, e os filósofos Marcio Seligmann e Marc Berdet, ambos estudiosos da obra de Walter Benjamin.

---

6 "A experiência da paixão: Da reconstituição impossível ao ato de invenção", síntese da apresentação de Flavia Trocoli, página 281.
7 PESSOA, Fernando. "Apontamento." Obra completa de Álvaro de Campos. Lisboa: Edições Tinta da China, 2019.

Mesmo depois de tantas horas de apresentações sobre Clarice Lispector já realizadas nas Oficinas Teóricas, Yudith consegue nos fazer avançar ainda mais na compreensão do romance.[8] A autora de *Metamorfoses do mal: Uma Leitura de Clarice Lispector* nos revela novas frestas para o entendimento da essência de *G.H.*, especialmente na abordagem da crônica "Geleia como placenta viva"[9] e seu diálogo com *A paixão segundo G.H.* a partir do assombro diante do mundo. Ela nos mostra como a escritora inaugura a experiência da linguagem disruptiva, fragmentada e não linear e ilumina sua capacidade para reinventar os sentidos através de um complexo jogo com as conexões semânticas. O olhar de Clarice para os objetos cotidianos, Yudith diz, é míope.

Estamos no sétimo dia das Oficinas Teóricas e aos poucos nossa visão sobre o romance vai sendo inundada pelos conceitos apresentados e pelos autores citados por cada convidado, o que vai transformando nosso modo de interpretar o livro assim como vai provocando novas reflexões na plateia, especialmente nos jovens estudantes de teatro. Não somente os clariceanos começam a acender luzes sobre a obra. Também somos iluminados e instigados pelas perguntas formuladas pelos ouvintes alheios ao processo criativo do filme. O romance dialoga com muitas questões da mulher contemporânea, como o olhar sobre a mulher negra e sua invisibilidade na sociedade na figura da empregada Janair, e sobre o erotismo e o prazer da mulher construído culturalmente como objeto de satisfação masculina na figura de G.H.

---

8 "O perigo de estar vivo", síntese da apresentação de Yudith Rosenbaum, página 223.
9 LISPECTOR, Clarice. *Todas as crônicas*. Rio de Janeiro: Rocco, 2018.

* * *

Luiz Fernando e parte do núcleo de sua equipe criativa, entre eles a figurinista Thanara Schönardie, a cenógrafa Mariana Villas-Bôas e o assistente de direção Antônio Karnewale, estão hospedados numa mesma casa, em São Paulo. Os quatro moram na cidade desde o início dos ensaios de *Objetos Perdidos*, seis meses antes. É nesta casa que eu e outros colaboradores de fora da cidade também se hospedam temporariamente quando necessário. A convivência é intensa, todos jantam juntos e debatem muitas vezes sobre as experiências do dia. Na prática, a casa funciona como uma espécie de residência artística. De certa forma, a casa é a extensão do Galpão.

Numa dessas conversas, já de madrugada, na cozinha, quando Luiz Fernando e Karnewale falam sobre *G.H.*, dividimos a sensação de que este filme será filmado primeiro, embora o planejamento não seja este. Eles falam sobre alguns entraves de produção de *Objetos Perdidos* enquanto *G.H.* já tem toda sua verba liberada para as filmagens. *A Paixão Segundo G.H.* foi contemplado por um edital nos moldes de um filme de baixo orçamento (B.O.) enquanto *Objetos Perdidos* é um projeto mais complexo de captação.

Em 2005, quando *A Paixão Segundo G.H.* começou a sair do papel, na época sob a produção da Bianca De Felippes, da Gávea Filmes, o longa-metragem foi inscrito por dois anos seguidos em um edital destinado a produções de perfil cultural. Embora o projeto fosse bem pontuado e bastante elogiado, foi rejeitado com a justificativa de se tratar de um filme de baixo potencial mercadológico. Depois de conferir a lista de contemplados neste período, Luiz Fernando, questionando o que seria a contradição do que era considerado um filme de arte pelos editais, decidiu repensar a estratégia e fazer um novo desenho de produção. Num esforço criativo e orçamentário, os custos totais foram reduzidos à metade para viabilizar o filme. Com a devida readequação, *G.H.* foi então inscrito no edital PRODECINE 05/2014, que contempla projetos de linguagem inovadora e relevância artística — o que resultou, enfim, na aprovação.

* * *

No último dia das Oficinas Teóricas, num total de nove dias dedicados aos seminários, o Galpão está mais vazio. O Brasil vive uma crise de abastecimento e transportes, com greves que pararam o país. Por isso, os estudantes de teatro não conseguem mais participar dos encontros em virtude da ausência de ônibus nas ruas de São Paulo.

O último convidado, o filósofo e professor Franklin Leopoldo e Silva, chega ao Galpão com Luiz Fernando. Como acontece todos os dias, o diretor recebe o palestrante antes da apresentação. Franklin é daqueles filósofos que domina o que o fala sem querer fazer tudo parecer um show ou uma live de rede social — como é recorrente hoje. Seu discurso é denso, como se espera do tema, e circular. Ele conduz a plateia a um entendimento sobre o impacto dos romances de introspecção, sobre a dialética entre o mundo exterior e interior e sobre a crise da modernidade na literatura.[10]

* * *

---

10 "A subjetividade na cultura moderna e a revelação em Clarice Lispector", síntese da apresentação de Franklin Leopoldo e Silva, página 252.

Depois de uma semana de estudos, volto ao Rio de Janeiro, para só retornar a São Paulo e ao processo de criação com a equipe em agosto.

* * *

Paira no Galpão um clima de perplexidade em relação ao país. Estamos em 2018, ano de eleições presidenciais, marcadas para outubro.

Junho, 2018. São Paulo. Pesquisa de linguagem visual

O conceito de olhar "míope" que Clarice Lispector direciona para os elementos banais que compõem a rotina de uma mulher, transformando-os em reflexões sobre a própria condição feminina e social, é determinante na investigação ótica com a qual Luiz Fernando irá narrar o filme. Pouco depois das Oficinas, o cineasta inicia em São Paulo uma pesquisa para construir o que chama de Lente G.H. Os testes, com presença de Maria Fernanda Candido, também serão voltados para a pesquisa da sensibilidade da película — se seria 250 ou 500 ASA[11] —, e do laboratório em que o material será revelado. Não há mais na América Latina um único laboratório onde se possa comprar e revelar os negativos.

---

11 Medida de sensibilidade das películas fotográficas e cinematográficas estabelecida pela American Standards Association.

Por telefone, Luiz Fernando me conta que busca um olhar epidérmico sobre G.H., algo semelhante à distância entre a retina de um leitor e as páginas de um livro. É um filme em close, de modo que o enquadramento seja tão aproximado a ponto de desfazer as bordas e o contorno num diálogo com o próprio esfacelamento do "eu" vivido pela personagem no romance e da realidade em si.

Concebida pelo fotógrafo Plínio Higuti e produzida pelo torneiro Clóvis Carmelossi, a Lente G.H. traz uma sobreposição ótica. Construída artesanalmente a partir de material russo da década de 1970, ela é formada por duas características opostas.

Luiz Fernando Carvalho: "Essa lente traz na própria ótica um conflito, fruto da junção entre as óticas de uma grande angular com a de uma teleobjetiva. Uma das lentes diz que o mundo é acessível, aberto e tem foco em tudo enquanto a outra diz que não, que o mundo é fechado, impalpável e que não há foco em nada. São duas óticas contrárias que, unidas, forçam a produção de um terceiro modo ótico. Ela é em si uma deformidade, mas talvez traduza o tal olhar alterado, ao mesmo tempo próximo, epidérmico, a ponto de vermos os espinhos nas patas da barata, e um outro, ilegível, que sugere abismo, espaço abstrato, a decomposição em si. O estado alterado olhando a si mesmo nem sempre se avistará inteiramente. Esta possibilidade de ver o mundo através de seus contrários é uma potência. Permite ver o não visto, mas também é de uma solidão imensa. A linguagem não está numa posição neutra, naturalista, em relação ao mundo.

Há um deslocamento, uma opacidade. A lente com que Clarice lança seu olhar é de tal forma radical que muitas vezes abstrai o próprio mundo."

Com essa lente, o cineasta filmará os superdetalhes do filme, como os closes de G.H. e da barata. O equipamento ótico cria uma imagem abstrata vista por um olho que se assombra diante dos objetos e do mundo. A ideia surgiu das reflexões e estudos do cineasta sobre a arte abstrata — caminho proposto pela própria Clarice, que escreveu: "O abstrato é um real mais difícil."

Nestas investigações, Luiz Fernando também escolhe filmar no formato *full frame*, quadrado e com bordas arredondadas, respeitando exatamente o formato original do negativo 35mm. Para o diretor, as janelas seriam um artifício de linguagem, um adereço.

Participa dos testes de lente o diretor de fotografia de *G.H.*, Paulo Mancini. Fotógrafo do segmento de publicidade e com mais de trinta anos de experiência, Paulo assina pela primeira vez a direção de fotografia de um filme de ficção. Tímido e muito cordial, ele sempre se aproxima como quem eventualmente possa estar incomodando o interlocutor, chega com cuidado. É sua estreia no cinema e, com cinquenta e sete anos, ele está disposto a viver uma experiência inédita, que reconhece dominar menos do que seus pares no set, ao contrário dos trabalhos habituais nos estúdios de fotografia.

A fotografia do filme é concebida por Luiz Fernando a partir das fotos de passaporte e do *portrait*, que no romance é indicado como o elemento que revela o mistério, o abismo e a solidão humana. Por isso, a escolha de um retratista para a função de diretor de fotografia. Ele traria seu olhar e experiência com retrato de pessoas. Mancini foi apresentado ao cineasta no Galpão com a intenção de conhecer melhor seu trabalho e, a convite do diretor, começou a fotografar alguns ensaios dos atores. Ele está à beira do desconhecido com a atenção e a tensão inerentes quando se está diante daquilo que não se conhece.

> **Paulo Mancini:** "No processo de ensaio, o Luiz Fernando ia vasculhando meu passado. Me pedia para ver minhas fotos em negativo, me pediu até para montar a câmera de grande formato. Me lembro dele me perguntando se era possível adaptar a lente em uma 35mm. Eu ia remexendo em coisas que eu mesmo já havia esquecido. Veio à tona uma necessidade de sair de uma zona de conforto. Foi uma oportunidade quase que espiritual estar no Galpão. Isso foi me obrigando a sair de um mundo sem desafios."

O cineasta concebeu a equipe de fotografia do filme quase como um coletivo. O gaffer (chefe das equipes de elétrica) Miqueias Lino, experiente profissional que já trabalhou diversas vezes com Luiz Fernando, foi também convidado a assinar a direção de fotografia junto com Mancini. Inclusive é a estreia de Miqueias nesta função.

Luiz Fernando possui tamanho domínio de todas as áreas técnicas que compõem um filme que seu processo de criação se alimenta não apenas dos profissionais experientes, mas também daqueles que são estreantes, especialmente se estes tiverem profunda experiência em uma área convergente, como é o caso de Mancini, na fotografia. O objetivo não é ter uma proposta pronta. É o percurso que constrói a obra.

Ao contrário de sua obra que, em grande parte, é considerada barroca com um embate entre claro e escuro tensionando a narrativa, *G.H.* é desenvolvido como um filme de luz aberta, uma tela em branco. O filme é concebido como "um quadrado de branca luz", exatamente como o quarto de empregada, onde se passa a ação principal, é descrito no romance. O cineasta deseja criar a sensação de que o espectador, assim como o leitor, também está soterrado numa mina desabada e preso no deserto, como Clarice escreve.

> **Luiz Fernando Carvalho:** "Eu via a gama de brancos aberta, ampla, respirando. Talvez não buscasse exatamente uma fotografia, mas uma luminância, entendendo a epifania como uma 'iluminação profana', na definição de Walter Benjamim. 'Iluminação' como uma dimensão do corpo espiritual e 'profana' como uma ação do corpo físico. O jogo de opostos seguiria também por aqui na construção da luz. Temas submersos e interditados pela moral vigente não deveriam ser entregues ao claro e escuro. No momento em que a personagem luta contra normas que a apontam como um ser da noite, imunda e proibida, apresentaria este embate sob uma luz aberta para que se entenda a inversão que a autora está fazendo sobre o tema. Ao trazer para a luz, estamos invertendo um código cultural de representação, que costuma ser retratado de modo obscuro. Ou seja, todos os temas apontados pela sociedade como menores e cravejados de preconceitos passariam a ser vistos pela câmera

como temas luminosos, que merecem ser alçados a novas leituras históricas. O corpo do apartamento, o corpo dos personagens, o corpo da barata, os sistemas morais, sociais, a divisão de classes, tudo, absolutamente tudo, receberia uma nova luz. Uma luz aberta."

Junho, 2018. São Paulo.
Mudança da ordem dos filmes

As eleições presidenciais de 2018 já desenham uma divisão do país. Inexplicável e surpreendentemente, o candidato Jair Bolsonaro, de extrema direita, começa a ganhar destaque na disputa. — A Agência Nacional de Cinema (Ancine) mergulha numa crise decorrente de ampla fiscalização pelo Tribunal de Contas da União. Em paralelo, o então presidente da agência é afastado por decisão judicial, que questiona uma série de ações executadas por ele. Essas questões resultam na paralisação da Ancine, interrompendo inúmeras produções cinematográficas que estavam em andamento por todo o país. Um caos da gestão cultural se anuncia.

Há um impasse na produção dos filmes. Nesta etapa, a Academia de Filmes, produtora que está a frente dos dois longas--metragens de Luiz Fernando, perde a garantia de que no atual contexto político conseguiria finalizar a captação de recursos para *Objetos Perdidos*.

Uma reunião sobre o andamento dos projetos é marcada na casa-residência artística de Luiz Fernando com a presença dos produtores da Academia de Filmes. Na conversa difícil, fica evidente que a produção de *Objetos Perdidos* terá que ser interrompida e que toda a pré-produção em andamento deverá ser desarticulada, o que inclui o desligamento de todos os profissionais e do elenco, que já trabalhavam há meses no Galpão.

No dia seguinte, Luiz Fernando reúne os atores e os chefes de departamento no Galpão. Todos imaginam que estão chegando para mais um dia normal de ensaio. Eles estão sentados no chão, formam uma roda. O diretor comunica que a produção de *Objetos Perdidos* será paralisada por questões de produção, surpreendendo a todos. Quando retomaremos? Quanto tempo será preciso? Quanto falta de verba? São perguntas do elenco que o próprio cineasta silenciosamente faz a si mesmo até hoje. Este filme marcaria seu retorno ao cinema após dezessete anos. A dificuldade de lidar com a súbita interrupção de um projeto ao qual todos vinham se dedicando integralmente nos últimos meses é enorme. Uma sensação perturbadora de desaparecimento. O luto.

Todos sabem que não há o que fazer, caso contrário, o diretor não tomaria esta decisão. Sabem que um dia o projeto será retomado. Um dia.

No país, a classe artística compartilha do mesmo sentimento, com produções que precisaram mudar o rumo, percebendo mudanças nas diretrizes políticas, iniciadas no governo Michel Temer. Com o início da corrida presidencial, o cenário vai ficando mais nebuloso para artistas e demais profissionais da Cultura.

Aquela roda no centro do Galpão, quando comuniquei a todos a interrupção de *Objetos Perdidos*, é um negócio de uma tristeza imensa, uma perplexidade absurda e ao mesmo tempo de uma indignação, uma impotência, porque é uma coisa que você não domina, você é refém daquilo. Você é informado que a captação não entrou, e ninguém sabe te informar quando vai entrar ou se vai entrar. Este momento foi como um atentado contra a nossa imaginação e nosso amor."
Luiz Fernando Carvalho: "Talvez eu não suportasse o vácuo. Eu me sentia num nível de conexão muito eletrificada com a criação, o cinema e com a minha volta para o cinema. E o fato de eu estar pensando os dois filmes ao mesmo tempo, mesmo tendo total consciência de que eu faria Clarice depois, praticamente emendando, eu já estava alimentando *G.H.* Talvez, no fundo, eu soubesse que se alguma coisa acontecesse com o país e a Cultura eu já tinha um filme de baixo orçamento aprovado.

Nos dias que sucedem essa reunião, ainda impactado pela notícia do adiamento de *Objetos Perdidos*, Luiz Fernando busca um modo de não abrir mão de toda a energia gerada nos ensaios do Galpão e decide trocar a ordem de filmagem. Quando recebo a notícia de que não vão mais filmar *Objetos Perdidos* este ano e que a equipe foi liberada, o diretor me conta que *A Paixão Segundo G.H.* já dispõe dos recursos liberados a partir do edital de Baixo Orçamento.

O diretor pressente que os rumos políticos e culturais do país podem ficar ainda mais instáveis, o que pode acabar comprometendo não só um, mas os dois projetos. Sente que precisa agir rápido.

SEGUNDO ATO

ސEGUNDO ATO

Julho, 2018. São Paulo e Rio de Janeiro. Pesquisa de locação

No ano anterior, em agosto de 2017, a Academia de Filmes havia feito uma pré-pesquisa de locação para *G.H.*, na qual selecionou alguns apartamentos e coberturas de Copacabana e Leme, tendo como fio condutor a busca por um imóvel o mais próximo possível de uma planta original dos anos 1960.

Entre os imóveis selecionados nesta pesquisa, havia um que se localizava na Avenida Atlântica, no décimo segundo andar. Com 650 metros quadrados, o apartamento tem quase todas as paredes e armários originais forrados de tecidos coloridos com a paleta de cores daquele período, época em que foi decorado. Na entrada, um corredor de espelhos cerca um piso em xadrez preto e branco. Na sala de jantar, uma reprodução de pintura artística inspirada na Grécia Antiga. No quarto do casal, um armário azul de dezesseis portas decorado com uma paisagem de cerejeiras japonesas pintadas à mão. Com quatro pias, a cozinha tem azulejos e móveis azuis — cor típica da época, por acreditar-se que a tonalidade espantava insetos, entre eles, baratas.

O apartamento, que estava vazio, disponível para aluguel ou venda em 2017, pertenceu a representantes do high society carioca da década de 1960. O imóvel, agora em estado precário, foi cenário de grandes jantares e recepções daquele período.

Ainda em 2017, fizemos uma visita técnica ao apartamento para que Luiz Fernando avaliasse o espaço e a incidência de luz. Era de manhã e fazia sol em Copacabana. Estavam presentes também parte da equipe. Naquele período, o filme ainda nos parecia muito distante, como de fato estava.

Depois de examinarmos todos os ambientes e de encontrarmos uma barata seca, morta há séculos, no chão de um dos três quartos de empregada do imóvel, e de vermos uma bandeira do Brasil estampada num jornal velho da década de 1970 colada na porta do cômodo, Luiz Fernando fez uma série de fotos da figurinista Thanara Schönardie para estudo das proporções e do caminho da luz natural nos diversos espaços. Conforme eles iam avançado na exploração do apartamento, a figurinista, que leu o livro na juventude por indicação de seu terapeuta na época, se emocionou a ponto de sentir tonturas, enquanto posava para o diretor. Toda a cena parecia de algum modo um grande sinal de que aquele era o lugar e que já estávamos, de algum modo, filmando. Eu estava vendo tudo pela primeira vez e presentia os sinais. "Não se impressione", diz Luiz fernando depois, quando vamos almoçar no restaurante La Fiorentina, numa mesa em frente a um retrato de Clarice Lispector na praia. Nesse dia, visitamos ainda outros apartamentos. Embora este passasse a ser o imóvel favorito, o diretor insiste: "É preciso procurar mais."

* * *

Logo após esta visita de 2017, Luiz Fernando e a equipe se mudam para a casa de São Paulo, e *Objetos Perdidos* passa a ser prioridade na preparação e ensaio, como estava previsto. A busca pelo apartamento de G.H. foi concluída. A cobertura da Avenida Atlântica, onde encontramos a barata morta há séculos, foi mesmo a escolhida. Acontece, porém, que entre dezembro de 2017 e julho de 2018, a produção, que também havia ficado imersa em *Objetos Perdidos*, não formalizou o contrato da locação. Isso resulta em um contratempo importante. O imóvel foi vendido para uma empresária paulista do ramo de chocolates finos sem que a imobiliária informasse o fato à produção. O apartamento caiu num vácuo e não estava mais disponível.

* * *

De volta a junho de 2018, assim que toma a decisão de inverter a ordem dos filmes, o cineasta determina a retomada da pesquisa de locação de *A Paixão Segundo G.H.*, que agora deverá ser feita pela cenógrafa Mariana Villas-Bôas. Considerando as restrições do baixo orçamento, o cineasta tem como estratégia encontrar um apartamento que alie o espaço dramático do livro e uma arquitetura original da década de 1960, para que não sejam necessários grandes ajustes e consequentemente não impacte o orçamento do departamento de cenografia, o que inclui tempo, equipe e material. A essa altura, já é urgente para Luiz Fernando iniciar as filmagens de G.H. ainda em 2018, antes das eleições presidenciais.

> **Mariana Villas-Bôas:** "Eu sabia que o Luiz Fernando havia me escolhido, ou seja, havia escolhido a cenógrafa para recomeçar a pesquisa de locação porque queria um olhar de alguém que tivesse estudado o livro e que também reconhecesse a arquitetura dos anos 1960. Mas reiniciar essa pesquisa não seria fácil, conhecendo o nível de exigência do diretor e de todo o grupo. Além disso, havia o fator tempo. Fazer *G.H.* era, além de urgente, um horizonte para nós que tínhamos acabado de interromper a produção de *Objetos Perdidos*."

Após a cenógrafa visitar mais de quarenta apartamentos, o cineasta decide que o apartamento da Avenida Atlântica, mesmo vendido, continua a ser o ideal. Luiz Fernando começa a cobrar insistentemente a produção para que consiga fechar contrato com a nova proprietária. O imóvel ainda está desocupado e intacto. Enquanto a produção, de São Paulo, tenta negociar com o corretor, alegando sempre a impossibilidade de se conseguir o apartamento, Mariana vai diversas vezes à portaria, tentando também sem sucesso conseguir o contato da empresária, a nova dona.

Para agilizar o processo de produção no Rio de Janeiro, Luiz Fernando tem a ideia de retomar o contato com o produtor executivo Marcello Ludwig Maia, da República Pureza Filmes, ex-sócio de Bianca De Felippes, uma das parceiras iniciais no projeto *A Paixão Segundo G.H.*, e um experiente produtor de filmes independentes e de baixo orçamento. Para o cineasta,

Maia tem o perfil ideal para levantar em poucas semanas as filmagens de *G.H.*

Luiz Fernando e Maia retomam a parceria, e a República Pureza passa a ser coprodutora de *G.H.*, assumindo a pré-produção e filmagem. O produtor entra na negociação do imóvel para tentar viabilizar a locação, mas esbarra nos mesmos entraves. Ele percebe uma resistência quase definitiva do corretor à produção do filme. Porém, por mais uma coincidência clariceana, o que parecia inviável se transformou em uma possibilidade. Mariana descobre que o corretor que havia nos apresentado o apartamento no ano anterior é tio de Leandro Pagliaro, fotógrafo que estreou e se formou como câmera de ficção pelas mãos do cineasta.

Mencionando Pagliaro, Mariana enfim consegue ser recebida de uma maneira mais receptiva pelo corretor, que, então, acaba concordando em lhe passar o contato do atual corretor, Claudio Castro, que vendeu o imóvel. O telefone é um passo adiante.

Dias depois, Maia e Luiz Fernando conversam sobre a produção enquanto caminham zonzos de um lado a outro no calçadão de Copacabana em busca de fachadas com características próximas à descrita no romance, "de branca lisura". O produtor executivo menciona a dificuldade de se conseguir a locação. A imobiliária não quer ouvir falar em cinema, dizendo que o imóvel está prestes a passar por uma completa reforma. O cineasta, que estudou Arquitetura, desespera-se diante da possibilidade de que a tal obra destrua o estilo de época original do apartamento.

Depois de andarem quilômetros sem nada encontrar, o diretor volta para a frente do prédio preferido e pede que o produtor executivo ligue dali mesmo para o corretor. Maia telefona para Claudio Castro. Eles marcam um café para dentro de instantes na imobiliária, onde Luiz Fernando se apresenta, assumindo as responsabilidades a partir de agora em relação ao apartamento, comprometendo-se a filmar todo o longa-metragem em apenas duas semanas para não prejudicar a data prevista do início da reforma. Além de tratarem do assunto, eles conversam também sobre novelas e séries do diretor, de quem Castro se afirma admirador. Mesmo com as garantias dadas pelo cineasta, o corretor faz questão de deixar claro que considera bastante difícil a proprietária mudar de opinião. Delicadamente, Castro vai minando as esperanças. Ainda assim, ele diz que vai tentar uma última vez e que daria em breve a resposta final.

No dia seguinte, Claudio telefona para Luiz Fernando dizendo que a proprietária aceitou recebê-lo. O cineasta embarca para São Paulo.

O diretor vai à loja de chocolates finos da proprietária para apresentar-lhe o projeto na tentativa de conseguir o adiamento da reforma, negociar o aluguel para a filmagem e fechar a data de entrega. Além de ser dona da marca de chocolates, a empresária também cria cavalos campeões árabes. A conversa entre os dois converge para a paixão de Clarice Lispector pelo animal — a escritora menciona os cavalos em diversos textos como símbolo de liberdade e da vida selvagem pulsante.

A proprietária autoriza as filmagens com cláusula rigorosa do prazo de entrega.

* * *

De volta ao Rio de Janeiro, Luiz Fernando faz uma reunião com Maia, da qual participo. Até então eu vinha estudando o romance, a vida e a obra de Clarice Lispector, e havia acabado de começar o trabalho de adaptação e roteirização do livro. Este encontro é quando me dou conta de que *G.H.* realmente será filmado dentro de poucas semanas. O prazo para trabalhar no roteiro é perigosamente curto. E isso seria o de menos. Sem sequer imaginar, minha jornada pessoal se inicia, não a profissional, mas a que me faz repensar quem (não) sou.

Ao temer que talvez não desse conta de executar o trabalho dentro do prazo, o que poderia acabar por me afastar do projeto, lembrei todas as vezes em que duvidei de mim mesma — o que não é incomum na vida de uma mulher. Ou pior. Lembrei-me de todas as vezes em que aleguei desejar outra coisa quando na verdade talvez desejasse exatamente aquilo de que estava próxima de realizar. Possivelmente por prudência — e medo —, preferia dizer a mim mesma que não queria seguir, como ocorreu outras vezes.

Ainda menina, aos doze anos, fazia teatro em Campo Grande, na Zona Oeste do Rio de Janeiro, para enfrentar a timidez. O grupo era acolhedor, quase todos amigos da rua em que eu morava. A professora Regina Pierini, atriz e artista plástica, tinha pouco mais de um metro e meio e dirigia a Lona Cultural do bairro, região de pouquíssimo acesso à cultura — então com duas salas de cinema e dois teatros municipais. Ela nos ensinava as danças de Baco, fazia longas sessões de improviso e nos fazia escrever coletivamente peças de teatro inspiradas nas notícias de jornal, quase sempre com a temática das tragédias sociais da cidade.

Os cabelos da professora eram ruivos e repicados no estilo Tina Turner. A descrição de sua figura remete à minha professora de português, chamada igualmente Regina. Duas mulheres independentes, livres, inteligentes, que lutam pela Cultura. Foram grandes influências na minha adolescência. Eram parecidas. Ou talvez eu as esteja confundindo na memória? Não saberia mais dizer.

Diante da proximidade das filmagens de *G.H.* e da sensação de não me sentir preparada, lembrei-me da minha última peça no curso do teatro da professora Regina. Eu estava escalada para ser uma das personagens principais. Eram muitos ensaios, todos na Lona Cultural, um teatro de arena administrado pela Prefeitura do Rio de Janeiro. Às vésperas da estreia, me desliguei do espetáculo sem dar satisfação. Muito provavelmente, porque não me sentia preparada. Faltava coragem. Nunca mais voltei à Lona Cultural Elza Osborne.

Desistir, sem antes percorrer. Medo de ser fulminada pela realização. O que era eu? Todos temas fundamentais do romance *A paixão segundo G.H.* A percepção das interseções entre a jornada pessoal e o romance e do modo como ele é capaz de iluminar a consciência passam a me guiar.

* * *

Havia em Luiz Fernando uma urgência em filmar, como se houvesse, e havia, um presságio de que os rumos do país poderiam mudar. Começo a me organizar para realmente me concentrar na criação do roteiro. Estou preparada. Sei que estou. Mas, diante da pressão do tempo, sinto que corro o risco de ficar pelo caminho, mesmo tendo intimidade com prazos por ter passado quinze anos escrevendo e editando textos num dos maiores jornais do país. Há em mim um certo assombro.

Em busca de concentração absoluta, já que trabalho em casa como tantas escritoras freelancers e tenho uma filha pequena, Betina, volto para a universidade onde me formei[12] e passo a frequentar diariamente a biblioteca. O silêncio. Dedico um mês, entre julho e início de agosto, a desenvolver uma adaptação clássica do romance para o cinema, mesmo ciente de que não era o que o cineasta planejava ou desejava, faço uma adaptação: com divisão em três atos, pontos de virada e clímax, este é o meu percurso para escavar o livro e, em algum ponto, encontrar a síntese do romance. Preciso inventar o meu processo criativo para *G.H.* Na solidão da escrita e da pesquisa, descobrir o caminho.

* * *

Atravessar a visualização do filme a partir do meu olhar e das minhas vivências. Só há como ser assim. Ou se está diante de um texto de modo que um passe a refletir o outro, ou a transposição não ganha vida. A obra de Clarice ganha sentido no espelhamento. O exercício de decupar e adaptar o livro me fez compreender ainda mais profundamente o arco da personagem G.H. e enxergar como ela refletia o lugar e as questões do feminino hoje.

A partir desse estudo consigo compreender com clareza a necessidade de se contar esta história com três vozes da protagonista. Elas representam diferentes estados emocionais, diferentes relações de tempo-espaço e são direcionadas a diferentes interlocutores. Uma é a voz do presente e da ação, localizada no ontem (dia em que a personagem vive a experiência de

---

[12] PUC-Rio.

tentar matar a barata no quarto de empregada). A outra é a da Narradora, quem conta e reflete sobre o que viveu no dia anterior, uma voz que se refere ao passado e se localiza no hoje (dia seguinte ao da experiência). A terceira é a Voz Interna de G.H., que não está enquadrada pelo tempo e espaço, e que por vezes dá lugar à voz da própria Clarice Lispector. Em primeira pessoa, como no romance, todas se entrecruzam e, enlaçadas, contam e vivem a história.

Sugiro esta divisão de vozes da protagonista ao cineasta numa reunião com Thanara Schönardie. Luiz Fernando também havia pedido à figurinista que fizesse um estudo do romance, e por isso ela também está debruçada sobre a história.

* * *

Nascida no interior de Caxias do Sul, Thanara foi assistente da figurinista Beth Filipecki em 2009, assim que se mudou para o Rio de Janeiro. Estilista, ela fazia vestidos de noiva e chapéus num pequeno ateliê próprio, quando conheceu Filipecki e colaborou com os acessórios de cabeça da minissérie *Capitu*.[13] Sua sensibilidade e criatividade para as criações artísticas foram se revelando ao longo dos anos seguintes, em diversas parcerias com o diretor. "Thanara é minha dupla de criação", diz Luiz Fernando. Ela também assina o figurino de *Objetos Perdidos* e é a principal interlocutora estética do diretor na equipe de *G.H.* — por isso nomeada diretora de arte do filme.

---

13 *Capitu* (TV Globo, 2009), minissérie dirigida por Luiz Fernando Carvalho a partir do romance *Dom Casmurro*, de Machado de Assis.

Meu trabalho de roteirização resulta num roteiro adaptado clássico enquanto Thanara desenvolve um processo criativo muito mais sensorial e imagético. A partir destes dois percursos tão diferentes, Thanara e eu nos reunimos para cruzar nossos olhares sobre o romance na tentativa de chegar de alguma maneira a uma síntese.

Tudo é percurso, busca, tentativa, escavação. O tempo parece estar contra nós — ou seria a urgência uma aliada da síntese?

A urgência nos lança numa queda vertical e num salto criativo que nos aproxima ainda mais do próprio romance.

Agosto, 2018. São Paulo.
Leitura de mesa do romance

Thanara e eu embarcamos para São Paulo para encontrar o cineasta e a equipe, que já estão lá, e participar da leitura do romance *A paixão segundo G.H.* com Nádia Battella Gotlib, a quem não vemos desde as Oficinas Teóricas. Luiz Fernando a convidou para que viesse de Belo Horizonte para fazermos mais uma etapa de estudo do romance.

Chego ao Galpão com duas cópias impressas do roteiro adaptado e entrego uma delas ao diretor, que não abre o material. Tenho dúvidas se ele vai ler, pois rejeita a ideia de adaptação. A mim interessa mais o meu percurso, ciente de que ele sabe que o mais importante nesse processo é buscar sem necessariamente chegar à uma forma final. Ainda que ele não leia, é com quem preciso dividir o material. Etapas de entrega, diria.

Luiz Fernando Carvalho: "Depois, olhei o material, sim. Mas o que eu ia propondo sempre era a desconstrução de uma certa ideia de roteiro, de uma forma preestabelecida. Tudo bem que você fizesse a adaptação de que você mesma necessitava, mas eu estava propondo que você atravessasse a coisa e não voltasse com um sistema."

O cineasta tem enorme resistência a fórmulas consagradas pelo mercado. Rejeitar modelos em geral está no cerne do seu trabalho. Esta é a coluna vertebral que guia todo seu processo criativo. Libertação da criação em todas as etapas, mesmo em projetos para televisão, é o que o ajuda a compor a linguagem — o que faz com que todos, inclusive ele mesmo, estejam sempre situados numa zona desconhecida em que a experiência de um trabalho anterior ou de décadas de carreira não serve como certeza de caminho a seguir.

* * *

Embora seja considerado por muitos uma pessoa inacessível, reclusa e rigorosa — até mesmo temida por alguns —, Luiz Fernando Carvalho é um dos profissionais mais singulares e visionários com quem me deparei desde que comecei a escrever.

Como um maestro, seus gestos e modulação de voz oscilam conforme os interlocutores e a necessidade. Com quem tem pouca intimidade ou em conversas de maior reflexão com seus colaboradores mais próximos, Luiz Fernando movimenta pouco as mãos, usa um tom baixo, cúmplice e afetivo para falar e, por vezes, perde seu olhar ao longe. Por outro lado, quando está diante de um set numeroso, e por isso mais propício à dispersão, modula voz e gestos de maneira mais firme, para alguns temível, provocando a concentração absoluta de todos — como se numa busca quase obsessiva algo muito fugaz pudesse se perder num átimo e nunca mais fosse recuperado.

Sua capacidade visionária de revelar talentos nas áreas técnica e artística baseia-se, sobretudo, em dar espaço a quem tem sensibilidade e enorme desejo de vivenciar a arte, mas, por diferentes motivos, ainda não encontrou a coragem ou a oportunidade, ou ambas. O "maestro" se alimenta da pesquisa e do risco de trabalhar com profissionais de outras áreas ou mesmo estreantes em várias funções.

* * *

O Galpão, que em maio havia recebido dezenas de pessoas para as Oficinas Teóricas, agora está vazio, imenso e gelado. É inverno. Uma mesa de madeira de oito lugares está posicionada no centro do tablado. Ao fundo, está o "inesperado mural" desenhado pelo cineasta a carvão exatamente como descrito por Clarice Lispector no livro. Na parede branca, o contorno da "mulher nua, o homem e um cão que era mais que um cão".

Estão presentes, na leitura do romance, além de mim, do cineasta, de Nádia e Thanara, a atriz Maria Fernanda Candido, a cenógrafa Mariana, a coordenadora das Oficinas, Cris Guzzi, o preparador corporal Fabiano Nunes e o editor Tomás Biagi, que deseja também participar pela primeira vez da equipe de arte de um filme.

A leitura será feita pela atriz e será conduzida pela biógrafa e pelo diretor como um estudo da dramaturgia de *G.H.* Luiz

Fernando orienta para que Maria Fernanda comece lendo o texto "No território da paixão", prefácio escrito por Nádia para a edição do livro publicada em 1979,[14] em que G.H. é chamada de a Amante. Este texto foi uma das principais coordenadas para compreensão do romance para o cineasta e, consequentemente, norteia nosso processo criativo.

Após discutirmos essa abordagem, que parte de um paralelo entre a jornada da personagem e os acontecimentos na vida da escritora no início dos anos 1960, a atriz começa a ler *A paixão segundo G.H.*:

"— — — — — Estou procurando, estou procurando. Estou tentando entender."

Ao fim do primeiro capítulo, Nádia comenta os temas, a linguagem, propõe pontes com a vida da autora, explica sobre o processo de criação de Clarice. Assim decorre a dinâmica durante oito horas seguidas: a cada capítulo se segue um período de discussão, em que todos expõem suas interpretações e eventuais dúvidas daquele trecho. Abandonamos a palavra "Capítulo" e passamos a adotar "Fragmento" conforme Nádia apresenta o modo fragmentado com que a escritora divide as trinta e três partes do livro sem dar-lhes propositalmente títulos e números.

Para facilitar o estudo, numeramos cada trecho, do Fragmento 1 ao 33. Luiz Fernando pede ainda que a biógrafa nomeie todos os Fragmentos com os temas específicos. Tais subtítulos

---

[14] Ensaio "To be and not to be at the same time" de Nádia Battella Gotlib, página 210.

criados no momento da leitura por Nádia, como se seguem, vão nos guiando numa espécie de síntese de cada parte do livro.[15]

> Fragmento 1: Desorganização
> Fragmento 2: Pré-Clímax
> Fragmento 3: Quarto de Empregada

Mapeamos ainda palavras e símbolos que são recorrentes no romance ou na obra de Clarice. Claridade, ovo, cego, deserto, escafandro, minarete, ovário, folhas, placenta. A leitura constrói uma nova percepção do livro e o diretor o compreende como "o fim do romance. O fim de uma paixão. O fim da literatura. O fim do próprio fim. Uma carta cifrada. Uma carta de amor? Uma carta de despedida do mundo? Toda paixão é uma cerimônia de adeus".[16]

As múltiplas camadas atravessadas pela personagem e pela escritora ganham contornos mais nítidos. A compreensão ampliada abarca outros personagens, quase imperceptíveis no romance, que passam a fazer parte do filme. É um relato de memória, como a própria Clarice escreve no livro: "memória da memória da memória."

Num primeiro momento, nomeamos os personagens masculinos, citados de modo quase cifrado: o Marido, o homem por quem a protagonista sentia "o tédio dos feriados nacionais" e que "trançava fios elétricos", descrito nos Fragmentos 20 e 28, e o Amante, o homem descrito em todos os momentos de paixão, vida selvagem e prazer, que surge nos Fragmentos 19 e 22. Num cruzamento entre vida e obra da escritora, lidamos com a

---

15 Subtítulos dos fragmentos criados por Nádia Battella Gotlib, página 199.
16 Posfácio de Luiz Fernando Carvalho. *A paixão segundo G.H.* Rio de Janeiro: Rocco, 2020.

possibilidade de que a narrativa do romance expõe uma tentativa da escritora de se comunicar, como se escrevesse uma carta, e ao mesmo tempo se despedir de toda a experiência vivida — a paixão segundo Clarice Lispector.

Durante a leitura, através dos comentários e dúvidas do diretor, a equipe começa a materializar um pouco da visualidade do filme. Luiz Fernando parece estar diante de uma tela em branco. Pouco a pouco o grupo vai percebendo que ele está impulsionado naquele momento pelas entrelinhas da leitura e vai enxergando o filme e passando para a equipe. Cria as imagens no decorrer do estudo. Diz que "os rostos dos personagens masculinos nunca serão enquadrados de frente pela câmera". Os homens serão identificados por uma ausência comum. Assim, quem assiste ao filme será capaz de "projetar naqueles amores de G.H. seus próprios amores". Não importa quem é o homem real, mas como esta mulher se relacionou amorosamente com ele, quais afetos e sensações experimentou e como poderá compreender seus próprios relacionamentos a partir do relato da protagonista, como G.H. mesma tenta fazer. No filme, o único rosto de homem que aparece nitidamente é o de uma escultura em mármore: o homem-esfinge, assim nomeado pelo cineasta.

> **Luiz Fernando Carvalho:** "Não tinha nenhum estatuto cinematográfico preconcebido, talvez nunca tenha tido. Estava me oferendando mesmo ao vazio, entrando na coisa com a abertura dos sentidos como quem entra novamente pela primeira vez na leitura de um livro que eu já havia lido dezenas de vezes, que estava nas minhas mãos para filmar há mais de quinze anos. Neste ato inaugural de reler pela primeira vez, agora impulsionado por uma urgência que

eu não controlava, algo adormecido aqui dentro durante esse tempo todo foi desperto pela coragem de irmos já! Era uma energia ganhando visualidade também diante de mim."

Neste momento, o cineasta decide também que irá incorporar na linguagem do filme, quando possível, o recurso de repetição usado pela escritora que reforça a sensação espiralar da jornada vivida pela personagem. No livro, todos os fragmentos/capítulos são iniciados com a mesma frase que finaliza o fragmento anterior. Na montagem, posteriormente, o diretor radicalizará ainda mais a narrativa circular, absorvendo o conceito da repetição e do labirinto espiralar através da multiplicação de um mesmo plano.

Entre um fragmento e outro, Luiz Fernando pede a mim e a Thanara, que havíamos feito um estudo mais minucioso do texto, para dividirmos com a equipe nossas visões sobre os temas, os trechos, os conceitos. Sobre a mesa, diante de mim, mantenho três elementos que guiam como mapas meu percurso criativo: o livro (Rocco, 1998), o roteiro adaptado que desenvolvi e um diário de capa vermelha em que registro as principais observações de Nádia, os movimentos da jornada da personagem, as mudanças de ponto de vista, e até de luz apontadas pelo diretor, e as possíveis ações. Thanara tem diante de si um complexo mapa sensorial pautado por cores, texturas e anotações, além do romance (Rocco, 2009). O cineasta trabalha com sua edição do livro (Francisco Alves, 1979) e uma pequena caderneta preta de capa dura onde faz anotações.

Entre os desafios de transpor esse livro para o cinema está o fato de ele ser um monólogo narrado a partir da memória, próximo de um romance de introspecção e com pouquíssimas ações, descritas basicamente em apenas oito dos trinta e três fragmentos. A teatralidade de um monólogo, porém, nunca pareceu uma questão para o cineasta, que sempre acreditou em um cinema híbrido.

O estudo guiado por Nádia ocupa as duas primeiras tardes e noites dessa semana de leitura de mesa. A biógrafa, apesar das extensas horas de trabalho, chega cada dia mais elegante ao Galpão — em contraponto com o grupo que se veste de modo confortável a ponto de Maria Fernanda passar parte do dia enrolada em um cobertor devido às baixas temperaturas em São Paulo. Vestida de preto ou outro tom escuro, Nádia está sempre impecavelmente maquiada. Uma mulher inteligente, sensível, que preza pela beleza e faz isso com naturalidade. Sua imagem nos faz lembrar ainda mais Clarice Lispector, também conhecida por sua beleza e elegância facilmente identificadas em todas as suas fotografias, mesmo as mais cotidianas. Até em um simples passeio à praia ou em uma ida à feira com os filhos, a escritora aparece sempre bem-vestida, bem penteada, maquiada e séria — Clarice evitava sorrir em fotos como contou a escritora Lygia Fagundes Telles: "Escritoras que sorriem não são levadas a sério."

No terceiro dia da leitura, prevista para ser feita em quatro dias, Nádia chega aflita e ainda mais bem-vestida ao Galpão — seu primeiro compromisso é uma entrevista para um canal de televisão. A aflição se explica: a mãe da biógrafa, de noventa e sete anos, sofreu uma queda e está hospitalizada em Brasília, onde mora. A biógrafa não pede para ir embora, mas sua enorme preocupação é visível. O diretor, então, vai até Nádia, logo após o término da entrevista, e diz a ela que vá ver a mãe. Eles se abraçam, quando ela, emocionada pela tensão, chora.

Sem Nádia, a figura clariceana que nos guiava até aqui, seguimos a leitura sozinhos no terceiro e no quarto dia. A semana será encerrada na sexta-feira, com um último teste da Lente G.H., que finalmente ficara pronta. Maria Fernanda irá embarcar para Paris em seguida para encontrar a família, onde ficará até pouco antes das filmagens, que, embora ainda não tenha uma data definida, está marcada para outubro.

No fim deste terceiro dia, Luiz Fernando me pede para preparar um arquivo com o texto do romance na íntegra, sem alteração, com as indicações separadas por cores para apontar o que seria diálogo (falas da atriz), rubrica (que descreve ações) e *voice over* (as narrações em off) para entregarmos o documento para Maria Fernanda para que ela leve para estudar em Paris. Como o prazo é curto para organizar o material, combinamos que a entrega para a atriz será em três etapas, e que a primeira iria do Fragmento 1 ao 11.

* * *

No quinto dia, terminada a leitura, o teste de lente volta a ocupar o Galpão, que recebe parte da equipe técnica que irá trabalhar no filme.

A película ocupa um lugar de fascínio e tensão para todos. Em plena era digital, poucos filmes no Brasil são rodados em película, já que esta pode elevar consideravelmente os custos de uma produção. Mesmo sendo um filme de baixo orçamento, o diretor não abre mão de rodar em 35mm. O fato de *G.H.* ter uma dramaturgia concisa em termos de locação e elenco faz com que esse custo alto seja diluído entre outros gastos que não serão necessários.

Luiz Fernando Carvalho: "O cinema para mim sempre foi muito ligado à ideia da película. Preciso dessa não realidade, desse deslocamento em relação às imagens cotidianas que nos cercam. O confronto entre a realidade e determinada impressão alça as imagens a novos significados. E para a equipe é também uma alegria, porque é como se você devolvesse a eles um certo ritual que o imediatismo do vídeo aniquila. No caso de Clarice, o ritual é tudo."

O diretor assume a câmera no teste — ainda não foi definido quem irá operar a câmera no filme.

Usando uma camisola de renda longa e branca de seu próprio guarda-roupa para se aproximar do figurino descrito no livro, Maria Fernanda se movimenta diante da câmera orientada pelo diretor para que ele avalie a textura, incidência de luz, intensidade de sombras e a paleta de cores. Em certo ponto, o teste parece ser o ensaio de muitas decisões que serão tomadas pelo diretor mais à frente. Percebendo isso, a atriz por conta própria vai trocando de roupa, com peças da mala que trouxe de casa, e aprimora a própria maquiagem conforme o diretor conduz o teste como se fosse um dia de filmagem.

Luiz Fernando Carvalho: "Vamos rever aquele dia: o diretor está na câmera e, diante dela, está a atriz que fará a personagem. Então já estão colocadas as coordenadas necessárias para que algo aconteça, que seja fundamental ser filmado. Não se trata exatamente de um teste técnico. Sabemos que não estamos ali simplesmente para o teste de lentes. Vou me colocando como quem busca um acontecimento, até para que a lente possa atuar no sentido de responder em sua expressividade ótica. Por outro lado, vamos tateando, nunca sabemos quando a coisa vai acontecer. Se o acontecimento vier, fará parte da construção do filme como imagem possível de permanecer até a montagem, que é o momento da reflexão maior. E não importará se a imagem foi criada durante um teste ou não, mas sim que seja viva."

Meses depois, na montagem, alguns planos feitos nesse dia de teste entram como cena do filme.

Ao fim do teste, Maria Fernanda se troca e pega sua mala para ir ao aeroporto, onde embarcará direto para Paris. Entregamos a ela a primeira etapa do que chamamos de roteiro-livro. A equipe começa a desarmar o set montado para o teste. Foi a última vez que estivemos no Galpão antes das filmagens de *G.H.*

Luiz Fernando Carvalho: "A interrupção de *Objetos Perdidos* para mim foi como viver um luto. Foi o desmoronamento de vários encontros, de uma família espiritual que criamos ali no Galpão. Por dentro sinto e sei que, quando retomarmos, seja quando for, estaremos todos ainda mais fortes e unidos, mas foi uma perda imensa. Respirei dentro disso e fui fazer *G.H.* O filme nasceu de tudo isso, mas também do contexto social e político do país, que se anunciava como uma correnteza perigosa e que você tinha que reagir a ela."

Os jornais divulgam as pesquisas de intenção de votos e, pela primeira vez, Jair Bolsonaro lidera o nível de confiança dos eleitores. É o primeiro levantamento do Datafolha após o fim do prazo para os registros das candidaturas no Tribunal Superior Eleitoral.

* * *

O Galpão fica para trás. Grande e vazio.

Setembro, 2018.
Rio de Janeiro. Pré-produção.
Direção de arte e roteiro

Temos agora uma data certa para começar a filmar: 18 de outubro. E como o prazo é curto, Luiz Fernando e a equipe decidem ocupar o quanto antes o apartamento da Avenida Atlântica, onde o filme será rodado. Entramos numa quinta-feira, quatro dias antes do previsto pela produção. Neste primeiro dia, Marcello Maia vai até o apartamento para listar as providências urgentes para a entrada da equipe, como limpeza, sinteco e instalação de luz.

Ainda não há mesas e cadeiras e, por isso, todos trabalham no chão e, quando cai a noite, no escuro. A sala de figurino é montada no último quarto do corredor, com paredes cor-de-rosa originais. Ao lado, num cômodo revestido de madeira, é improvisada a sala de produção e direção — o diretor, na verdade, ocupa e se fragmenta entre todos os espaços. O banheiro de mármore branco, com doze portas de armários pretas, é de uso comum. O restante do imóvel é ocupado pela equipe de Arte e Cenografia, que começa a fazer as modificações para transformá-lo na cobertura em que mora a personagem G.H.

O cineasta quer que Maria Fernanda, quando chegar ao Rio de Janeiro, fique hospedada no quarto principal do apartamento, inclusive durante a filmagem, para preservar o estado de confinamento experimentado pela personagem — o que seria o ensaio propriamente dito. Ele conversa com o produtor sobre o que precisará ser organizado para que o imóvel tenha condições de hospedar a atriz. Maia avisa que ainda está negociando com o síndico a autorização para o início do filme. Até então, a produção tem apenas a aprovação da proprietária do apartamento. Como o fluxo de pessoas no prédio irá aumentar em função do filme, é preciso que os outros condôminos também concordem. O risco ainda é enorme. A votação dos moradores, se negativa, pode impedir a filmagem.

O processo criativo da direção de arte e do figurino começa nesse momento. Apesar de o apartamento ter vários ambientes parados no tempo, originais de época, ainda seriam necessários ajustes para deixá-lo pronto para a filmagem e próximo da descrição do romance.

> "Tudo aqui é uma réplica elegante, irônica e espirituosa de uma vida que nunca existiu em parte alguma: minha casa é uma criação artística."[17]

---

17 LISPECTOR, Clarice. *A paixão segundo G.H.* Rio de Janeiro: Rocco, 2020.

Embora Luiz Fernando insista com frequência para que Thanara e Mariana não pensem em orçamento nesta fase da criação, elas sabem que precisam conseguir o máximo de parcerias possíveis para viabilizar o filme dentro do modelo de baixo orçamento.

    A equipe aciona sua rede de contatos para descobrir parceiros e colaboradores que possam contribuir cedendo obras de arte e móveis sem custo. Fazemos visitas a alguns artistas e diretores de arte, entre eles a carnavalesca e colecionadora Rosa Magalhães, que foi professora de Luiz Fernando na faculdade de Arquitetura. Mariana pesquisa por escultores cujas obras possam dialogar com a obra da personagem, uma escultora da elite artística de Copacabana dos anos 1960. Não seria possível, pelo orçamento e prazo, idealizar e esculpir peças para recriar um ateliê verossímil. Nesse processo, a cenógrafa entra em contato com o artista plástico Evandro Carneiro. Embora não o conheça pessoalmente, Mariana descobre que, por coincidência, ele é seu vizinho.

    As obras de Evandro são abstratas, quase todas figuras femininas esculpidas em pedra com expressão erótica e surrealista. A cenógrafa fotografa todas as peças que parecem dialogar com a narrativa e, de volta ao apartamento, apresenta as imagens para Luiz Fernando, que aprova e seleciona cerca de quarenta obras. Mariana inicia de imediato a conversa com o artista, propondo que as peças sejam as obras de G.H.

    Ceder uma obra para que ela apareça em um filme de ficção como se fossem assinadas por uma personagem é um gesto de altruísmo para um artista e também sinal de confiança na obra cinematográfica que resultará deste projeto. Não é um pedido simples a ser autorizado, mas Evandro, numa atitude bastante generosa, concorda em ceder quarenta obras sem custo.

Nascido na década de 1940, Evandro tem também uma longa carreira como leiloeiro. Numa visita à locação, ele nos conta que esteve uma vez com Clarice Lispector, no apartamento dela, no Leme, para avaliar e tentar, a pedido dela, vender um retrato da escritora feito por um artista, cujo nome ele não se recorda mais. Todas as histórias que envolvem Clarice nos interessam muito, como se buscássemos vestígios dela para nos aproximarmos de sua essência artística.

Outras pessoas ligadas ao estudo da obra de Clarice visitam o apartamento, como a escritora e biógrafa Teresa Monteiro, que estava lançando naquele período o livro *O Rio de Clarice*.[18] Em paralelo às visitas, são muitas as demandas artísticas que precisam ser resolvidas neste período de três semanas, como a pesquisa das baratas. Quais espécies? Onde buscar? Como tratá-las?

Uma das características do processo criativo do cineasta é a abordagem coletiva. Toda ideia e colaboração é estimulada para além de seu próprio departamento. Os profissionais, desde os líderes de equipe, como a figurinista, até os ofícios mais técnicos e os estagiários, trabalham o tempo inteiro criando a obra coletivamente, o que estimula o desejo de cada integrante de também estar entregue ao processo de modo mais transversal.

Ciente de que a equipe é realmente reduzida, tento contribuir com a direção de arte, o figurino e a cenografia — como fazem todos, pressionados também pela proximidade das filmagens.

---

18 MONTERO, Teresa. *O Rio de Clarice: Passeio afetivo pela cidade*. São Paulo: Autêntica Editora, 2018.

O figurino ainda não foi criado, o roteiro também não está pronto e o projeto da direção de arte ainda não foi aprovado. Faço estudos específicos e decupagens de trechos do romance para cada departamento para nos aproximarmos ao máximo das descrições do texto. São muitas as questões a serem resolvidas para o filme. Envolvida pela primeira vez numa etapa de pré-produção, mais uma vez tenho a sensação de não saber por onde começar. Talvez nem devesse estar no apartamento durante esta fase — normalmente o roteirista já teria finalizado seu trabalho.

* * *

Embora todos colaborem com tudo, é preciso se concentrar exatamente naquilo que se está a fazer ali — no meu caso, trabalhar com o texto e roteirizar o romance. Luiz Fernando segue rejeitando a ideia de termos um roteiro ou mesmo de se ter uma roteirista no filme. Ele se refere a mim como dramaturga enquanto outros da equipe me chamam de clariceana — mesmo eu não sendo nem uma coisa nem outra. Por que dar outro nome ao ofício de trabalhar a criação e a forma de um roteiro enquanto se atua como guia para filmagens no cinema? Embora não houvesse essa previsão inicialmente no projeto, penso, e insisto, em usar o termo roteirista. É o que se está a fazer, mesmo de forma tão radicalmente diferente do mercado. Ao mesmo tempo, sei também que o cineasta costuma trabalhar mais com dramaturgos e escritores do que com roteiristas e que estamos diante de uma narrativa que se situa entre literatura, dramaturgia e roteiro.

Conforme ele havia pedido ao fim da leitura em São Paulo, entrego ao cineasta o primeiro tratamento completo mas não definitivo do roteiro-livro. É um documento complexo de se entender para um profissional de cinema habituado a roteiros tradicionais. Absolutamente fora do padrão.

Roteirizar este romance sem mudar ou acrescentar uma única palavra, apenas entrelaçando suas palavras e costurando delicadamente o texto por dentro, talvez seja um trabalho ainda mais complexo do que escrever um roteiro adaptado do modo tradicional, como eu mesma já havia feito. Um exercício enigmático não apenas para quem o desenvolve, mas também para toda a equipe que o usará como guia. Como a equipe poderia entender aquele documento?

A três semanas das filmagens, o diretor ainda não está receptivo em relação a este meu estudo, o roteiro-livro. Embora trouxesse o conteúdo do romance, era formatado no layout de um roteiro tradicional, com diálogos centralizados, rubricas em itálico, cabeçalhos de cena e descrição das ações.

> **Luiz Fernando Carvalho:** "Buscava preservar uma certa faísca, um certo experimento em relação ao diálogo entre literatura e o que seria o roteiro, a ordenação dos textos, uma possível estrutura, acreditando que tudo isso só se daria na filmagem e em seguida na montagem. Como já tínhamos o romance estudado nas mãos, o que me instigava era ser surpreendido pelo encontro da palavra com a imagem no ato em que ele estava acontecendo, sem antever muito, sem a intermediação de um roteiro."

Como um rigoroso maestro, Luiz Fernando lança sua orquestra à solidão de seu próprio paradigma, do qual precisa tentar se libertar sozinha. Sem respostas, a equipe enfrenta a busca pela harmonia dos acordes ciente de que deve seguir instigada pela música que ainda não existe e por saber que logo adiante o maestro, pronto para o concerto, dirá: "Ação!" Ele parece saber lidar com a ansiedade coletiva, e a sua própria, que essa proposta alimenta. "Qualquer discurso que não tenha nenhuma ansiedade está a um passo de algo totalitário ou autoritário", estava anotado em seu caderno. Todos os departamentos esperam do diretor as respostas e lidam com a angústia de nem sempre recebê-las porque o próprio cineasta é o primeiro a se colocar diante da solidão e do não saber. Lançar-se ao mistério vazio da criação, como um pintor diante de uma tela em branco. Para ele, esse exercício deve atravessar todas as etapas de construção do filme até a sala de cinema no encontro com o espectador, que não deve apenas assistir, mas continuar a imaginar. Luiz Fernando é um devoto da imaginação.

A paixão segundo G.H. é um romance que toca muito intimamente o leitor, virando-o do avesso, portanto, tem significados diversos e se completa de maneira diferente em cada um. Talvez seja essa a direção que o cineasta nos aponta dia após dia.

Sinto como se estudasse e escrevesse apenas para mim e para Clarice Lispector. É a ela que preciso corresponder. É ela que preciso encontrar. É nela que preciso me ler. Clarice, G.H. e eu, em todas as dores, amores, tragédias, percursos de sobrevivência, fugas, prazeres, medos, máscaras sociais, coragem e libertação. Clarice, G.H. e eu. Seria isso o que Luiz Fernando chama de solidão de seu próprio paradigma? Ou o que a personagem chama de "eu mesma"? Dramaturga de mim? Talvez fosse isso. A experiência em mim.

Todo fim do dia, me lanço à pergunta: toda essa dedicação às cegas, que me faz olhar tanto para minhas próprias memórias, faz mesmo sentido? Um processo criativo ou um abismo? Um percurso de autoconhecimento?

"Nunca saberei entender, mas há de haver quem entenda."[19]

* * *

Não nasci no Rio de Janeiro, mas em Volta Redonda, cidade do interior do estado, numa família numerosa, sem luxos, mas de imenso afeto. Minha bisavó teve tantos filhos e tamanha dificuldade financeira para criá-los que chegou a ferver caroço de jaca para jantarem algumas vezes. Minha avó teve uma vida um pouco melhor. Estudou até a 4ª série, começou a trabalhar aos quinze anos como caixa de uma loja de departamentos e se casou com um homem amoroso que, embora tivesse uma condição financeira um pouco melhor, nunca frequentou uma escola por má escolha de sua mãe, e aprendeu a ler e escrever com a irmã mais velha. Quando se casaram, meus avós foram donos de um pequeno cinema, o primeiro da cidade, que não vingou e logo foi vendido. Tiveram seis filhos. A luta pela sobrevivência da família esfacelou os sonhos do jovem casal. Minha mãe, que sonhava ser médica, completou o curso Normal e foi professora, como suas irmãs — enquanto seus três irmãos estudaram Engenharia.

A minha geração é a primeira da família, por parte de pai e de mãe, em que as mulheres puderam escolher suas profissões com liberdade. A primeira em que todas as mulheres puderam cursar uma faculdade. A primeira a romper com a impossibili-

---
19 Fragmento 4. *A Paixão Segundo G.H.*

dade de estudos para a mulher em decorrência das atribulações do âmbito privado e dos impedimentos financeiros. É nesta ruptura de padrão legado ao feminino — espelhado em tantas outras famílias brasileiras de origem mais simples — que me apoio todas as vezes em que duvido de mim mesma. Dúvida ou fuga? A indagação não deveria ser: "Toda essa dedicação às cegas faz mesmo sentido?" Mais honesto seria perguntar: "Desejo?"

* * *

Estamos no quinto dia de preparação no apartamento, uma segunda-feira. O imóvel segue vazio, sem mesas e cadeiras, ainda sem luz elétrica. A pré-produção se inicia oficialmente. A 1ª assistente de direção, Kity Féo, chega de São Paulo. Em poucos dias, virá também Fabiano Nunes, o preparador corporal. Os dois, além de Mariana, Thanara e Maria Fernanda, são os únicos "herdeiros" de *Objetos Perdidos*.

> **Kity Féo:** "Trabalhamos meses no Galpão e isso foi essencial para construir meu entendimento sobre a linguagem do Luiz Fernando. Nós não perdemos o trabalho realizado durante os ensaios de *Objetos Perdidos*. Ele é muito forte dentro de todos nós. Com a interrupção do filme, vivemos profundamente a mesma dor, mas recolhemos tudo isso como base estrutural e emocional para *G.H.*"

Com mais de duas décadas de atuação no audiovisual brasileiro, Kity Féo costuma trabalhar com uma equipe de ao menos mais duas pessoas (2º e 3º assistentes). Desta vez, ela estará sozinha. Luiz Fernando confirma o que lhe havia dito anteriormente, no Galpão. Para além do viés orçamentário, o diretor tira-lhe os apoios para que ela também experimente atuar fora do modelo de mercado. Além disso, ele faz questão de ter o menor número de pessoas envolvidas na equipe de direção, reduzindo intermediários na comunicação e democratizando as informações e etapas de realização do filme. O desafio para Kity é inversamente proporcional ao prazo. Em poucas semanas estaremos filmando.

Perder o que parece ser essencial. Perder a "terceira perna", como descreve Clarice no romance, ou seja, perder aquilo que faz de todos nós "um tripé estável", mas nos impossibilita de andar. Este é um dos temas fundamentais da jornada de G.H. Perder tudo o que se poderia ter e ainda assim ser. Caminhamos todos, como a protagonista, num percurso de desconstrução. Nem todos estão cientes, mas estamos diante de espelhos de nós mesmos posicionados por Luiz Fernando e Clarice. Essa é a regência para nos aproximar do que seria preciso transpor para o filme. A batuta era invisível para muitos, mas estava lá.

No dia seguinte, estamos apenas eu, Kity e Luiz Fernando sentados no chão da sala de jantar — ainda sem luz e cadeiras — enquanto a cenografia trabalha na varanda e no living. Ele pede à assistente de direção que leia o romance novamente e o estude. Nessa etapa, normalmente, a assistente de direção já teria feito a análise técnica do roteiro para elaborar na pré--produção o plano de filmagem. Isso num filme convencional, o que não era o caso.

> **Kity Féo:** "A estratégia para as filmagens não segue um modelo. Normalmente, eu precisaria trabalhar duas semanas antes para estar com tudo pronto na chegada da equipe. Mas

contar com o acaso e com um acontecimento inesperado e ao mesmo tempo manter o rigor de um olhar é o modo de trabalhar dele."

É fim de tarde, estamos de frente para o mar de Copacabana. Luiz Fernando pede que eu leia as primeiras frases do livro. Acompanhada pelo diretor e pela assistente de direção, acabo lendo o primeiro fragmento do romance inteiro, no qual Clarice oferece todas as questões propostas na história, um emaranhado guia da jornada existencial e psicológica de G.H. A noite cai. Sigo lendo as páginas iluminadas pela luz de celular e pelas telas de computador.

Entramos no texto, enfim, juntos.

Após essa primeira noite de leitura no apartamento, seguimos lendo no dia seguinte enquanto Mariana, Thanara e Tomás Biagi trabalham na apresentação da proposta de direção de arte. A princípio, o figurino será composto por apenas uma camisola branca, descrita brevemente no romance, e mais um vestuário com o qual a personagem encerraria o filme. No fim da tarde, a equipe exibe a proposta de arte e cenografia, expondo em cada cômodo fotos impressas dos móveis, tecidos, cores, quadros e objetos de decoração que poderiam compor aquele determinado ambiente. O cineasta não aprova uma série de elementos, e propõe os que deveriam substituir, indicando tonalidades das paredes, sancas, tetos e colunas gregas no ateliê, entre tantas outras observações.

Combinamos de continuar lendo no fim de semana juntos, e marcamos para domingo, às 15h. Embora tenhamos conseguido entrar no texto, sigo duvidando sobre o sentido de estar ali. O cineasta segue afirmando que não haverá roteiro. A instabilidade me paralisa em alguns momentos. Começo a pensar na ideia de trabalhar apenas até o ponto que um roteirista normalmente faria: entregar o tratamento final do texto e pronto. Sentia que não deveria seguir acompanhando as filmagens, como o diretor vinha falando que gostaria que eu fizesse.

* * *

No domingo, combino de buscar Kity de carro para irmos juntas. Embora eu não tenha intimidade suficiente com a assistente de direção que eu conhecera há poucos dias, preciso dividir todas estas questões que me afligem com alguém que esteja dentro do processo. Intuitivamente confio nela.

No trajeto, falo sobre minha angústia e digo que estou pensando em sair do projeto no final da fase de pré-produção, já bem próxima, e peço sua opinião. Talvez até fosse mais conveniente para Kity que eu saísse. A presença de um roteirista nem sempre é bem-vinda no set, quanto mais intensa, como uma dupla do diretor, como vinha acontecendo. Talvez ela não fosse a pessoa certa a procurar. Pouco importa.

Inconscientemente, eu já sabia a resposta. Perguntar para a Kity talvez fosse como procurar por uma terceira perna, usando o vocabulário de G.H. Como se fosse possível delegar a outra pessoa uma decisão sobre si. Como se o que o outro disser pudesse autorizar uma desistência. No fundo, eu já sabia que não deveria desistir, e não queria.

Bem devagar e com seu forte sotaque paulistano, Kity foi firme: "Não faça isso. Continue."

Embora soubesse de minha própria necessidade de seguir em frente, busco um escudo como tantas outras vezes devo ter feito na vida. Apesar de soar egocêntrico, sei também que a necessidade de continuar no projeto não era apenas minha, mas do filme. Sinto o quanto um precisa do outro para verdadeiramente existir. Misteriosamente, sei o quanto eu e a jornada de G.H. já nos sobrepomos, o quanto eu já estava sendo atravessada pela literatura de Clarice Lispector e pelo cinema de Luiz Fernando Carvalho, e sei que eles me motivavam a aceitar e caminhar por entre todos os paradoxos.

* * *

Conforme avançamos na leitura do livro, Luiz Fernando cria imagens, indica ângulos, aponta estados emocionais e mudanças de luz, apresenta os planos e enquadramentos da protagonista. Durante a leitura, ele avança na criação do filme, revelando muitas ideias já desenvolvidas e recebendo também novas visões que lhe surgiam naquele instante através de diferentes estímulos: leitura de uma frase, música, pinturas, desenhos, rabiscos... Estamos a apenas duas semanas das filmagens, e ele, diante dos nossos olhos, mergulha num fluxo vivo e intenso de criação, visualizando o filme diante de si ao mesmo tempo em que nos narra como realizá-lo.

Neste processo, o diretor concebe que *G.H.* é um filme cuja relação entre o acontecimento a ser produzido em cena — texto, vivência da personagem, possíveis interferência do ambiente — e a filmagem deve ser inseparável. Uma coisa só, um núcleo único.

    Luiz Fernando Carvalho: "Sempre tive uma compreensão sensorial no momento da criação das imagens, mas em *G.H.* era preciso uma simultaneidade absoluta entre pensar, sentir e filmar. Não caberia um intervalo, uma racionalização no sentido de explicar a cada determinado movimento. O acontecimento era a forma em si mesma. É uma linguagem muito delicada e árida, diferente da que usei em *Lavoura Arcaica*, onde a câmera se colocava como um olhar distanciado que refletia sobre os acontecimentos. Em *G.H.* a câmera não reflete, ela simplesmente olha e vê. Ver é uma espécie de pertencimento. As imagens deveriam se situar no aqui e agora, no corpo da personagem, em seus sentidos ou até mesmo serem concebidas a partir do olhar de G.H. O conjunto das imagens estaria dentro da coisa, sendo reveladas através da coisa, participando diretamente da cena, e não refletindo. A reflexão sobre o acontecimento se daria na montagem."

Esse conceito também passa a guiar o procedimento que ele usará com Maria Fernanda: não se deve saber dizer onde termina a atriz e a pessoa e começa a personagem, e vice-versa. Tudo é parte integrante da ficção. Luiz Fernando não quer que a atriz interprete, mas que revele o que a estiver atravessando no momento da cena. A ideia de que ela fique hospedada no próprio apartamento dialoga com esta fronteira tênue entre arte e vida. Dormindo no próprio quarto de G.H. ninguém saberá dizer quando termina o quarto da Maria Fernanda e quando começa o quarto de G.H. ou se quem está dentro dele é a equipe ou são personagens. Sua proposta, sem que isso seja explicitado, é de que todos os envolvidos tenham a experiência da personagem.

Durante as filmagens, a forma de enquadrar o acontecimento, como ele chama a cena, deve ser guiada pelo acontecimento instantaneamente, ou seja, no momento em que este se dá.

Embora estejamos às vésperas das filmagens, Luiz Fernando ainda não decidiu quem vai operar a câmera.

Luiz Fernando Carvalho: "A relação entre diretor e o câmera traz embutida uma tensão criadora necessária, talvez porque um milímetro para cá ou para lá faça enorme diferença em um enquadramento que procura traduzir um instante vital."

Mas nessa etapa do processo do diretor, onde a criação do filme nos vai sendo revelada página a página, Kity propõe a Luiz Fernando que ele mesmo opere a câmera ao longo de todo o filme. A assistente de direção percebe que talvez fosse impossível neste filme ter um intermediário entre a câmera e o diretor. Essa conversa acende a possibilidade ou necessidade fundamental para a construção da linguagem.

Luiz Fernando decide assumir a câmera.

Não é novidade para o cineasta ocupar esta posição — ele sempre trabalha muito próximo à câmera em todos os seus projetos, com frequência, inclusive, ocupando o lugar do fotógrafo —, mas é a primeira vez que assume sozinho a tarefa. *A Paixão Segundo G.H.* será filmado com uma única câmera 35mm.

Luiz Fernando Carvalho: "A Kity me falou quase como uma sentença a ser cumprida: 'Você é quem tem que fazer a câmera.' Me lembro de ter enviado a ela uma foto do Pasolini com uma câmera, talvez em *O Evangelho segundo São Mateus*. 'É isso!', ela respondeu. Kity certamente percebeu que eu já filmava durante nossas leituras. A compreensão teria vindo a partir do fato de que eu não poderia provocar um estímulo na intérprete e só depois orientar o câmera, ou seja, não poderia haver esse distanciamento, essa intermediação. O acontecimento deveria arrastar a visualidade enquanto a improvisação acontecia. E para que tudo fosse percebido e filmado ao mesmo tempo, a operação da câmera precisaria ser simultânea ao acontecimento em si, como em um documentário. Ela estava certa."

Enquanto líamos o Fragmento 24, em que a personagem aborda o deslocamento de uma compreensão do "eu" para o "mim", Luiz Fernando começa a desenhar diretamente sobre a mesa improvisada, um compensado de madeira sobre cavaletes, os diferentes enquadramentos que fará da atriz para localizar a personagem no tempo, no espaço e no estado emocional. A voz de G.H., que reflete hoje sobre o que viveu ontem no quarto de empregada, terá enquadramento frontal, olhando nos olhos do espectador, numa quebra da quarta parede. E a G.H. que vive a ação, no encontro com a barata no quarto de empregada ontem, será enquadrada com o olhar na diagonal, nunca de frente. Embora o romance seja um monólogo, a ideia é propor na montagem um diálogo da personagem consigo mesma e, num exercício de alteridade, com o outro — que ora é o espectador, ora é um amor, ora é Janair, ora é a barata, ora é Deus — através das diferentes vozes da protagonista.

Luiz Fernando Carvalho: "G.H. sai dela para ela mesma, como se estivesse dentro de um prisma, se desdobrando em muitos outros tempos, estados e mulheres. Você vê a mesma mulher, mas de maneira desdobrada, antagônica e até estruturada a partir das reflexões do texto. É uma espécie de desaparecimento. Os tempos e os espaços se estilhaçam. A imagem vai para outra dimensão, mas o texto segue sendo exatamente o mesmo, embora sua face já esteja fragmentada. Mas se descompor não seria um movimento natural? Não seria nossa perplexidade em relação ao mundo? Descompor seria uma espécie de diálogo solitário consigo mesma, como se, ao nos colocarmos diante de um espelho, o reflexo nos respondesse em forma de prisma, em diagonal, com uma imagem de perfil. Este perfil seria a diferença entre o 'mim' e o 'eu'. O 'mim' nunca olha para a lente, o 'eu' é quem nos olha."

* * *

Levamos pouco mais de uma semana para ler o livro inteiro e consolidar o processo criativo. Já nas últimas páginas do livro, debruçados sobre o compensado de madeira, quando leio a frase "quero ser a mulher de todas as mulheres",[20] o diretor imediatamente diz que será preciso ter Janair nesta cena. Para perplexidade de todos, Luiz Fernando cria na hora uma cena que não consta no livro, em que G.H., ao falar essa frase enquanto se arruma para sair, se encontrará com Janair dentro de seu próprio quarto. Neste momento, depois da metamorfose que a protagonista já terá atravessado, ela olhará para Janair com

---

20 Fragmento 32. *A Paixão Segundo G.H.*

alguma consciência de uma igualdade: "Toda mulher é a mulher de todas as mulheres."

Durante toda essa leitura, Luiz Fernando já vai aprovando os trechos do texto que deverão ser ditos em cena pela personagem. São os diálogos. Nesta etapa, o cineasta também vai apontando as indicações para a direção da atriz. Ele pretende fazer intervenções mínimas no set para que a intérprete não saiba bem o que é filme sendo rodado e o que é intervalo de filmagem, para que ela não saia do estado da personagem, As tomadas serão longas atravessando vários estados. Num dos apontamentos, ele diz que não quer que Maria Fernanda seja avisada do fim de uma cena ou do fim do rolo. A atriz também não deveria saber como estava sendo enquadrada e não deveria conferir as cenas no monitor após serem filmadas.

> **Luiz Fernando Carvalho:** "Quando o chassi termina, a cena não acaba. Nós vamos desligar todos os sinais da câmera que poderiam orientar a atriz, como luzes e bips, para que ela não reaja diante das questões técnicas. A atriz precisa ficar sem se ver, sem saber de si."

A preparação de Maria Fernanda durante os meses no Galpão, em São Paulo, foi construída mais a partir de exercícios de estado e de corpo do que propriamente o estudo do texto.

> **Luiz Fernando Carvalho:** "O que me interessava era chegar no estado da última frase do livro: 'a vida se me é.' Foi um grande paradoxo lidar com dois conceitos extremos. Por um lado, o estímulo ao improviso, ao estado da intérprete,

e, por outro, o rigor absoluto com o texto. *G.H.* dá prosseguimento a este paradoxo que eu já havia iniciado no *Lavoura Arcaica*, mas aqui com ainda mais radicalidade porque se trata de uma única personagem em cena. Uma forma de monólogo que seria transformado em diálogo a partir do encontro das várias G.H.s contidas na narrativa. É uma linguagem revirada. Ao mesmo tempo que você produz o estado de uma G.H., ela te devolve uma outra G.H. que te propicia uma espécie de conhecimento de como narrar aquele acontecimento. Não é uma abordagem que parte simplesmente da direção ou da câmera para a atriz. Quando a improvisação inicia, o plano ainda não existe. Nada existe em sua exterioridade. Por isso era necessário estarmos cúmplices em meio a todos os sinais que me eram oferecidos pela Maria Fernanda para que a imagem se constituísse a partir desse encontro da intérprete com a invenção de G.H., como um duplo. Depois era seguir adiante, puxando e recebendo o fio de um novelo. Foram tantos os momentos onde essa conjunção se deu, e então era como em uma coreografia."

A cada fragmento que lemos juntos, o filme ganha forma.

Outubro, 2018. Rio de Janeiro. Pré-produção. Escalação da personagem Janair e chegada da atriz Maria Fernanda Candido

Dia sim, dia não, Marcello Maia vai ao apartamento. Suas visitas são sempre pontuais para falar algo específico de produção com Luiz Fernando. Neste dia, além de contar que conseguiu o aval dos condôminos do edifício para as filmagens, o produtor executivo fala sobre Maria Fernanda. Conta que tem conversado com ela para acertar os detalhes de sua chegada e que ela está bastante ansiosa — num eufemismo que, na verdade, quer dizer que ela está preocupada — para receber o roteiro e estudar. A chegada da atriz ao Rio de Janeiro está inicialmente prevista para dia 4 de outubro, daqui a uma semana. Habituado com a ansiedade da equipe, como costuma agir na maioria das vezes que alguém da produção lhe traz alertas ou más notícias, Luiz

Fernando diz que está tudo bem, que ele não se preocupe, que Maria Fernanda receberá em breve o texto, assim que finalizarmos o estudo.

O filme está em plena criação.

Diretor e produtor executivo conversam também sobre a possibilidade de que não dê certo a ideia inicial de que Maria Fernanda fique hospedada no apartamento. Com a pintura da parede ainda por começar, será inviável que ela durma no quarto-locação. O apartamento está longe de ficar pronto. Maia, então, avisa que vai providenciar a reserva de um hotel, apenas para terem uma alternativa, caso o quarto-locação não fique pronto a tempo da chegada da atriz — o que é bem provável.

No mesmo dia, o diretor faz também uma reunião para conhecer a produtora de elenco. Apesar de ser um monólogo, o filme tem outras personagens, entre elas, a antagonista Janair, que, apesar de não ter falas, é fundamental para a história. Luiz Fernando fala à produtora sobre a importância da personagem. Para exemplificar quem procura para o papel, o cineasta trouxe de sua casa uma máscara que foi adquirida por ele numa feira de refugiados nas ruas de São Paulo. "Esta é a Janair", diz apresentando a máscara africana de madeira talhada, "um rosto com uma força e uma beleza mítica, ancestral."

Nos dias seguintes, a produtora de elenco envia ao diretor fotografias de atrizes negras para o papel de Janair. Ele analisa e seleciona uma delas para que venha à locação. Ao final do encontro, Luiz Fernando se mostra angustiado com as opções oferecidas a ele por não se aproximarem do arquétipo africano que ele imaginava. O cineasta agradece a presença da atriz e depois nos diz: "Ainda não!" Para ele, Janair teria que ser uma metáfora de todo o processo histórico sofrido pela mulher negra no Brasil. Ele buscava a ancestralidade de Janair. Queria que Janair viesse da máscara e que a máscara ganhasse vida.

A produtora de elenco decide sair do projeto.

No dia seguinte, Luiz Fernando chega em casa, por volta de 23h30, e me manda uma mensagem pelo celular uma hora depois com a foto de uma página do jornal *Folha de S.Paulo* estampada com uma imigrante da Guiné Bissau vencedora do concurso Miss África. A manchete diz: "Africana vem ao Brasil estudar e se torna miss de imigrantes. Guineense que venceu Miss África ficou 'chocada' com preconceito racial no país."

Acompanhando a foto da página do jornal, o cineasta me escreve: "Cheguei em casa e dei de cara com nossa Rainha Africana. Veja se consegue o contato dela."

É ela, Janair.

No dia seguinte, por uma rede social, entro em contato com a jornalista que escreveu a reportagem, Flávia Mantovani. Com o telefone em mãos, ligo para Samira Nancassa, a miss. Formada em Administração de Empresas, Samira é uma refugiada por razões econômicas. Nascida na periferia da Guiné Bissau e criada em Cabo Verde, ela veio para o Brasil aos vinte e dois anos para estudar por um programa do governo de seu país, e acabou ficando em São Paulo, onde engravidou de seu filho. O pai do menino também é da Guiné. Aos vinte e oito anos, Samira não consegue emprego mesmo sendo formada na universidade. No início ela fica desconfiada do meu telefonema. "Um filme?", ela estranha.

Dois dias depois, Samira desembarca no Rio de Janeiro para conhecer Luiz Fernando. Na antessala, que será cenário do filme, o cineasta conta para ela a história de G.H., da personagem Janair e discorre sobre os excluídos do mundo, os seres tidos como invisíveis pela sociedade, como a empregada doméstica

negra de G.H. e a barata. Ela se emociona ao ouvi-lo: "É a minha história."
Uma beleza mítica, como ele desejava encontrar. Samira tem a postura e o olhar de uma rainha africana, assim como descreve Clarice Lispector no livro. Samira já é Janair. Antes de ir para o hotel, ela nos abraça, emocionada pela surpresa com o convite e grata porque agora terá um cachê depois de tantos meses desempregada. Para sobreviver, ela vinha trabalhando como faxineira em uma escola. Agora, vai estrear no cinema.

* * *

Luiz Fernando, Kity e eu seguimos debruçados sobre o livro. O cineasta agora "vê" o filme, e nós também. Temos, enfim, o roteiro a ser filmado. Trata-se de um guia com cento e sessenta cenas apresentado num layout bastante incompreensível para a equipe, num híbrido entre um roteiro e o livro transcrito. O documento tem o romance na íntegra diagramado como texto corrido dividido por cenas nomeadas pelos respectivos cabeçalhos que indicam detalhes de espaço e tempo, como num roteiro tradicional. Os números das cenas são uma complexa combinação entre o Fragmento onde está inserido no livro e a sequência de números das cenas. É uma espécie de roteiro-livro. Os diálogos e os trechos de V.O. (*voice over*) são indicados por meio de uma marcação de cor.

A equipe de direção de arte apresenta sua nova proposta artística para Luiz Fernando. A essa altura, o filme que teria apenas uma camisola branca no figurino, já tem quase dez vezes mais vestimentas, e o apartamento que passaria por poucas modificações já tem uma série de pequenas intervenções cenográficas previstas para começarem.

Nos três quartos de empregada do imóvel, onde nos anos 1960 uma família de elite mantinha duas empregadas domésticas e um chofer, hoje cabe a equipe de um filme brasileiro. Luiz Fernando decide que um dos cômodos será destinado a guardar os equipamentos de luz e câmera e os outros dois quartinhos serão alternados como quarto de Janair: um será o principal, branco e realista, enquanto o outro será "um duplo" do quarto, com cenografia modificada conforme estágios da crise existencial enfrentada pela protagonista, virando ora deserto, ora catedral, ora caverna.

Na primeira semana de outubro, Kity se dedica a fazer a análise técnica do roteiro-livro. Fazemos este trabalho lado a lado, de alguma maneira em dupla — eu com o conhecimento do texto nas mãos e ela com a experiência da organização de toda a engrenagem.

Além disso, na mesma semana, num almoço de domingo, antes de seguirmos para a locação, Luiz Fernando, percebendo que Thanara poderia ficar sobrecarregada, considerando o prazo extremamente curto do projeto e a proporção que ele foi ganhando, propõe a ela que seja integrado à equipe um outro diretor de arte, João Irênio, para assumir este departamento. Ela concorda, até porque já sabe que mesmo sendo consultada, a decisão de alguma maneira já havia sido tomada pelo cineasta. Ele, através de sua experiência, percebeu que uma só pessoa não resolveria as demandas de figurino e direção de arte sozinha neste prazo sem que a criação pudesse ser ameaçada.

No mesmo dia, Luiz Fernando faz o convite a João Irênio, que, por já ter colaborado com o cineasta em trabalhos anteriores, aceita o desafio de entrar no filme a apenas duas semanas do início das filmagens. O diretor o chama para uma reunião na locação. É domingo e a Avenida Atlântica está fechada para a 23ª Parada do Orgulho LGBTQIA+, que reuniu quase um milhão de pessoas, segundo estimativa publicada no dia seguinte. As eleições presidenciais estão próximas, e o tema do evento é: "Vote em ideias, não em pessoas." Debruçado na janela do apartamento de G.H., no 12º andar, o cineasta olha a enorme bandeira do arco-íris estendida e observa com perplexidade meninos furtarem objetos aqui e ali, entrando em seguida embaixo da bandeira para desaparecer da vista dos policias com cassetetes nas mãos.

Luiz Fernando Carvalho: "Esse contraste entre a alegria da passeata, seu colorido, as fantasias, a música do trio elétrico, em contraponto com a pobreza dos meninos pretos e a violência dos policiais, que, quando os capturavam, algemavam os meninos aos postes, me deixou numa mistura de assombro e indignação. Eu estava sei lá como, cheguei a ficar tonto ao ver tamanha violência. Ver me doía por dentro. Já havia ali uma reação dos jovens brancos de uma classe média racista querendo fazer justiça com as próprias mãos, ajudando os policiais na perseguição e captura dos meninos. Do alto, na cobertura de G.H., minha mudez me inflamava, mas dentro daquela loucura toda eu conseguia ler os sinais, entender a visão do que acontecia lá embaixo como um contracampo da narrativa do filme, uma entrelinha necessária, era isso! Era uma violência generalizada, uma desigualdade que se multiplicava, um retrato do Brasil que acionava minha percepção de que alguma coisa muito estranha estava realmente para acontecer no país. Era uma violência cega e escorregadia sob a trilha alegre e festiva do trio elétrico. Ninguém escaparia."

Na noite seguinte, uma segunda-feira, toda a equipe é reunida na sala do apartamento para fazermos juntos mais uma leitura, uma passada por todos os capítulos, dirigida pelo cineasta com a função de trazer João Irênio e equipe para dentro de um pensamento sobre o filme. Eu leio passagens importantes e pontuo os fragmentos do livro. Luiz Fernando vai traduzindo sua visão, explicando e desenhando suas necessidades para cada cena enquanto todos aproveitam para tirar dúvidas e fazer anotações, avançando nos estudos de cada departamento.

Mesmo com essa apresentação, a pressão da equipe e da produção para que Kity divida com todos as informações sobre o filme, ou seja, o que foi criado por Luiz Fernando durante o processo da nossa leitura, aumenta conforme vamos nos aproximando das filmagens. Ela corre contra o tempo para fornecer o máximo de informações, sim, mas de maneira segura e consolidada às equipes, consciente de que o processo de criação de Luiz Fernando é orgânico e vivo. Normalmente, a 1ª assistente de direção já teria repassado para a equipe documentos importantes para a organização de todos, como o plano de filmagem e a análise técnica. O cineasta, porém, está o tempo todo pondo em dúvidas as certezas, o que significa que podem haver mudanças a qualquer momento.

A análise técnica reúne todas as cenas do roteiro apontadas de maneira resumida e contém as indicações do que será necessário para a filmagem de cada uma delas, como, por exemplo, os objetos de cena importantes e os atores escalados para a cena. As cento e sessenta tiras equivalentes às cento e sessenta cenas são recortadas e organizadas num quadro imantado. É a primeira vez que vejo aquele mapa de um roteiro destrinchado, assim como é a primeira vez que vejo muitas outras etapas de um filme numa fase de pré-produção. Kity conduz comigo uma apresentação detalhada dessa análise durante dois dias para Thanara, Mariana, João Irênio e Fabiano para que todos pudessem ter uma compreensão mais ampla das necessidades criativas apontadas pelo diretor.

Como participam da preparação desde os ensaios no Galpão, em São Paulo, Thanara e Mariana conhecem bastante a obra de Clarice Lispector e a visão do diretor. Portanto, não precisam tanto da análise técnica para entender as necessidades da direção, que naturalmente aumentam ao longo do processo criativo. A figurinista e a cenógrafa têm duas semanas para criar, desenvolver e executar as demandas de seus departamentos junto com suas equipes. No entanto, para João Irênio, a análise técnica é essencial. Ele não tem tempo hábil para estudar o romance a fundo. Antes de o diretor de arte ser convidado, as adequações do imóvel, como cores das paredes, pinturas artísticas, sancas, colunas e teto grego do ateliê, já haviam sido iniciadas. Muitos móveis principais, como o sofá mostarda de veludo da sala de estar e a mesa com tampo verde da sala de jantar já estavam definidos e viabilizados por Tomás, o editor e agora também produtor de arte. Com os conceitos estéticos já bem definidos pelo cineasta a partir das apresentações de Thanara, Mariana e Tomás, João chega principalmente para coordenar as equipes com a colaboração de todos que já estavam no projeto desde o início e, claro, adereçar o imóvel.

A preocupação do cineasta é com o que ele convencionou chamar de "360 graus", ou seja, ele determina que todo o apartamento deve "ser" de G.H. Para onde quer que ele aponte a câmera, os ambientes determinados previamente devem estar prontos para serem filmados.

Luiz Fernando Carvalho: "Eu nunca filmei orientado unicamente pelo plano de filmagem. Este estudo existe, mas não deve guiar a criação. Se estivermos programados para filmar na cozinha, e uma luz inesperada entrar pela sala, e ela fizer sentido para o filme, eu não vou fingir que não a percebi. Não terei medo dela, ao contrário, estarei sempre aberto para as presenças. Meu esforço maior na condução da equipe é fazer com que tenham a coragem de abandonar modelos impostos ao cinema pelo 'dinheiro', que existe e deve ser cuidado, mas que já está posto a todos. A sensibilidade da equipe é que precisa ser liberada. Na maioria das vezes, o que acontece em um set onde o plano de filmagem é uma palavra de ordem é que esta luz passaria desapercebida enquanto todos estariam na cozinha, de costas para a luz, fazendo o close de um sabonete.

Pensar um filme não deve significar a mesma coisa que pensar um plano de filmagem. São coisas diferentes e servem para questões diferentes. O plano de filmagem é um instrumento necessário à organização da produção. Por outro lado, pensar um filme significa imaginar um filme. O cinema não 'precisa' desimaginar um filme a partir de um plano de filmagem."

O cineasta pede também que a ordem dramática do romance, seguindo a cronologia das páginas, guie a elaboração do plano de filmagem, documento fundamental para o planejamento da produção. A assistente de direção começa a elaborar o plano de filmagem para apresentá-lo a Luiz Fernando. No livro, G.H. começa contando o que lhe aconteceu no dia anterior, no quarto de empregada, para depois avançar na narrativa circular, no relato da memória. Seguindo a premissa da ordem cronológica do romance, deveríamos, então, começar filmando nos ambientes sociais do apartamento, que eram salas de jantar e de estar, antessala, ateliê. Acontece, porém, que esses são os cômodos mais atrasados no *dressing*, ou seja, a montagem e adereçamento dos espaços.

* * *

O trabalho na pré-produção é interrompido por um fim de semana, quando todos folgam para votar no primeiro turno das eleições.

* * *

É uma segunda-feira de manhã, pós-eleição. Na sala de reunião, estamos só eu e Kity, que havia acabado de chegar de São Paulo, onde votou. Estamos anestesiadas pelo resultado do primeiro turno, que expõe a ascensão de uma extrema direita que rejeita em seu discurso a cultura, a liberdade e a educação. Abatida, ela me confidencia que há um mês perdeu seu pai, Hugo. Nesse dia, desnorteada pelo expressão do país nas urnas, ela se revela para muito além da aparente firmeza com que se expressa. Com 1,62 metro de altura, ela mistura o olhar e sorriso de criança à entonação de voz de uma chefe de batalhão, talvez treinada a dominar sets de filmagem, espaço que tradicionalmente tem fortíssima presença masculina.

Logo de início, o cineasta lhe fez um convite para que deixasse um pouco mais de lado a função de comando da equipe, como algo que não seria necessário para ele naquele filme, já que a maioria das cenas teria uma atriz em uma mesma locação, e assim abrisse possibilidades para ela entrar em outras camadas da realização, como a aproximação com a literatura e a linguagem. A postura mais racional e firme de Kity é um contraponto à sensibilidade e à forma afetuosa dela de abraçar e dizer o quanto gosta das pessoas. O abraço forte e demorado é um de seus gestos mais comuns, e ela faz isso com todos, inclusive com Luiz Fernando, que é mais fechado.

Nessa segunda-feira, Kity, então, rememora a perda do pai. Hugão, como ela o chama, era engenheiro civil. Amava rock'n'roll e cinema. Na sala de direção, com aquelas cento e sessenta tiras do plano de filmagem coladas na parede, ela relembra em detalhes o dia da morte dele, quando ela teve a chance e honra de estar ao seu lado no hospital. Ficaram juntos até o último momento, até o fechar dos olhos. Um mês depois deste acontecimento, de dentro deste vazio, Kity veio para o Rio de Janeiro trabalhar em *G.H.*

Emocionadas, nós nos abraçamos. Nos conhecemos há poucas semanas, mas sentimos a confiança. Eu lhe digo que amaria ter tido a chance e honra de estar ao lado do meu irmão caçula, quando ele morreu num acidente, há quinze anos. Mas ele, o Samuca, estava longe da família, na curva de uma estrada.

É de manhã ainda, poucas pessoas chegaram ao apartamento. O sol de Copacabana entra pela janela. Nós conversamos sobre a morte de pessoas tão íntimas, tão nós mesmas, e sentimos a presença da ausência que não se quer apagar. Ela fala da morte do pai como quem necessita disso para entender o luto, o fim.

* * *

Domingo, fim de tarde de setembro de 2004. Tenho vinte e três anos e assisto com meu namorado ao filme *Sobre Meninos e Lobos* (2003). É a história de um pai que perde sua filha brutalmente assassinada. Os diálogos, em algum momento, são atravessados pela voz do meu pai, ao telefone com um desconhecido, no andar de baixo. "Quem fala?... O que aconteceu?... Posso falar com ele?... Para onde ele foi?" Minha mãe, aflita, começa a fazer perguntas por cima da fala dele. Coração em sobressalto, atenta, desço as escadas e vejo meu pai, ainda ao telefone, tentando entender. No centro da sala, minha mãe, já ajoelhada, chora nervosa com a Bíblia nas mãos buscando uma resposta:

"Teu sol não mais se deitará."

Tudo isso acontece enquanto aguardamos o Samuca chegar de uma viagem. É feriado nacional. Houve um acidente. O desconhecido que nos ligou pelo celular dele não teve coragem de contar tudo.

Entramos no carro sem saber onde procurar. Ligamos para bombeiros, hospitais, amigos médicos e jornalistas. Não há informação. A noite cai. Descubro que ele está no hospital municipal de Mangaratiba. Por telefone, ninguém dá mais informações além desta. Ligo para outra amiga, cujo pai mora na cidade e peço que ele vá até lá para descobrir o que houve. São duas horas de agonia no carro. Quando chegamos à Mangaratiba, os postes de luz estão apagados — ou é sempre escuro mesmo? Todos entram no hospital. Eu hesito. Diante de mim no escuro está o pai da minha amiga. Ele me abraça sem jeito. "Meus pêsames." E sai. Eu sozinha. O escuro.

Corro até a emergência do hospital. Minha mãe aos berros pergunta: "Onde está o meu filho?" Ninguém responde. "Cadê o meu filho?" Ninguém tem coragem de dizer. Mas eu já sei, soube no abraço, dentro do escuro. Ele morreu. Meu irmão. Eu busco os braços de minha mãe, ajoelhada e sem forças, como se fosse botá-la no meu colo. O desespero lhe toma o ar. "Morreu, mãe." Escuto o grito mais fundo da alma de uma mãe. O mais doloroso. O grito inumano. O grito-pranto. O grito-amor.

* * *

Em Copacabana, no apartamento, o sol atingiu o meio do céu enquanto Kity e eu tentávamos falar do luto. Uma tentativa de relato. Um relato sobre a dor vivida, mas não compreendida. Um relato sobre o fim. Um esforço de botar em palavras o que se viveu intimamente na tentativa de, ao reviver pela linguagem, entender. A necessidade da busca de si, reconhecendo que houve também a própria morte do eu com o fim do outro. Esta necessidade, tão humana e tão impossível, de lidar com vida e morte, mesmo em metáfora, é o núcleo de *G.H.*

Para usar o vocabulário de Kity, seguimos.

* * *

Num dos dias em que a produção do filme estava com dezenas de pendências e aprovações para resolver com Luiz Fernando, ele nos envia uma mensagem dizendo que antes de ir ao apartamento irá com Mariana ao ateliê de um escultor, no Caju, contratado para fazer a estátua do Homem de G.H. em mármore. "O escultor me ligou e disse que no ponto em que está, ainda é possível modificar a forma da pedra. Depois, não. Será irreversível", explicou a cenógrafa ao diretor. Mariana, vinte e nove anos, começou sua carreira como oficineira do departamento de cenografia em um dos projetos do diretor, em 2013, e logo se tornou assistente de cenografia nos trabalhos seguintes de Luiz Fernando. É sua estreia como cenógrafa no cinema.

No ateliê, Mariana e Luiz Fernando são recebidos por um senhor português de quase oitenta anos, que mostra a escultura em andamento feita a partir de uma foto do bailarino que irá interpretar o personagem o Homem, que não tem fala nem nome. O diretor não aprova a lapidação. "Parece um menino. O personagem é um homem", diz. Com as mãos, Luiz Fernando começa a dirigir como deve ficar a escultura enquanto o escultor vai lapidando e mostrando o que é possível fazer. "Vamos deixar os traços do rosto mais retos. A boca, maior, mais larga, mais rústica. Inacabada", simula o diretor com as mãos sobre o rosto de pedra.

Minha sensação é de que este é um dia de especial caos na produção e em todos os departamentos — estamos muito perto da filmagem e são muitas as questões que necessitam de aprovação do cineasta. No apartamento, a equipe me parece estar no auge da ansiedade. Kity não gosta que Mariana tenha levado o diretor ao ateliê sem antes consultá-la. Numa produção, em geral, o assistente de direção é quem faz a ponte entre diretor e equipe. No entanto, o processo de trabalho de Luiz Fernando rejeita hierarquias. São muitas as demandas urgentes do filme — e para ele, a escultura do Homem, com quem a atriz irá contracenar, é uma prioridade. Kity talvez não perceba, mas também está vivendo sua própria jornada de desconstrução.

* * *

Como imaginado, o apartamento não fica pronto a tempo de hospedar Maria Fernanda, que chega ao Rio de Janeiro, no dia 10 de outubro, pela manhã. Do aeroporto, ela vai direto para o Hotel Windsor, a poucos metros da locação, onde ficará hospedada. Ficar isolada no hotel faz parte da preparação da atriz. A vista do seu quarto é a mesma do apartamento de G.H., porém, num andar mais baixo. G.H. vivia no topo do edifício. Luiz Fernando combina de encontrá-la no restaurante do hotel, à tarde, e me pede que vá junto para depois estudar com ela o texto.

Numa mesa encostada na parede, do lado direito, ao fundo do restaurante do hotel, conversamos sobre o filme. Luiz Fernando entrega para Maria Fernanda o incompreensível roteiro-livro. O rigor com o texto é absoluto, ele diz, não podemos trocar um artigo ou pronome sequer. Não vai ser fácil, continua ele. Se estiver com medo, a hora de desistir é agora, encerra. A provocação é em tom delicado, mas solene.

Como nos contou Wisnik nas Oficinas Teóricas, lembramo-nos da frase que Clarice Lispector disse a uma estudante que tentava, sem sucesso, comer um frango com garfo e faca: "Desista, a luta é desigual." A atriz se mantém firme. É seu primeiro dia no Rio de Janeiro, e as filmagens estão previstas para começar em oito dias.

    Subimos juntos até o quarto de hotel da atriz, e ela entrega para Luiz Fernando peças de vestuário trazidas de brechós parisienses, encomendados pelo diretor. Ele organiza onde vamos estudar: posicionamento da mesa, quem vai sentar onde. E se despede, seguindo para a locação. Não tenho intimidade alguma com Maria Fernanda e nunca estudei texto com atores. Talvez ela também nunca tenha estudado o texto com uma roteirista. Ou talvez tenha, não pergunto.

    Durante toda a tarde, ela lê em voz alta o Fragmento 1 do livro, o mais longo, e o organiza, separando por blocos, trechos ou temas para que possa estudá-los e decorá-los de maneira independente. Trabalhamos a tarde toda. Conversamos um pouco na tentativa de talvez estabelecer alguma intimidade. Ela experimenta diferentes entonações de uma mesma frase, reflete sobre determinadas abordagens do romance. É o começo de um estudo que ainda estamos descobrindo como deve caminhar. Apesar de ainda estar no fuso francês, ela não alega cansaço e segue na leitura até que Kity me liga às 19h, lembrando que em Paris já seriam meia-noite, e, claro, Maria Fernanda precisa descansar. Combinamos de nos ver no dia seguinte sem termos conseguido nem mesmo terminar o Fragmento 1. Ela agora tem sete dias para estudar.

    Conscientes de que este filme apresenta a todos, e a cada dia, uma necessidade nova de reinvenção do modo de trabalhar ou de espaço a ocupar, mantemos a programação de estudo. Meu desejo era de que eu não assumisse esse papel de estudar com a atriz seu texto — talvez por medo da responsabilidade e por não saber. Por outro lado, sei que Luiz Fernando me aproximou de Maria Fernanda por eu ser a pessoa da equipe com maior domínio do romance. Eu tinha o filme e livro inteiros na cabeça. Eu, aquela que o diretor chamava de "dramaturga".

Ao sair do hotel de Maria Fernanda, encontro com Luiz Fernando e Kity para jantar num restaurante próximo. Ele pergunta sobre o andamento do primeiro dia de estudo e fica surpreso por não termos conseguido terminar o Fragmento 1 — no total, são trinta e três.

Luiz Fernando Carvalho: "Vocês precisam se concentrar no texto sem desviar a atenção. Entenda que ela estará te testando a cada minuto, mesmo sem consciência disso, mas como quem pede conforto. O local dos atores nesta fase passa pela angústia, é uma fuga normal dos atores que antecede as filmagens. Seja firme, não desviem do texto. O mais importante é que ela se torne, a cada dia, mais disponível para incorporar as palavras e não simplesmente decorar. Com o tempo, descobrirá que o conforto está no próprio texto."

Depois de pouco mais de uma hora no restaurante, voltamos a pé para a locação. Ao passar em frente ao hotel da atriz, o diretor decide falar novamente com Maria Fernanda. São mais de nove horas da noite, e ele diz que devemos subir os três juntos. Ao chegar à recepção, Luiz Fernando pede que avisem à atriz da nossa presença. Maria Fernanda autoriza, e subimos.

A atriz abre a porta do quarto, surpresa ao ver tanta gente no corredor. Ela está vestida com um quimono de seda longo com estampas asiáticas. Era uma G.H. Na mesa onde passamos a tarde estudando, repousa seu jantar ainda fumegante. Educadamente, ela nos oferece. Eu me sento no *récamier* ao pé da cama, e Kity se senta na cama ainda forrada. Luiz Fernando divide a mesa com a atriz, e pede que ela continue comendo enquanto ele fala — comer é algo a que devemos ter atenção também em relação à atriz porque a intenção do cineasta é de que ela ganhe dois ou três quilos para as filmagens para ficar com o corpo mais próximo de uma mulher da elite dos anos 1960.

Kity e eu estamos desconfortáveis com a situação, está claro que ele vai reforçar o modo como devemos trabalhar e que talvez ela possa pensar que nós reclamamos de algo em relação à postura dela, quando, na verdade, o cineasta rapidamente tirou todas as conclusões a partir do resultado precário do nosso primeiro dia de estudo. Na conversa, firme, mas terna, Luiz Fernando diz à Maria Fernanda que ela não continuará a ter preparação de corpo com Fabiano Nunes, iniciada no Galpão. "Você precisa entrar no texto", ele diz, repetindo para ela tudo o que falou para mim meia hora antes: não desviem do texto. A situação, que parece normal para eles, me soa insólita pela minha presença e da assistente de direção, e esse constrangimento se revela no nosso silêncio.

Tudo o que o cineasta fala para Maria Fernanda também, de alguma maneira, se direciona a mim e a Kity, que somos corresponsáveis pelo estudo com a atriz. Ele queria manter o isolamento de Maria Fernanda, e percebo que, portanto, dirigir não apenas a intérprete, mas a todos que estavam à sua volta, faz parte disso. Maria Fernanda não questiona, apenas segue ouvindo enquanto janta.

Luiz Fernando Carvalho: "Amo profundamente meus atores. Suas inseguranças e suas dúvidas infinitas não me causam problemas, não me ameaçam, não me esgotam. Muito ao contrário, são pontos de partida fundamentais para a imaginação daquele mundo de sonhos onde ambos, sempre juntos, eles e eu, vamos criar e mergulhar. É preciso um paraquedas, me dizia Raul Cortez, anunciando que caminharia no limiar do precipício. E este paraquedas se mostra de tantas formas, não é? Uma insegurança aqui, uma hesitação acolá, e suas raízes aquáticas logo aparecem, inconstantes, vagam, vem e vão com as marés, as luas, mas nos presenteando sempre com pérolas abissais. Assim foi com Maria Fernanda. Por isso continuarei amando suas 'tonterias', seus jogos infantis. Como não amar estes que habitam os sonhos? Como não admirar estes selvagens que vão das lágrimas a um sorriso num átimo? Os grandes selvagens me ensinaram tantas coisas, sobretudo sobre seu ofício, mas sem uma linha de teoria ou de moral. O sentimento sempre vinha na frente de tudo. Devo muito a cada um dos atores, seu mundo à flor da pele, aqueles que, apesar de tudo, necessitam seguir entre a loucura santa e o ridículo. A vida é mesmo uma ópera, como dizia Machado de Assis."

No dia seguinte, Maria Fernanda e eu começamos a estudar às nove horas da manhã e terminamos à noite, finalizando mais da metade do livro. Depois de estudarmos, ela segue para o apartamento para provas técnicas de figurino. "Hoje foi ótimo", diz ela, animada, para Luiz Fernando.

Terminamos em três dias o estudo.

* * *

Maria Fernanda mantém o corpo que a consagrou como modelo — carreira que seguiu dos catorze aos vinte e sete anos. Com 1,77 metro de altura, ela parece ainda mais alta por ter o pescoço longo como o do famoso busto da rainha egípcia Nefertiti. Os braços e ombros são finos e frágeis, ressaltados pelos ossos aparentes do colo. Os olhos são grandes, amendoados e levemente puxados para cima, que iluminam ainda mais as maçãs do rosto naturalmente sobressaltadas, o que a torna ainda mais bela. Os cabelos estão ainda como o de sua última personagem na televisão, longos e num tom quase louro escuro com alguns fios mais claros e levemente ondulados — mudanças de corte e cor estão previstas na caracterização do filme.

Por orientação do diretor, Thanara Schönardie leva Maria Fernanda para cortar o cabelo com o *hair stylist* Neandro Ferreira, parceiro do diretor em várias criações. A orientação a ser seguida, a partir do estudo dos anos 1960, é um cabelo no estilo chanel, bem curto na nuca, com as pontas na altura do queixo e volume no topo da cabeça. Eles passam algumas horas no salão. A atriz está cada vez mais insegura de fazer a mudança sem a presença do diretor — em todos os outros trabalhos que fizeram juntos anteriormente, o cineasta sempre acompanhou todos os passos da caracterização de suas personagens.

Maria Fernanda sai do salão praticamente com o mesmo cabelo que entrou, tendo cortado apenas as pontas. Acompanhando do apartamento, por mensagens, a tensão em torno do cabelo durante toda aquela tarde, eu só penso no tempo valioso de estudo de texto que a atriz está perdendo. A insegurança da atriz em cortar o cabelo também estaria relacionada à preocupação de interferir na continuidade de um outro filme que ela já havia começado a rodar, na Itália — *O Traidor* (2019), de Marco Bellocchio —, e que continuará a filmar imediatamente depois de *G.H.*

Mas Luiz Fernando não aceita a sugestão do uso de aplique feita pelo caracterizador. Não aceita nada que possa soar falso na tela. No dia seguinte, Maria Fernanda volta ao salão para cortar o cabelo. O impasse parecia recomeçar novamente. Luiz Fernando, ao ser comunicado, decide ir ao salão. Assim como fez com a escultura de mármore, o cineasta desenha com as mãos o corte. Delicadamente, dá a segurança emocional para a mudança. Conduz a modelagem de volumes, por vezes cortando ele mesmo algumas mechas, até chegar à forma que havia sido idealizada. A atriz se ilumina. Pede que lhe tirem dezenas de fotos do novo cabelo.

Maria Fernanda volta para a locação com o cabelo na nuca. Ainda mais bonita. Ainda mais G.H.

> **Luiz Fernando Carvalho:** "Além do talento como intérprete, um dos motivos que me levaram a escolher Maria Fernanda, foi sua beleza clássica. O romance atravessa temas como a normatização da beleza, desconstruindo a própria ideia do que é eleito como 'belo' a partir das convenções culturais e sociais. Nas palavras de Clarice, o 'invólucro'. Então a desconstrução passa a ser também um tema. Teriam que desaparecer todos os 'invólucros' que uma atriz consagrada pela mídia brasileira normalmente adquire para então compreender plenamente de que lu-

gar precisará ser vivido aquele texto. É uma travessia que se inicia com G.H. circulando pelo apartamento como uma esfinge de beleza. O trajeto se fecha na cauda do apartamento, que ela imaginava imundo e que redesenha relações escravagistas. Ao decidir arrumar seu apartamento, G.H. desarruma-se. Ao se deparar com o avesso de sua condição, aquela G.H., antes uma 'réplica perfeita', agora seria destituída de seu invólucro, incorporando a desconstrução como forma de consciência de si mesma, do outro e do mundo. Ou seja: sem uma desconstrução radical nada seria possível."

* * *

O *dressing* (montagem final) do apartamento segue com pendências. O diretor avalia amostras de veludo verde, de estampas florais e algumas opções de acabamentos apresentadas por João Irênio para a cortina da sala principal, peça que ainda levará duas semanas para ficar pronta. Ciente de que os ambientes sociais da locação, como sala de jantar, não ficarão prontos para o início das filmagens, Luiz Fernando revê o plano de filmar cronologicamente a história. Decide, então, que vamos começar pelo Fragmento 4, quando a personagem, entra no quarto de empregada, cômodo que sofreu pouquíssima interferência cenográfica.

Apesar da nova ordem de filmagem não ter sido planejada, ela intensifica a vivência da atriz em relação ao arco da personagem. Maria Fernanda irá lidar com o seu avesso social, a área de serviço, a cozinha, Janair, a barata, os limites do confinamento no quarto de empregada e todos os estados emocionais decorrentes da crise existencial que G.H. vive no cômodo dos fundos do apartamento. Na verdade, essa é a verdadeira ordem cronológica das ações do romance, já que a narrativa de Clarice Lispector é circular: a experiência se deu antes do relato, apesar dele iniciar o romance. Os ambientes elegantes e sociais do apartamento ficariam para a etapa final das filmagens.

Assim como o apartamento ainda aguarda a chegada de móveis e da cortina da sala, o roteiro-livro também segue passando por modificações. Luiz Fernando, Maria Fernanda e eu continuamos a retrabalhar infindavelmente o texto. A atriz só recebe a versão final, a mesma que foi distribuída para a equipe, no dia 17 de outubro, véspera do primeiro dia de filmagem.

Luiz Fernando já havia me avisado que eu estaria ao lado dele e da câmera no set em todas as cenas, com o roteiro em mãos. Não é tão comum a presença de roteiristas no set, muito menos colados aos atores e à câmera. Num filme com funções viradas do avesso, a roteirista é, em alguma medida, o próprio roteiro vivo, falado, o elo entre o diretor, que também é a câmera, a atriz, que era também G.H., e Clarice Lispector.

Desde o início, ainda na leitura no Galpão, Luiz Fernando me alertou que a experiência de trabalhar neste roteiro não seria como nada que estudei, li ou vivi em qualquer outro trabalho com a escrita. Durante todos os dias desta etapa de produção, senti que as certezas sempre me escapavam das mãos toda vez que o diretor me colocava para exercer ou transpor uma nova função, como agora, para fazer algo que não fosse apenas me colocar diante de um computador, estudar e transformar o livro em roteiro.

A despersonalização é a via crucis de G.H. e, naquela altura do processo, já estava claro que todos nós estávamos sendo arrastados por Luiz Fernando a viver, como ele, a mesma experiência da protagonista.

× Cultura

Masculino/Patriarcado

O Porto cego
que nos pensa

montagem final

O indizível / Mãos vazias
ponto para
Espaço para o corpo
da imaginação

(11) BIOMBO — planos recentes / vazios?

P.G. de GH

(QTO) GH? caminhando p/ a janela (VERSA ANTERIOR)

Meio com
GH caminhando p/ o Biombo?
(FLAIR — de entrada)

— · — · — · — · — · — · — · — · —

a valer / Rascunho

1) Nacid corpo GH / sutiã → escultura (QTº)
   Estátua girando
2) MAR de cabeça p/ Baixo?
   Reverso?
   → Após Biombo (QT)
     PG?
   Fecha p/ ficar de pé

3) Piscina vazia
   +
   G.H. na banheira (afundando) — slow?!
   +   vermelho?
   Plano Mor — Brilho do SOL · cabeça p/ baixo
   +
   Mercúrio P&B (negativado?)

— Para não esquecer —
LINGUAGEM
P. & B.

* MÁSCARAS * MERCÚRIO *

usar plano do MERCÚRIO como tela de
negativados? P&B?

DETONADORA DA
DESCONSTRUÇÃO

* IMAGENS DISTORCIDAS — usar os sobras???
  onde??
  1. — Desenquadradas...
  2. — Floradas...
  3. — invertidas...

Flores
Terraço

- mar
- hortência
- banheira *
- PG quarto rosa
- Estudos para Atelier
- Home Aborto/Reflex-
- Piscina
- G.H - Criança
- Cit. " Terraço
- G.H - [NUCA - Homem Reflex.
         [1ª Recepção
- Flair Prédio Azul
- PGS Copacab — janelas
- Mãos/Roupas ...
- Flair ⊕ Sonâmbula
- G.H. na cama / Cesto no cabelo / ombros Nus

* Sobras!
G.H. ou Mesa café - NUCA/

* Recepção Divina 14 (22/11)
F 25

* rever CNT 3. observações.

(Paul Klee)
"A arte não reproduz o visível, mas torna-o VISÍVEL."

Deleuze: sobre Proust.
Todo grande escritor trabalha sobre uma língua estrangeira.

2

Tu es un modèle pour beaucoup.

« Disputa política da memória } você faz
         X   a
Ausência disputa política = esquecimento
                    Perda de si

*Talvez a montagem das cenas de memória
estejam decodificadas demais a partir
do deslocamento (crise) de uma G.H
que não dialogava com sua própria subjet.
Afastar é colocar estas memórias em
um plano intermediário, opaco, em um
intervalo aberto a vários sentidos, inclus.
a ausência de sentidos. O Nada. A procu

Ver para_____ 1ª camada das
    imagens_____ Além da
    2ª camada APARE_____
                                        capital
E assim refigurando o olhar sob____ H.

                    DESLOCAMENTOS
                    IMAGEM X TEXTO

 outros   Histórias pessoais
 Deslocamentos <
 outras imagens   Histórias coletivas

- Será que apenas a imagens de G.H em suas recepções no SS em si relata "Escritos" pelas imagens.
- Imagens mais justapostas (como um atropelo rudo) e que diz muito abaixo dos leitores
  - autopsias
  - Anatomias

Será necessário parodiar as imagens para reelaborar a Base do Pensamento de G.H outra língua.

* PESQUISA DE IMAGENS para Montagem
* O OPOSTO: estilo de Montagem nos últimos filmes de Godard: vítimas, retratos
  - 35mm (3x3) ou 16 (militar Stricker)
  - Cor e P.B
  - Quebra de Syntax
  - Ruim à par: Burguesia, cerca de 60's
  - (G4)
  - Piscina Cyprian. Relação.
  - Vernissage / galerias pesti. pessoas internacional
  - Prédios...
  - Esportes (golf?) (tênis ♀ x ♂?)
  - Jantares / coquetéis.
  - Passos em lotes /... Camarotes
- ARQUIVOS: Silviu Meirelles

usa uma linguagem própria, um fato comum se vista em
conjunto de memórias, pessoas procuram preencher como ficam

① as mídias de registro, em busca de algo "fundamental",
em busca de si mesmo.

②

③ a cada estágio das imagens, os sons (música de elevador
passando de música data, memórias, notícias
nas da época etc. (vide ainda experiência grande por
iPhone)

④

⑤ CONS. DE ARQUIVO

⑥

- capa hi. litan
- A1-5
- Guerra no Vietnam
- bebe nas mãos Diana é um uma clienças total e feita

OBSERVAÇÕES SOBRE A LINGUAGEM
(Montagem)

O ser é um desaparecimento.

G.H ao decidir arrumar sua própria casa começando pelo quarto de empregada, termina por desarrumar-se.

Trata-se de uma personagem que irá se desconstruir diante de nós (todos nós!)

G.H. intui que há um espelho diante do mundo que é de uma superfície reflectora, que nada absorve, que não se organiza dentro de nossa subjetividade todos necessário que as coisas sejam levadas à sua origem obscura, lugares onde exterioridade e interioridade ainda mais se distinguiram.

Em contra posição à Aristóteles que diz que "tudo que é tende a permanecer" Clarice nos sopra que "tudo que é tende a desaparecer".

A Narrativa de G.H. nos conta a morte da mediação com o mundo. Desse DESAPARECI-MENTO surge o ato IMEDIATO. ou seja, uma imanência tão Radical como a paixão.

* Iniciar sequência carimbada na "CASA de um ESTRANGEIRO" — após GH se deitar na cama de Ismair ~~essa~~ , Imagem piscina vazia (água) flash

ENIGMAS

· imagem GH na piscina (colher?) ~~cachorro~~ saindo

· ~~detalhe~~ (luta na ida envolta?) (rede)

· Detalhe vazo hortênsias (após Black?)

· P.V. Ateliê (MFC "apagada")

· Detalhe mão de GH saindo do busto de Pedra (Rewind)

— sinais de contato solidão et cetera

※ Esboços pra Sandra / ense ceba ※

* Seriam os intervalos só ausente espaços
pretos/escuros → vazios?
ou poderíamos criar espaços p/ ...

mundo   — Manchas
        Kosmologie   tintas
              ○ ○ ○   — cores
              ○ ○   ※ recusa da
                  ◊   representação
  ＊ÁGUA na CAPELA
  percorreria o filme tb   ESTÁTUAS
  sob os (OFFs) e as escuridões
              NarraçEU
  ♪ PEDAL "LÁ-MI" ♫

                          Sinto que mesmo os animais
                          possuem um núcleo único. Elas
                          são. Assim como a Natureza é. Qual o
                          núcleo da Natureza? Impossível definir
                          qualquer deformação fracassa sobra difícil
                          conexões. Isto, sim! Conexões ao invés
                          de sistemas. Não há uma conexão que gere
                          as outras. Tudo flui em formas e de
                          formas únicas, distintas entre si
                          transpirando seres primevos, vegetais
  JAMAIR SUBJETIVIDADE   gases, moléculas, ... Adiferenç-
  ANCESTRAL   ●   e a unidade aí são questões epistem-
                          lógicas, impensáveis a partir da
                          da crença humana ...

* opção para sequência ON de GH.*
"E se nada me acontecer?"
uear(dois) planos → Ⓐ Estátua pega
Ⓑ plano esforçad...

@ pensar o I-NUMANO

>> **SANTO ANDRÉ INAUGURA 4ª BIENAL DE GRAVURA**
Detalhe da obra de Marcello Grassmann, que terá sala na mostra de Santo André, a partir de hoje, no Paço Municipal (pça. 4º Centenário, s/nº, tel. 0/xx/11/4433-0605)

Estudo 1º: a partir da ideia de incerteza dos códigos do mundo. "Confiar em tudo aquilo que não se explica"...

(EU) é capaz de exercer a intermediação com o mundo? Se estamos no "EU" é precário, frágil. "Nós estamos em casa" [Freud] Temos que admitir que somos estranhos. A partir daí, os sujeitos precisariam re-articular-se com o mundo.

Aí é à letra, pelo menos COLAGENS → o EU procura a possibilidade, de se articular com o mundo.

"... apa eu era ao longe."

A PAIXÃO segundo G.H.

* Frases / A. lise G.H. para entrar

- "Procurar é achar o melhor" → G.H. Lorenzo nega.
- "Na setima hora como no setimo die"... calma
  caminhada [por onde começaria] sem des...
- "Como beber agua que só outrora começara e ver o que só serie evidente depois..." (cozinha?)
- P.G. da Black entre os closes" / Preciosa entre os closes
- "A realidade é delicada demais, mi... é realidade e minha... as mais pesadas."
  → BLACK ANTES DA IMAGEM do CORREDOR ...
- ? Dúvida
  "é só tirar a foto do corredor!!" (checar!)
- mesmo não sendo em era. Melhor de ...
  BLACK
- Perdi alguma coisa... (Blaff incio ESTRADA)

(⊕ começaria talvez (pela) [cauda do qto.])
RASPAR no texto, substituir fim... por CAUDA

- ENT... ...AIXÃO
- REPI... QUETA... com
- Cloe f...
- Ver ...
- Sequência...
- Retirar 1ª ESCULTURA ...
- Retirar Escultura entre os
- Espero dos AROMAS
- "Enfio-meu cabelo embranque...

Retirar 1ª parte da INVISIBILIDADE de JANSON

IR direto p/ a presente "Ela roupa

Retirar Inf...cia na ida p/ parente
seguir direto com G.H. ...
F... de Trava ...
contar de "Ela-Ela" para
seguido pós-fase dando acesso o
silêncio que se segue

Enxugar visita da faxina descoberta:
"Como recompensa" — ir direto para
G.H. chegando no nível ... ao sul

Substituir plano literal de G.H. com
... pelo plano do
MEIO-... com contínuo
ir ... para detalhe

... plano ...
... p/ o novo ... Tava em at
... ali estava Eu. E eu cresc...

- Tintagem Texto / Vitrola
3 (4**)   Recepção ①

(...) "Não sendo meus, eu nunca pré-chimã
os torturara.
~~espera!~~

→ O que foi q~~ue~~ me sucedeu ontem
→ volta p/ festa G.H. tira o
   febar.

→ ...Não! Espera!... Com ~~dúvid~~
  tenho lembrar que lesi
  ontem eu já sai daquele
  quarto. Eu já saí e estou
  livre, e ainda tenho
  chance de recuperar se
  eu quiser. Mas quero?

? { cena nova criada na Edição.
   usar restos de cenas/plano/falas que
   foram descartados → voltar com
                         fragmentos

OK... mais de

Deva ser põe mais dia.

Da fala p/ tb escondido na volta do Edifício, da janela do meu mirante, eu promovo uma amplidão."

(a) (c) (d)

→ pré sol c/o presente de Amora

* TEXTO JANELA → agora mão com sangue
→ Recitar "TENHO SAUDADE DO INFERNO" sobre a imagem das mãos com sangue → colocar sobre o rosto de PEDRA.

(Não totalmente sobre o ROSTO DE PEDRA. APENAS ATRAPAR ALGUNS PONTOS)

* TODO o SINC/ÁUDIO da janela permanecerá INALTERADO

SANGUE

(...) mas é isso, seria destruição, mas do enbar a matéria. Dis- Ficar dentro d coisa é a loucura.

Terça feira, 2 de maio, 2023.
JLS → revisão final dos solos
e recontagem dos solos

- volumes
- espacialidades

AVESSO
de
ALEGRIA.

Solo IV

* Emenda dos rolos *

- 1→2 . aumentar fade som do rádio BG
       . limpar música (ruído)
- 2→3 . redução . fade-out nota musical
- 3→4 . aumentar música na passagem
- 4→5 . corte último esboço / gota d'ág...

— FIM MIXAGEM

* Dominação!
A França ocupou a Argélia esperando
encontrar um país que fosse comer
cassoulet. Em vez disso, hoje a Fra...
come cuscuz.

A Revolução Silenciosa.

Nansen (O futuro nas Favelas)
from NTXR

Enquanto imagens,~
Dar cor e não cor, negrumes, estalos de
negativos ⇒ flashs-frames, restos...
montagem final ??

Quando pod...
monta isto
Solução única?
representação clichê
do LSD ???

Nietzsche + ...
profunda metafísica religiosa !
entreja considerando o
tempo como intemporal.
Zaratustra se liberta do tempo, pois si mesmo
impõe-se no ele t~ se libertar de uma vies
o tempo enquanto intemporição ⇒ morte
o tempo é pensado
como a mais alta ideia
da eternidade, como
valor supremo, valor
supremo. Zaratustra
se liberta do tempo
de uma eternidade
fora do tempo / uma
...

Mixagem. (cont.)

Após primeiro close de G.H.
o corte para P.G. da sala.
Talvez usar ruído do
Elevador. "A"

Silêncio vazio.)

depois some o
ruído, rádio, tel, etc.

"TIMEU"
Platão: O
Tempo é uma
imitação da Eternidade
Criadas?

O que significam as histórias e ciclos de
um Deus? O vazio - a presença fora do Tempo.

metafísica
Metafísica crítica

6
Eternidade
Prometida.

SUPERHOMEM: aquele
que é capaz de superar
a visão de um mundo
sem Eternidade. De um
mundo fora da Eternidade.
Da sobra à terra.

A imortalidade da Eternidade
diante ao Tempo através da
carne de uma Filosofia trágica.

3

Ataque ao corpo = Ataque à Paixão.

o fim do romance
o fim de uma paixão
o fim da literatura
o fim do próprio fim.

A sentença do fim — diagnóstico da narrativa moderna, inaugura em G.H. um tempo novo, onde o próprio tempo e espaço está fora de si, fora das leis e das ordens, fora do campo do mundo, fora de nós.

TERCEIRO ATO

TERCEIRO ATO

18 a 21 de outubro, 2018.
Rio de Janeiro. Início das filmagens.
O quarto de empregada

Primeiro dia de filmagem. "Eu já mandei recado para o Luiz Fernando, mas ele não ouviu. Pergunta para ele se a gente carrega o chassi de 400 ou de mil?" Esta é a mensagem que Kity me envia enquanto estou a caminho da casa do cineasta para buscá-lo. Na noite anterior, ele combina comigo que devemos ir juntos todos os dias para o set e que no carro vamos comentando as cenas planejadas para o dia, momento em que ele vai pontuar como irá filmar cada uma delas.

Não tenho ideia do que quer dizer a pergunta da assistente de direção, embora perceba que se trata de algo comum num set. Intuo que, mais uma vez, estou embarcando numa viagem em que pouco conheço os instrumentos de navegação.

Temos pouco mais de meia hora de trajeto entre Gávea e Copacabana. É nesse tempo que trocaremos ideia sobre as cenas do dia. No carro, eu repasso as cenas enquanto folheio o roteiro-livro. Ele acompanha folheando o romance. Conforme vou comentando as sequências do dia, Luiz Fernando aponta posicionamentos de câmera, indicações de luz, entre tantas outras observações que parecem estar surgindo pela primeira vez na cabeça dele, como se fosse uma última camada sobre tudo o que já conversamos.

Tenho a impressão de que o cineasta vai visualizando o que vai fazer no set durante o próprio deslocamento. Olhando pela janela do carro, vai tendo novas ideias e, como quem procura vestígios, aproveita o trajeto de todo dia como o movimento que alimenta a própria imaginação cinematográfica. Nem sempre pegaremos o caminho mais curto, muitas vezes iremos margeando o mar até Copacabana. Há sempre um cego mascando chiclete no ponto do bonde, como escreve Clarice Lispector no conto "Amor".

Na esquina do apartamento, o diretor me orienta rapidamente sobre como devo me posicionar no set e em relação ao que ele espera de mim. Em três minutos de explicação eu deveria entender a dinâmica de um set do diretor, que, além disso, operaria a câmera em um filme rodado em película.

A intuição deverá ser meu guia. Eu estava atenta.

Luiz Fernando está concentrado e inquieto.

A equipe aguarda o diretor para as orientações de posicionamentos de câmera e luz. Subimos os doze andares de elevador e descemos no hall privativo do apartamento. Assim que chegamos, vamos direto para a área de serviço, onde todos estão reunidos. O cineasta faz uma breve apresentação do dia de trabalho, pede que eu fale sobre as cenas que serão filmadas e vai complementando com as informações técnicas para apontar para a equipe como irá filmar e quais suas necessidades.

Enquanto todos no set estão concentrados na preparação da primeira cena do filme, do outro lado do apartamento, simultaneamente, a sala e o quarto de G.H. seguem sendo montados pela equipe de direção de arte e cenografia.

O que para Luiz Fernando é o primeiro dia entre inúmeros outros primeiros dias em mais de trinta anos de carreira, para mim é a estreia num set de filmagem, sensação que vem acompanhada de um nervosismo natural. Minha tarefa não parece difícil: acompanhar o texto enquanto a atriz atua para conferir se houve alguma troca, mesmo que mínima, de palavra. Maria Fernanda não poderia substituir um artigo sequer. Improvisos e cacos no texto estão absolutamente fora de cogitação. Além disso, antes de cada cena, eu diria ao diretor as ações, estados e falas que a compunham.

A tarefa que parece simples me soa penosa. Minha presença me soa desconfortável. Eu resisto a mim. É minha primeira vez num set com o olhar de alguém de dentro da engrenagem, e não apenas como jornalista observadora em um set, como já estive outras vezes. Não sei o que é um *gaffer*, muito menos a diferença dele para o diretor de fotografia. Não sei o que faz um primeiro assistente de câmera, muito menos o que faz o segundo. Travelling, fotômetro, Panther, contracampo, *Video Assist*, platô, claquete eletrônica. A quantidade de novas informações soa assustadora. Sendo integrante da equipe, mal sei onde me posicionar, como agir, se posso falar enquanto a cena acontece como pediu Luiz Fernando, se devo falar baixo para que não atrapalhe a atriz ou alto para que o diretor escute minha voz de maneira clara. Tudo é estado de extrema atenção.

Além de ser o primeiro dia de set de *G.H.*, o que deixava todos num estado ainda mais alerta, havia a película que impunha sua necessidade de perseguir a precisão e que, portanto, potencializava ainda mais esse estado máximo de atenção em todos, especialmente em Paulo Mancini, diretor de fotografia, que assim como eu, também estreava no cinema.

A concentração da equipe diante da filmagem em película é extrema para que não haja erros, claro, mas também para que não seja preciso repetir e repetir e repetir. Além de ter um custo alto, a película não está à venda no Brasil. É preciso encomendar de outro país — no nosso caso, dos Estados Unidos — e o material demora alguns dias para chegar ao Rio de Janeiro. A operação de encomendar uma quantidade maior de película, caso viesse a ser necessário, praticamente nos obrigaria a interromper as filmagens.

Maria Fernanda está na sala de maquiagem, improvisada no closet do quarto de G.H. Seus olhos ganham delineadores no estilo dos usados pelos ícones dos anos 1960. Os cabelos são moldados com bobs e demoram cerca de duas horas para ficarem prontos. A dupla de caracterização, Bellini e Luigi, optou por não usar babyliss, um aparelho mais rápido e moderno. Fizeram a modelagem do cabelo à moda antiga para obter textura e volume mais próximos possíveis dos penteados da época, usando técnicas exatamente iguais às utilizadas pelas mulheres mais elegantes do Rio de Janeiro de 1964.

Enquanto a atriz é preparada para entrar em cena, Luiz Fernando risca na parede branca do quarto de empregada com um pedaço de carvão o contorno de uma mulher, um homem e um cão, como traços rupestres que compõem o "inesperado mural" deixado por Janair como um recado inscrito para a ex-patroa. Como descrito no romance, é o mesmo painel que o diretor havia desenhado em uma das paredes do Galpão, em São Paulo.

Desenhar é um dos modos de expressão de Luiz Fernando, e seus cadernos revelam esta compreensão de seu processo de criação através dos próprios traços.

Começamos a filmar por volta das 14h. Luiz Fernando está na câmera, posicionada sobre o *travelling* montado na área de serviço. Na claquete, está escrito: A paixão segundo G.H. / Data 18.10.2018 / Cena F4 S1 T1 (Fragmento 4, Sequência 1, Take 1). Do início ao fim do filme, a equipe terá que lidar com uma claquete com informações que estão entre o cinema e a literatura. A claquete não tem numeração normal, todas são acompanhadas do fragmento, ou seja, do capítulo correspondente no livro. "Som, câmera, ação!", comanda Luiz Fernando, em um tom de voz normal, com um olho dentro do visor da câmera e outro voltado para a área de serviço. Vestida no robe branco de cetim de seda, Maria Fernanda caminha em direção ao quarto de empregada, que era de Janair. Uma, duas, três vezes.

Em seguida, filmamos boa parte das cenas dentro do quarto de empregada, um cômodo de não mais que seis metros quadrados de paredes brancas com um basculante ao lado da porta para circulação do ar. De um lado, o mural deixado por Janair. No outro, um pequeno guarda-roupa de madeira de duas portas e uma cama de solteiro patente com estrado de molas e um colchão recheado de palha enrolado e preso por um barbante.

Luiz Fernando Carvalho: "No quarto de Janair, todos os elementos da cenografia, mesmo sendo poucos, precisavam de uma espessura. A cama é espessa, o risco à carvão é espesso, a parede de um branco espesso, o guarda-roupa espesso. Tudo fala para dentro, tudo ouve. Em contraponto com a parte social do apartamento, que se mostra escorregadia, decorada por aparências e superfícies. No quarto de

Janair, ao inverso, os objetos não prescindem de uma perspectiva espiritual por trás, coisa que eu realmente percebo. Perceber isso não seria, digamos, nenhum talento do diretor, não existe nenhuma escola cinematográfica que ensine melhor ou pior esse tipo de coisa, como a olhar as coisas e o tempo. A vida te mostra. Talvez te atrapalhe em algumas situações, te ajude em outras. Digo tempo, porque ao olhar a cama de madeira de Janair, avisto a árvore de que foi feita, avistando a árvore, ouço o ruído de suas folhas ao vento. Do mesmo modo, ao avistar Janair, avisto a África, a Travessia, a História da escravidão no Brasil, os escravizados, avisto os prédios de apartamentos sendo erguidos na Barra da Tijuca com quartos de empregada, redesenhando a senzala nos dias de hoje. Tudo é perspectiva."

Dentro do quarto de Janair estão a câmera 35mm sobre uma Panther com Luiz Fernando na operação e mais quatro pessoas além da personagem: o primeiro-assistente de câmera Fernando Menudo, o chefe de maquinária, Cesinha, eu, e o microfonista Bira Guidio. Durante os próximos dias, nós cinco estaremos colados uns aos outros, espremidos literalmente, para que a câmera e a atriz tenham o mínimo espaço para interagir.

Por estar na câmera, o fluxo de criação e improvisação do cineasta é veloz e intenso. Ele cria planos na hora, emenda cenas, provocando a atriz para que ela improvise na movimentação e nas emoções. Quase nunca diz a Maria Fernanda como a está enquadrando e não confere ou revisa em momento algum as imagens no monitor. Maria Fernanda também não assiste às imagens nos intervalos.

Luiz Fernando Carvalho: "No interior do quarto, eram apenas a câmera, o mínimo de luz artificial, o mínimo de cortes entre os planos, o máximo de interação. Havia um desafio espacial que gerava uma reação no estado da própria câmera, em como ela se comportaria diante dessas limitações. Se virasse para um lado, enquadrava o microfone, se virasse para o outro, enquadrava a roteirista. Esse pequeno grupo era o máximo permitido pelo quarto, e já era uma multidão. Uma multidão que inevitavelmente teria de aprender a dançar conforme a música. Eram muitos desafios. Como, com essa multidão, sugerir um quarto vazio? Como encontrar a possibilidade de apresentar uma relação de tempo e espaço entre os objetos e G.H.? Como construir imagens não naturalistas? Como criar uma atmosfera? Como poderíamos revelar outras camadas que aquele quarto tinha? Como?

Era preciso aceitar essa zona de perigo absoluto e criarmos um vocabulário dentro dela. Não apenas a intérprete, mas eu e a pequena multidão. Estávamos filmando um romance sobre a imanência, sobre ficar dentro daquilo que é. Então, essa realidade nos arrastou. E talvez venha daí minha atração pelos espaços extremos — como aeroporto, elevador —, onde só o rigor de uma criação pode fundar uma atmosfera.

Nunca sabia exatamente sobre o passo seguinte, mas essa tela em branco talvez tenha sido o elemento capaz de produzir uma imagem menos descritiva. É o silêncio que antecede à uma nota musical. Lidar com o silêncio não é coisa fácil. Minha necessidade era buscar dentro desse silêncio um diálogo com algum mistério, era confiar nas entrelinhas da coisa e seguir o fluxo, usando o mínimo de artifícios.

O fato de estar na câmera e de 70% da história se passar no interior do quarto de Janair, fez com que eu estivesse sempre a alguns centímetros de G.H. Este é um filme epidérmico. Este talvez tenha sido o motivo fundamental que me levou a aceitar que eu mesmo fizesse a câmera, simplesmente para que a minha condução se desse através da personagem, e não a partir da Maria Fernanda. As cenas são, na verdade, cumplicidades que eu tinha com a G.H."

No primeiro dia, filmamos todas as sete sequências previstas na Ordem do Dia, documento que lista o trabalho que deverá ser realizado a cada diária. Adiantamos mais três sequências, antecipando o cronograma do dia seguinte. Após doze horas de trabalho — que é a carga horária de um set —, Luiz Fernando reúne na sala de jantar as equipes de direção, cenografia, direção de arte e produção, entre eles, o produtor executivo Marcello Maia e a diretora de produção Silvia Sobral, para organizarmos e checarmos os próximos dias. Esses encontros vão acontecer diariamente sempre com a coordenação de Kity Féo e a presença do cineasta.

Mesmo tendo repetido pouquíssimos takes, o filme ultrapassa a meta de gasto de negativos prevista por dia. E este é um dos temas da reunião. Embora houvesse um relatório para controlar a metragem diária, Luiz Fernando, na condição específica de diretor, produtor e câmera do filme, sabia disso enquanto filmava.

* * *

O segundo dia de filmagens tem a presença de Samira Nancassa em sua estreia num set. Como o livro é um relato a partir da memória da protagonista, um monólogo, nenhuma outra personagem além de G.H. terá fala no filme. Janair se expressa e faz desmoronar o mundo de G.H. por suas ações.

A descrição de Janair no romance é tão sofisticada quanto breve. A leitores desatentos pode passar um tanto desapercebida, tanto que seu nome, inacreditavelmente, não aparece em praticamente nenhuma sinopse seja nas orelhas das edições do livro ou mesmo na internet em sites especializados. Ela, porém, é chave fundamental para a compreensão do romance. A empregada Janair é a única personagem a ganhar ações e nome próprio no livro — a própria protagonista é identificada apenas pelas iniciais, G.H.

Para muitos, equivocadamente, G.H. demitiu Janair. Embora Clarice Lispector escreva em português bem claro o fato de Janair ter pedido demissão, não são poucos os estudos e resenhas que afirmam o contrário — o que muda tudo. Para o vasto mundo da internet, G.H. "depois de despedir a empregada, inicia uma faxina no quarto de serviço". Porém, a escritora conseguiu criar, como numa armadilha consciente da linguagem, um espelho da elite através de uma leitura que também invisibiliza a personagem. É como se o leitor desavisado não considerasse a possibilidade de ser uma escolha da empregada sair do emprego, como se preferisse "ler" que a patroa demitiu Janair. No Fragmento 2, G.H. nos conta: "No dia anterior, a empregada se despedira." Embora a conjugação verbal e o uso do pronome reflexivo "se" não deixem dúvidas de que a empregada é a autora da ação que se volta para ela mesma, muitos confundem.

Em *A Paixão Segundo G.H.*, tanto no livro quanto no filme, é a ação de Janair que move a ação de G.H. O pedido de demissão de Janair é o que detona todo o percurso de G.H. até o quarto de empregada para fazer a faxina. Esse é o incidente que desperta a protagonista a sair de seu mundo normal em direção ao desconhecido e se deparar com a "caverna que se tem medo de entrar e onde está o tesouro que se procura".[21] Janair não apenas pediu demissão. Ela deixou riscado à carvão na parede o "inesperado mural", o retrato da patroa, uma mulher feita apenas do contorno, oca, acompanhada de um homem e um cão.

Nesse sentido, o filme descortina sentimentos e intenções de Janair, potencializando a crítica social contida nas entrelinhas de Clarice Lispector, e reforça o levante da personagem contra aquela condição de invisibilidade — corroborada pela leitura equivocada de muitos.

> **Luiz Fernando Carvalho:** "Toda obra de arte é uma testemunha histórica que se desdobra em sua parte ética e sua parte estética. Uma parte não existe sem a outra. A ética está ligada à uma reflexão histórica. Quando Picasso criou 'Guernica', não estava simplesmente ilustrando a guerra, mas associando seu impacto emocional a uma visão crítica da própria história. Quando Clarice mostra G.H. isolada no alto da pirâmide, também nos aponta o processo histórico e o sujeito dentro da história, a protagonista, que, de uma forma ou de outra, ajudou a erguer a pirâmide onde ela própria ao mesmo tempo aprisiona e é aprisionada.

---

21 CAMPBELL, Joseph. *O poder do mito*. São Paulo: Palas Athena, 1992.

O que eu fiz com o romance foi vasculhar as entrelinhas. Estou lendo como uma experiência estética, mas também como um documento histórico, porque me coloco como sujeito histórico, alguém chamado a olhar a metáfora da barata com os olhos de hoje, e o que vejo não é apenas o signo moral das paixões, mas também a condição dos excluídos. As metáforas precisam ser ressignificadas no contexto do presente. É através desse movimento que se percebe de forma mais nítida e forte os caminhos da história, se ela evoluiu ou retrocedeu. E esse conflito entre o passado e o presente é o que torna o romance ainda mais atual e necessário. Apesar de alguns avanços aqui e ali, na estrutura social muito pouca coisa avançou dos anos 1960 para cá. A pirâmide continua demarcando relações de poder, enquanto os excluídos rastejam.

Como artista e sujeito histórico, não faria algo deslocado, apenas a metáfora do imundo e pronto! Não! O imundo continua sendo as diferenças, as desigualdades, todas elas, as sociais, de raça, gênero e religião. Está tudo aí! E não se trata de um panfleto, até mesmo porque a metáfora se dá a partir de um elaboradíssimo rendado da linguagem. É ela que dá conta do sujeito histórico. Toda obra que permanece é aquela que, através de uma poética própria, atualiza e humaniza o drama do sujeito histórico.

E o sujeito histórico que está filmando, que afinal somos todos nós, temos a função de ler este romance não como uma literatura de museu, mas sim como algo visionário e atemporal, uma travessia que pertence ao gênero humano, que ilumina a condição de opressão que permanece. A narrativa atravessa questões de ordem moral, reflexões sociais, políticas e filosóficas, apresentando o Feminino como força avassaladora, eu diria revolucionária até, capaz de revirar as tábuas do patriarcado sem volta. Quem quiser insistir no nojo da barata, perdeu a leitura, sinto muito, mas não soube ler. Não se pode abstrair este enorme conjunto crítico do nosso momento histórico. Nossa função como artistas é trazer a camada histórica das entrelinhas para o mais próximo possível da estética, assim, quem sabe, as pessoas se lembrem de não esquecer."

Maquiada, penteada e vestida como G.H., Maria Fernanda se torna uma mulher ainda mais sofisticada em sua beleza e forma e se assemelha propositalmente a uma escultura grega clássica. Em contraponto, Samira entra no set quase sem maquiagem, vestindo um uniforme, o traje de empregada doméstica que trabalha para a elite até os dias de hoje. Na cabeça, um turbante envolve seus cabelos, escondendo-os, inspirada na foto de uma das empregadas da própria Clarice mostrada por Nádia Battella Gotlib. O uniforme marrom-escuro criado por Thanara parece deixar Samira emocionalmente vulnerável e propositadamente lhe apaga, exatamente como a escritora descreve a personagem: "Não era de surpreender que eu a tivesse usado como se ela não tivesse presença: sob o pequeno avental, vestia-se sempre de marrom-escuro ou de preto, o que a tornava toda escura e invisível — arrepiei-me ao descobrir que até agora eu não havia percebido que aquela mulher era uma invisível."[22]

---

22 Fragmento 4. *A Paixão Segundo G.H.*

O figurino é mais uma das visualidades que expõem a crise social e histórica que pulsa dentro da esfera íntima do apartamento e reforça os privilégios e as sutilezas da opressão exercida pela patroa, G.H.

A primeira cena de Samira é feita no quarto de empregada e retrata o modo como Janair enxerga sua ex-patroa, revelando a consciência da dívida histórica da elite branca com os negros, o embate entre a invisibilidade socialmente construída da mulher negra e o vazio com que a mulher branca de elite foi tecida. O diretor filma detalhes da mão de Janair desenhando a carvão na parede. Samira está tão nervosa que mal consegue executar as formas simples pedidas por Luiz Fernando. Satisfeito com o estado emocional dos gestos, o diretor filma vários planos em pouco menos de vinte minutos. Corta.

Começo a ter a impressão cada vez mais forte de que o cineasta sempre decide cortar a cena e passar para a seguinte antes do que me parece o ponto, o que faz com que todos precisem ficar cada vez mais atentos e até mesmo apontar eventuais erros o quanto antes. Quando acho que irá repetir novamente um plano, ele surpreende: "Próxima cena!" Parece que assim ele impede que o que acontece diante da lente se torne mecanizado e, por isso, corta e segue adiante, como se o percurso lhe fosse mais surpreendente do que a chegada. Ou simplesmente que a chegada se dará na montagem. Ou não se dará em momento algum. Talvez sua imaginação trabalhe com a ideia de incompletude.

Seguimos, então, para mais uma cena de Janair. Quando G.H. se depara com a barata viva dentro do guarda-roupa no quarto de empregada, seu susto desconcertante diante do inseto revela todo o seu preconceito e julgamento perante todos os seres diferentes de seus pares sociais e considerados imundos, invisíveis, ferozes e rastejantes. A barata não é só uma barata, como tanto mostraram os clariceanos nas Oficinas Teóricas. Ela é um portal através do qual a protagonista enxerga todas as outras espécies e todos os outros indivíduos com os quais se relacionou, dentre eles, seus amores, sua mãe e Janair. Através da barata ela toma consciência da sua estrutura moral e sobre conceitos de Inferno, de Deus, do outro e de si mesma. Na transposição do romance para o filme, quando G.H. espia o escuro do guarda-roupa e se assusta com a barata, ou seja, diante da vida feroz cuja presença subterrânea ela ignorava, inconscientemente, ela vê também Janair, a empregada que ela tratava de invisibilizar.

Para narrar essa metáfora, Luiz Fernando tira o fundo do guarda-roupa, onde posiciona Samira. O plano é um close que parte do breu total do armário fechado e, com o mínimo de luz, aos poucos revela o brilho nos olhos de Janair. O diretor pede para que Samira simplesmente olhe para a lente sem piscar. A vivência do olhar de Samira devolve para a câmera a opressão da sociedade. Chefe da equipe de elétrica, o *gaffer* Miqueias Lino, que estreia como diretor de fotografia assinando junto com Paulo Mancini, observa a cena a partir de sua vivência, como homem negro. Neste momento, emerge nos olhos dele, de maneira muito sutil, como uma tomada de consciência das entrelinhas da história, o mesmo desconforto e vulnerabilidade estampados no olhar de Samira diante do abismo social entre as duas personagens. A cena metafórica é perturbadora e nos coloca diante do que G.H. e Janair viveram e sentiram. Silenciosa e dolorosamente atinge todos.

Miqueias Lino: "Cheguei a me emocionar muito mesmo nas cenas da Janair. Foi muito forte. É claro que no set você não demonstra isso porque não pode ter uma forte reação emocional para não desestabilizar a sua equipe, mas a alma, por dentro, chorou. O grau de arte, de sensibilidade e de pensamento que o Luiz Fernando coloca nas cenas é muito alto. E naquele momento eu me vi no lugar dela. Ver a Janair sem voz diante de uma patroa que não lembra seu nome, que só enxerga pedaços dela, como os pés, as mãos... Nós, os negros, se não tivermos recebido afeto e segurança para ter autoestima e confiança, e se não tivermos uma condição financeira equilibrada, nos sentimos assim mesmo, como a personagem. Quanto mais dificuldade passamos na vida, mais nos sentimos como a Janair. E o que a Samira passou na vida, por vir de outro país, fez com que ela transmitisse aquilo tudo com um simples olhar. Eu olhava a cena e pensava: 'eu já vivi isso.' Quando eu era criança, minha mãe era doméstica. Eu me lembro de chegar de bicicleta bem velhinha na casa dos patrões dela, que tinham muitos carros, e ter que passar pelos fundos. Eu era bem pequeno, mas tudo aquilo me marcou tanto que me lembro até hoje do gosto do Quick de morango que a patroa dela me ofereceu para provar pela primeira vez. Sinto até hoje esse gosto na boca."

* * *

Nos próximos dois dias, continuamos a filmar no quarto de empregada, onde G.H. tem o embate com a barata e consigo mesma. Neste ambiente, são rodadas a maior parte dos momentos de ação, suspense e de profunda desconstrução, que exigem muito de Maria Fernanda. Durante todas as cenas no quarto, a personagem usa o mesmo figurino: um robe de chambre de cetim de seda dupla face *off white* sobre uma camisola vermelho-sangue de musseline de seda. Thanara Schönardie desenvolveu esse elemento de vestuário de modo que se aproximasse da textura e temperatura do mármore e forma de uma estátua grega clássica. G.H. vivia como se fosse sua própria obra, uma escultura de si mesma, uma perfeita réplica que vive num apartamento onde tudo é "entre aspas". O figurino traduzia seu estado. Por fora, o robe de modelagem estruturada que lhe contém sua forma, a máscara social. Por dentro, a camisola delicada vermelha, a carne viva, a paixão.

No quarto de empregada, G.H. vai se desmontando pouco a pouco, desestruturando a vestimenta, tirando camada por camada conforme vai perdendo também suas camadas civilizatórias. Ao retirar o robe, ela se livra do invólucro que lhe dava a forma ditada pelos padrões rígidos de comportamento e beleza que se esperava de uma mulher da elite dos anos 1960, antes das revoluções feministas. O elemento pulsante, vivo e reprimido, representado pela delicada camisola vermelha, é também o mundo subterrâneo que será revirado e derrubado após toda a travessia emocional e existencial, durante a qual a protagonista questiona as convenções que delimitam a mulher na sociedade.

Conforme sua estrutura emocional vai se modificando, a própria roupa vai perdendo sua forma e sendo desgastada, rasgada, descamada até se revelar um farrapo como "podres roupas de múmia seca", uma associação com o romance. Ao chegar ao fim de sua jornada no quarto de Janair, nem G.H. nem suas roupas serão mais as mesmas, como se tivessem enfim se libertado dos padrões, inclusive de beleza, e dos limites que as moldavam para viver a partir de uma determinada classe social cercada de privilégios e de manuais de bem viver.

* * *

No quarto dia, filmamos uma das cenas mais delicadas do quarto de Janair, que foi concebida pelo cineasta como um diálogo entre G.H. e ela mesma em tempos diferentes. De um lado, a mulher que vive a experiência e, do outro, a mulher que reflete sobre o acontecimento no dia seguinte, elaborando uma interseção dialética entre os tempos presente e passado da personagem.

Este diálogo será filmado separadamente. Hoje, filmamos as falas de G.H., vestida de robe branco, que vive a experiência. O embate consigo mesma corresponde às reflexões da personagem do Fragmento 16, que deflagram uma consciência em relação ao prazer da mulher, oprimido pelas leis patriarcais e religiosas que o delegaram a um lugar interdito e imundo, ao Inferno.

O diretor filma, além das falas, as reações da escuta de G.H. diante de si mesma num estado de descoberta e excitação crescente que inaugura uma nova consciência e desenrola uma série de reflexões contraditórias, por vezes filosóficas, sobre moralidade e culpa, Inferno e Paraíso, esperança e loucura, prazer e dor, Deus e profanação, vida e morte. Para filmar, então, os tempos de fala e de escuta, Luiz Fernando me posiciona para que eu ocupe a oposição do duplo de G.H., dando as réplicas para Maria Fernanda. Ou seja, o diretor me colocou frente a frente com G.H., olhando nos olhos dela.

Luiz Fernando Carvalho: "Todos nós, em alguma medida, estávamos em cena o tempo todo, ao ponto de, neste momento, a roteirista contracenar com a intérprete, se tornando apenas mais um desdobramento de G.H."

Antes de rodar o primeiro take, na improvisação, o diretor pede que Maria Fernanda articule todas as falas com a língua enrolada, em uma linguagem inventada, como uma possessa. Enquanto a atriz improvisa, ele filma o que seria o ensaio do estado perseguido na cena sem avisá-la. No segundo take, que se dá imediatamente sem a parada de câmera, Luiz Fernando pede que ela mantenha o estado de possessão, já incorporado nos gestos, olhar e modulação da voz, e libere a língua, falando português normalmente. É um dos pontos mais fortes da performance da atriz.

* * *

O diretor vai deixando cada vez mais questões em aberto. Muitas perguntas ficam sem resposta objetiva, como se o cineasta estivesse sempre cavando intuitivamente algo que ele também procura, como se a resposta só pudesse se revelar no que ele chama de acontecimento, ou seja, no ato em si, que se dá a partir do ato de filmar e dos improvisos da atriz e de todos que de algum modo contracenam com ela no quarto de empregada. Minha percepção se dá no momento em que eu literalmente contraceno com Maria Fernanda, pois é a partir deste lugar que me permiti olhar para o lado e perceber de um novo ponto de vista todos os outros à volta da atriz. É como se diretor e atriz permitissem que essa relação íntima de criação entre os dois

fosse flagrada por esse restrito grupo de pessoas que os acompanharão durante toda a jornada.
Nos próximos dias, continuaremos a sequência do diálogo, filmando o contracampo. Eu darei as falas de G.H. que hoje foram filmadas, e Maria Fernanda estará no lugar de onde eu tinha acabado de sair.

* * *

O calor, que aumenta com as luzes artificiais, contribui para a sensação de opressão arquitetônica dentro do quarto de empregada. A transpiração e a sensação de sufocamento são elementos reais do cômodo que alcançam o filme. De alguma maneira, enquanto opera a câmera, Luiz Fernando já está montando o filme, e por isso conduz Maria Fernanda de modo a deixá-la livre, sem referência de início e fim da cena, o que a estimula a improvisar estados emocionais. Por vezes eu mesma, que acompanho o texto, me desoriento, sem saber que cenas ele havia ou não filmado. Isso surpreende em determinados momentos também toda a equipe sem saber qual será o passo seguinte e até mesmo que dados escrever na claquete. Se o diretor percebe na improvisação da atriz uma estrutura lógica, ele segue com a câmera ligada. Sem tirar o olho do visor, ele a dirige, exigindo gestos mais lentos, mais força no olhar, esculpindo milimetricamente a performance sem que a atriz saia do estado que havia alcançado.

A locação é única nos primeiros dias, não há mudanças significativas de luz, nem de figurino. É a atriz, uma parede branca, o texto e o enquadramento. Simples e por isso mesmo bastante complexo do ponto de vista da linguagem cinematográfica.

A necessidade de invenção cresce à medida que os dias passam dentro do cômodo mínimo.

Como o cineasta opera a câmera, é como se não houvesse intervalo entre o que está sendo produzido em cena e o resultado final. Suas ideias vão se sobrepondo e sendo imediatamente executadas em fluxo sem que ele tenha que nos explicar a todo instante. Não há mediação. A velocidade da criação é tal que em alguns momentos nem a equipe e nem mesmo atriz percebem inteiramente o caminho que está acontecendo. Para ele, todo conjunto de racionalidades, como teorias e estudos, deve ser intensamente vasculhado, mas abandonado ao bater a claquete, quando, então, é como se todos se esvaziassem, e assim nos colocássemos da forma mais aberta possível diante dos acontecimentos. Filmar o instante vital é o que busca o cineasta. Se em Clarice Lispector, o conceito pensar-sentir é crucial para alguma compreensão do mundo, Luiz Fernando deixa-se guiar por uma espécie de conceito de filmar-sentir.

Ao maquinista, responsável pelo movimento da câmera no travelling, o cineasta dá orientações sutis de ordem subjetiva: "Cesinha, siga a velocidade do pensamento dela." Sem outras explicações.

Luiz Fernando Carvalho: "É preciso deixar o mistério vivo enquanto mistério, e não traduzir o mistério. Assim como é preciso também que o filme permaneça na nossa imaginação, mesmo durante a realização das cenas. O filme corre sempre um risco enorme de cair lá de cima por um golpe descritivo qualquer."

Colaborador do diretor em muitos projetos, Cesar Coelho, conhecido como Cesinha, é um dos mais requisitados maquinistas do cinema brasileiro. Sua função no set me parece a mais exaustiva fisicamente. Ele e sua equipe são responsáveis pela maquinária, como carrinhos, trilhos e todo equipamento mecânico necessário para fazer movimentações de câmera.

Nos primeiros dias de filmagem, no quarto de empregada, Cesinha era quem mais me orientava, com indicações igualmente silenciosas e sutis, onde eu devia me posicionar ou mesmo para me acalmar quando percebia meu nervosismo.

Diante das orientações do diretor sobre como conduzir a movimentação de câmera, Cesinha nunca pergunta mais de uma vez. Se o pedido do cineasta é subjetivo, ele se coloca diante do que mais parece um enigma. Parece uma dança, como se ele respondesse criativamente com um movimento de *travelling* em ressonância e diálogo com o estado da atriz e o enquadramento criado a partir de então. Ele também improvisa, como a atriz.

* * *

Em paralelo às filmagens no quarto de empregada, a sala de estar, antessala e o ateliê, que deveriam ficar prontos durante a primeira semana, seguem com pendências — não por atraso em si, mas pelo prazo que sempre foi extremamente curto. Ao fim de cada dia, nas reuniões pós-filmagens para definir o planejamento do dia seguinte, Luiz Fernando vai se distanciando da equipe de direção de arte e cenografia, que ainda lhe trazem dezenas de perguntas e decisões urgentes que envolvem desde a cor de uma parede, passando pela capa de uma revista até a escolha da espécie e tom das flores que serão colocadas num jarro pela personagem. Todos os objetos são signos e podem ganhar protagonismo sob o olhar do cineasta. A cenógrafa Mariana Villas-Bôas e o diretor de arte João Irênio sabem disso e buscam discutir cada item com o diretor. Por outro lado, quanto mais insistem em descrições exatas, menos o diretor responde e mais no silêncio se coloca, indiretamente devolvendo a questão para eles como parte do exercício de concepção. Como o processo criativo é vivo e reage aos acontecimentos do set, naturalmente surgem novos pedidos para a cenografia e arte, tornando os prazos de entrega ainda mais apertados.

Luiz Fernando Carvalho: "Quando sentia que qualquer departamento estava com uma preocupação excessiva em conjugar, equilibrar ou estilizar, além do ponto necessário para que o conjunto todo existisse sem ser descritivo, eu derrubava sem explicar muito, até mesmo porque eu não queria conceituar tanto. O excesso de conceito mata a vida da experiência, é puro medo, fuga. Quanto mais eu conceituasse a cenografia, pior, possivelmente mais o cenário soaria didático, medroso. A colaboração dos departamentos deveria ser sensorial, no sentido de que já estava posto nas entrelinhas do romance. Por isso me incomodava quando era convocado a dar explicações excessivas, a sair do território da imaginação."

Esta comunicação entre a direção e a direção de arte e cenografia vai me parecendo mais complexa à medida que os dias de filmagem se passam. Como a sala de estar, o ateliê e a biblioteca não estavam prontos, e nós já havíamos terminado todas as cenas do quarto de empregada, Luiz Fernando mais uma vez reorganiza a ordem narrativa a ser filmada, concentrando um grande número de cenas em um outro único espaço do apartamento que fora entregue nessa noite e aprovado por ele: a sala de jantar.

* * *

Sexto dia de filmagem. A Ordem do Dia lista inacreditáveis vinte e uma sequências a serem rodadas, sendo dezesseis delas na sala de jantar. Maria Fernanda começa hoje a filmar o relato da personagem, quando ela conta e reflete sobre o que viveu, olhando diretamente para o espectador. É um dia de muita concentração para a atriz e para todos nós — não que os outros não exigissem isso. Primeiro, porque o volume e a complexidade de texto são altos. Segundo, porque é nosso primeiro dia nos ambientes sociais do apartamento. Terceiro, porque é o primeiro dia desta outra voz/estado da personagem, quando ela, inclusive, troca de figurino pela primeira vez. A intérprete vai filmar basicamente o Fragmento 1 do livro quase inteiro, que no romance corresponde a 21 páginas.

Todos os planos serão em close e sem ação. Um exercício sofisticadíssimo de interpretação através do estado de uma mulher que tenta narrar e refletir sobre o que lhe aconteceu no dia anterior, quando teve uma vivência radical e impalpável, inenarrável.

Ao chegar ao set com Luiz Fernando, vou direto ao camarim passar o texto com Maria Fernanda, como ele me pediu a caminho da locação. Ela passa o texto, segura, enquanto a dupla da caracterização prepara seu cabelo. O diretor segue para a sala de jantar para orientar a equipe.

Todas as dezesseis cenas da sala de jantar serão filmadas no mesmo lugar: a atriz sentada à mesa de jantar com design dos anos 1960 e tampo verde. O assistente de câmera prepara a Lente G.H. O enquadramento busca um diálogo com a proporção das fotografias dos documentos de identidade. São planos que devem vasculhar o interior da personagem no início do relato, um momento de absoluta solidão humana, em que ela pergunta, nos primeiros minutos do filme: "O que era eu?"

Essas cenas remetem aos closes de Renée Jeanne Falconetti, em *A Paixão de Joana D'Arc* (1928), de Carl Theodor Dreyer, obra-prima do cinema mudo. Trata-se de um dos filmes que mais marcou a formação do cineasta.

O diretor, ao lado de Paulo Mancini e Miqueias, monta o desenho de luz. A equipe cerca de rebatedores, bandeiras de tecido preto e refletores a cadeira onde a atriz irá se sentar, sobrando-lhe muito pouco espaço, de modo que ela ficará confinada e restrita em seus movimentos. Quando volto do camarim, eles fazem os últimos ajustes. Pelo olhar, como fazemos todos os dias, sinalizo para o cineasta que Maria Fernanda está segura em relação ao texto. Luiz Fernando pede que eu me sente no lugar da atriz para marcar a luz e acertar os últimos detalhes. A câmera está a menos de cinquenta centímetros de distância dos meus olhos. Embora o ambiente tenha mais de quinze pessoas trabalhando, não é possível vê-las em função das luzes e aparatos. Só é possível ouvi-las. O campo visual em que a atriz estará sentada não permite que ela veja nem mesmo o diretor, que está na câmera. Sinto como se fosse um confessionário.

Tudo pronto.

Maria Fernanda entra na sala de jantar vestida com uma camisola oliva de musseline de seda e uma sobrecapa vermelha de veludo. O cineasta posiciona a atriz. Ela se senta na cadeira, e ele volta para a câmera. A partir de agora, ela só pode escutá-lo. A atriz sabe que ao olhar para o centro da lente encontrará os olhos do diretor.

* * *

Os sets de filmagem no cinema são ambientes de atmosferas variadas que, em geral, oscilam conforme o perfil do diretor e até mesmo o gênero da história que se pretende narrar. Em alguns casos, comportam brincadeiras, conversas, gargalhadas até. Mas não o de *G.H.* Além disso, um set de Luiz Fernando Carvalho é sempre muito concentrado. A palavra talvez não seja apenas concentrado, é como se todos respirassem um ar denso diante de uma situação de risco, onde ele é o primeiro a se aventurar. O nível de disponibilidade emocional e espiritual que ele impõe, por ser este também o seu modo de lidar com a experiência, é sagrado. Ninguém olha celulares. Evita-se conversar ou fazer comentários, elogiosos ou não. É um set ritualístico. E a película somada à complexidade de Clarice Lispector sacralizam ainda mais o ritual.

A velocidade aliada à intensidade lúdica com que o cineasta filma exige que todos estejam atentos o tempo inteiro. O diretor toma decisões novas a qualquer momento, muitas vezes através de uma simples troca de olhares, como quem vai reafinando seu instrumento e o dos outros consequentemente. Estamos todos muito próximos uns dos outros. Há uma comunicação não verbal. Isso pode significar até mesmo mudar o posicionamento da câmera para um ponto não planejado por perceber que algo está acontecendo ali. Não há previsão sobre o próximo passo. Ou se está atento ou se está perdido.

Em vez de dizer que trabalha com interpretação, o cineasta prefere dizer que filma acontecimentos. É um estado de presença. E o acontecimento é estimulado por ele e se dá no exato momento da filmagem.

O cuidado com tudo que compõe o set inclui o uso de pantufas, para não danificar, por exemplo, o tapete, que tem a mesma importância que a lente da câmera e que a obra de arte pendurada na parede. Tudo é vivo e deve ser percebido e respeitado.

Por ser um texto muito delicado, o set passa a ser ainda mais silencioso quando começamos a filmar a sequência com maior volume de falas. A invisibilidade da equipe, sem que Luiz Fernando precise orientar sobre isso, se impõe ainda mais como uma presença silenciosa. O modo como o cineasta fala — e ele passa a falar ainda menos, cada vez mais baixo e sem tirar os olhos do visor da câmera — conduz todos a essa forma de estar. É como se ele regesse as sensações e as emoções de cada um, o que também imprime no filme. A energia com que ele conduz o elenco, no caso, Maria Fernanda, é a mesma com que ele conduz todo o grupo.

* * *

Antes de começar a primeira cena, Luiz Fernando orienta Maria Fernanda para que olhe o tempo inteiro para um ponto marcado, olhando o mais fundo possível da lente — que é, na verdade, onde ele está. Numa quebra da quarta parede, G.H. fala direto ao espectador, assim como no livro a personagem fala diretamente ao leitor e à mão que ela inventa para que consiga atravessar o relato e a quem ela precisa confessar.

Maria Fernanda ensaia o texto, perguntando ao diretor como ele gostaria que ela fizesse. Nesse dia, em que as fronteiras entre realidade e ficção começam a ficar mais abstratas, Luiz Fernando procura falar o mínimo com a atriz, preferindo deixá-la sozinha consigo mesma. Pede apenas que ela diga as falas com verdade e sem esforço algum. Antes de começarmos a rodar, ele me posiciona ao lado dele para fazer as indicações de texto. A atriz está cada vez mais sozinha do lado de lá da mesa. Do lado de cá, estamos todos nós.

"Estou procurando... Estou procurando... Estou tentando entender."[23] Maria Fernanda começa a dizer as frases iniciais do romance. A segurança que ela transmitia quando entrou na sala vai se esfacelando pouco a pouco conforme filmamos. Ela continua fazendo perguntas, entre elas, se deve acender um cigarro, já que a personagem fuma, mas o cineasta não lhe dá todas as respostas e, tirando os olhos da câmera, provoca em voz baixa: "Ainda não vi G.H. na minha frente."

À medida que Maria Fernanda avança, adentrando em regiões mais desconhecidas e menos seguras, começa a tropeçar em algumas palavras. Vou apontando com mais frequência os atropelos no texto, o que exige repetições dos takes. Num intervalo, me aproximo de Kity e pergunto se não seria o caso de sugerirmos ao diretor retomar as filmagens destas sequências outro dia. "Se ele não interrompeu, sabe o que está fazendo", responde ela.

---

23 Fragmento 1. *A Paixão Segundo G.H.*

Conforme o tempo vai passando, a situação vai se repetindo. Quanto mais ela erra, mais é G.H. Vou me dando conta da engenhosa condução de direção da atriz que está sendo tecida naquele momento. Quanto menos ele lhe dá respostas, mais Maria Fernanda passa a procurar dentro de si uma forma para dar a tudo o que está vivendo — exatamente como Clarice Lispector descreve no romance. "Não sei que forma dar ao que me aconteceu. E sem dar uma forma, nada me existe",[24] diz G.H., olhando para o fundo da lente.

A filmagem dessa sequência resulta de um não saber proposital diante do enigma que é a linguagem da voz de G.H. Diante do que se passa em frente à câmera, o cineasta parece perseguir o erro, aproximando-se de uma das parábolas fundamentais do próprio romance.

> "Não esquecer que o erro muitas vezes se havia tornado o meu caminho. Todas as vezes em que não dava certo o que eu pensava ou sentia — é que se fazia enfim uma brecha, e, se antes eu tivesse tido coragem, já teria entrado por ela. Mas eu sempre tivera medo de delírio e erro. Meu erro, no entanto, devia ser o caminho de uma verdade: pois só quando erro é que saio do que conheço e do que entendo."[25]

A incorporação de cortes dentro de uma própria cena ocasionados pela perda do texto da atriz provocado por toda a ordem de abismos vai pouco a pouco produzindo uma forma descontí-

---

24 Fragmento 1. *A Paixão Segundo G.H.*
25 Fragmento 18. *A Paixão Segundo G.H.*

nua da própria linguagem fílmica, que é imediatamente seguida pelo cineasta. Isso acontece sem que ele avise para ninguém.

Do outro lado da mesa, já não vejo apenas a personagem, mas também a atriz vivendo exatamente o que está dito no romance sem perceber que é para este lugar que o cineasta a está conduzindo. Cada palavra do texto traduz o abismo absoluto da personagem e da intérprete.

Como a barata presa pela cintura na porta do guarda-roupa, Maria Fernanda está presa pela cintura, sentada e imobilizada. Quanto mais ela fica naquilo que vive, menos domina o texto de forma decorada, tamanho seu estado de queda. Antes de cada cena, precisa de um tempo para reler e retomar cada bloco de texto. Por não saber quem ela mesma é — se Maria Fernanda ou G.H. —, Luiz Fernando retira da atriz qualquer apoio, qualquer certeza, qualquer conforto. Para ficar nas metáforas do romance, ele retira qualquer "terceira perna" de interpretação.

A forma de G.H. sempre foi um mistério para todos nós. É o que torna esse livro uma espécie de romance infilmável. Luiz Fernando sabia que só encontraria a linguagem para esta voz da personagem a partir de uma desconstrução que se daria no set. Assim como Maria Fernanda tateava no escuro à procura, ele também fazia o mesmo diante de sua tela em branco, "como uma pessoa que fosse cega e enfim abrisse os olhos e enxergasse — mas enxergasse o quê?".

Luiz Fernando Carvalho: "A maioria dos planos não foram repetidos. A repetição ocorria quando havia um erro de texto, muitas vezes provocado por um estado alterado, elevado mesmo. Foi preciso muito mais do que coragem para uma se oferecer aos mistérios da outra. Não saberia dizer exatamente onde terminava Maria Fernanda, onde começava G.H. Havia muita luz e muita escuridão nesse trajeto. Elas se misturavam, vencidas por aquilo que nem uma nem outra podiam compreender. Procurei estar diante de G.H. durante toda a filmagem. Procurei não ver Maria Fernanda, não quis ver ou falar. Eu a conduzia, radicalmente, dia a dia, para uma imensa liberdade, para a ultrapassagem dos limites, onde G.H. a esperava. G.H. era e é a ruptura em si mesma. Maria atravessou e lá ficou. E foi lá que pude sentir e ver uma intérprete plena."

Angustiada por estar vendo a história que estávamos contando acontecer diante de mim sem que Maria Fernanda estivesse consciente, aviso ao diretor sobre esta compreensão da relação entre o que ela vive e o texto e digo que passarei ao outro lado da mesa. Eu me sento numa banqueta baixa ao lado da atriz, quase no chão para, mais próxima dela, poder apontar o mais discretamente possível as eventuais correções de texto.

No intervalo do almoço, Maria Fernanda parece angustiada com o silêncio do diretor. Todos nós, inclusive Luiz Fernando, saímos para o refeitório, montado numa espécie de área comum no alto do prédio. Depois de almoçar rapidamente, volto ao set, onde encontro a atriz ainda sentada no mesmo lugar. Ela fez a refeição ali mesmo, na mesa de jantar de G.H. Mal comeu. Está insegura? Irritada até? Um tanto trêmula? "Se ele não está gostando, que jogue tudo fora, que façamos de novo", diz.

Então lhe digo que ela está vivendo exatamente o que está dizendo para a câmera. "Vou criar o que me aconteceu. Só porque viver não é relatável. Viver não é vivível. Terei que criar sobre a vida. E sem mentir. Criar sim, mentir não. Criar não é imaginação, é correr o grande risco de se ter a realidade."[26]

A vivência da atriz e a reflexão da personagem se encontram nas palavras. Enquanto conversamos, abro meu roteiro e leio para ela o pequeno pedacinho de papel-cartão colado com fita adesiva na primeira página, que eu havia tirado um ano antes da caixinha de versículos.

"Lembre-se de tuas ofertas, e aceite os teus sacrifícios."

Maria Fernanda anota a frase em seu roteiro. Depois, levanta-se e vai se preparar para as cenas da tarde. A equipe volta do almoço exatamente uma hora depois.

Quando volta ao set, Maria Fernanda ainda permanece num estado alterado, mas parece mais consciente das interseções entre o que ela vive e G.H. O cineasta reinicia a filmagem. A cada texto falado por ela, o diretor amplia ainda mais o vácuo onde a atriz se encontra, esticando os pontos de corte de câmera ao final das falas. Sem que ela percebesse, ele passa a captar olhares perdidos e a angústia da própria atriz diante de seu silêncio, apropriando-se de expressões espontâneas que brotam do conjunto de incertezas. Tudo passa a ser material precioso na construção da linguagem.

> **Maria Fernanda Candido:** "Eu convivi com esse vazio, essa dor, essa estranheza e com o fato de eu não saber onde isso iria dar. Como diretor, ele me queria sem a terceira perna, sem uma muleta para eu me apoiar. Desconforto e sofrimento eram uma das matérias primas da desconstrução, eram mesmo para estarem presentes nesse processo."

---

[26] Fragmento 1. *A Paixão Segundo G.H.*

O silêncio no set ao longo da tarde se torna ainda mais solene. Luiz Fernando é ainda mais radical nos conceitos de desmontar e retorcer a continuidade. *A Paixão Segundo G.H.* sempre foi para ele um filme descontínuo e de montagem. Enquanto Maria Fernanda investiga a verdade para viver G.H. naquela etapa da jornada, Luiz Fernando faz o mesmo com a Lente G.H. e os enquadramentos. É neste momento que a linguagem radicalmente descontínua, lapidada meses mais tarde na montagem, se consolida. Ficar dentro daquilo que é. A busca impossível da forma, que através da linguagem revela o indizível. O silêncio entre Maria Fernanda e o cineasta é mais uma das metáforas do inexpressivo, mais um dos temas do romance.

Das vinte e uma cenas previstas para o dia, filmamos doze — as mais difíceis até essa etapa das filmagens. São os planos mais angustiados da personagem no filme.

Luiz Fernando Carvalho: "Como eu fiz a câmera, a atriz estava o tempo inteiro olhando nos meus olhos. Impossível para a atriz diferenciar: é a câmera que me olha? É o diretor que me olha? O território da dúvida já é um caminho de direção. Todas as inseguranças ligadas à perda do autocontrole, ao medo de errar, ao medo de esquecer o texto, todos esses fantasmas me interessavam. Mas a partir do instante em que a atriz dá o salto e alcança uma luz nova, errar não era mais problema algum porque eu realmente filmava montando. Se o texto escapasse, mas o olhar estivesse lá, ótimo, eu seguia. Você permite que o jogo comece de forma racional, mas vai encorajando a atriz para que entre no desconhecido dela mesma, e que passe, mesmo sem perceber completamente, a jogar esse jogo neste campo desconhecido que é a filmagem. Nosso maior problema é acreditarmos demais no conhecimento teórico e racional em detrimento da experiência."

O último plano que filmamos nesse dia é um close da mão de G.H. buscando a mão de um homem, ora inventada ora rememorada por ela, sobre a mesa de jantar. Em cena, as mãos da atriz e do cineasta. Como no livro, as mãos que se buscam e se abandonam. As mãos que precisam uma da outra para existir. Um existe o outro.

* * *

Mesmo filmando pouquíssimos takes de uma mesma cena e sem atrasos no plano de filmagem, já que em outros dias se conseguia ir além da previsão, Luiz Fernando só conseguiu cumprir em um único dia a metragem diária estipulada de gasto de negativo, o que vai confirmando um cálculo equivocado em relação à quantidade destinada à película. Além disso, muitas vezes, o estouro da meta se dá pela opção do diretor de não fazer um corte de câmera entre uma cena e outra para não interromper o fluxo emocional da intérprete. Ganha-se na performance da atriz, perde-se metros de negativo.

A previsão da quantidade de negativos vai se mostrando impossível. Neste momento, não se sabe se teremos película suficiente para terminar *G.H.* no prazo previsto, sem risco de interrupção. Inicia-se um movimento da produção para encomendar uma quantidade sobressalente de rolos em Nova York, algo que leva certo tempo para chegar ao Brasil. Uma estratégia para que se consiga terminar o filme. Como se trata de um filme nos moldes Baixo Orçamento, e o edital impede a captação extra, o próprio diretor investe na compra dos negativos.

Numa reunião após um dia de filmagem na sala de G.H, o produtor executivo Marcello Maia e Luiz Fernando falam sobre estender um pouco mais as filmagens de *G.H.* em função da encomenda de película. A ideia é filmar menos cenas por dia para aguardar a chegada da remessa adicional de latas. Mas há um obstáculo: a agenda da atriz. Maria Fernanda deve retornar para Londres onde retomará as filmagens no dia 14 de novembro o longa *O Traidor*, do diretor italiano Marco Bellocchio.

O diretor e o produtor executivo sabem que corre-se o risco de a película acabar antes do previsto, o que pode comprometer *G.H.* e exigir que se interrompa as filmagens e posteriormente se tenha que abrir o set novamente sabe-se lá quando para terminar de rodar somente depois da chegada da nova remessa de negativos e do retorno da atriz ao Brasil. Impossível. Isso acarretaria um custo extra ainda maior de desprodução e de retomada da produção após o intervalo, pondo em risco a locação do apartamento, que entrará em reforma no dia seguinte ao término previsto das filmagens.

Antes de deixar o apartamento para ir ao hotel, Maria Fernanda é chamada na sala onde os dois estão reunidos. O produtor executivo expõe o problema e propõe à atriz que adie sua volta para a Europa por mais três dias para a liberação do negativo na alfândega. Porém, ela lhes confirma o que já havia dito: não pode adiar seu embarque por questões contratuais de agenda com o outro filme. Ela não menciona, mas é seu primeiro grande trabalho internacional.

Há um impasse.

22 a 28 de outubro, 2018.
Rio de Janeiro. Filmagem.
O café da manhã

Entramos na segunda semana de filmagem, e a sala de estar, o quarto de G.H. e o ateliê estão prontos, permitindo que façamos a cena que marca o ponto de partida da história: o café da manhã. Vestida no robe branco de seda, Maria Fernanda está sentada à mesma mesa de tampo verde, agora posta com guardanapos de linho bordados e louças de prata e porcelana, onde a personagem faz distraidamente bolinhas de miolo de pão. Após levantar-se da mesa, ela planeja arrumar o quarto de empregada, que julga estar imundo, um dia após o pedido de demissão de Janair e o fim de um relacionamento amoroso. Como em todas as esferas de sua vida, ela mantém o esforço diário para que tudo pareça normal.

G.H. julga e vive dentro de um mesmo sistema de julgamentos. É ao mesmo tempo opressora e oprimida. Esta é sua contradição. Reconhecer-se deformada, como ela é, diante de um reflexo deixado por Janair, o "mural", não apenas como uma perfeita réplica, mas como uma mulher oca, vazia, feita apenas do contorno.

Todas as cenas dos ambientes sociais do apartamento revelam o aprisionamento do feminino moldado em uma máscara superficialmente adequada e desejada, porém castradora e opressora, lapidada pelo o olhar de uma sociedade e suas leis machistas, morais e religiosas. Um mundo decorado por aparências delicadamente construído entre aspas. Uma representação que preza a beleza das cópias, das luzes filtradas, da vista do alto. A mulher que não dá trabalho, que não rói uma sociedade. A convenção. O high society do início dos anos 1960 no Rio de Janeiro, resquício da capital federal. O mundo pré-feminismo. O Brasil da ditadura militar.

* * *

O paralelismo com o nosso tempo se torna cada vez mais tangível nas filmagens. O aprisionamento imposto pelo sistema de poder político, econômico e social masculino contra o qual a mulher luta até hoje. O Brasil que se orgulha do feriado nacional e da moral e dos bons costumes encontra a opressão de classe e o racismo que ainda exploram mão de obra feminina negra e barata. O apartheid que o país insiste em negar a existência. A arquitetura escravocrata que segue construindo quartos de empregada exíguos e nos fundos, numa reprodução explícita da casa grande e da senzala. O Brasil e a mulher, que, perdidos num inferno, lutam desesperadamente pela vida como diz a manchete da revista lida pela personagem.

Após a cena do café da manhã, filmamos o percurso premonitório de G.H. até o quarto de empregada. No caminho, ao atravessar a sala de estar, G.H. pega uma revista para folhear, onde ela lê a manchete que traduz sua jornada e da qual ela vai se lembrar mais tarde. Luiz Fernando havia pedido à direção de arte que encontrasse uma revista que contivesse o noticiário político de 1964, onde seria inserida a página com a manchete lida por G.H., o presságio.

O cineasta filma em plano-sequência, ou seja, sem cortes, o percurso labiríntico que atravessa todos os ambientes sociais, como se sugerisse que a personagem voltasse no tempo. A mulher, que acabou de sair da mesa do café, pega a revista sobre o sofá da sala de estar e, folheando, segue para o ateliê para entrar na antessala, onde deixa a publicação ao lado do telefone, que ela tira do gancho para que ninguém a importune neste dia que promete ser "bom e vazio".

Depois de rodar o plano-sequência, Luiz Fernando filma o ponto de vista da personagem ao folhear a revista, que traz páginas da *Fatos & Fotos*, reforçando a convulsão político-social dos anos 1960. O diretor pede que a atriz passe lentamente as páginas onde se vê, em close, manchetes e fotografias de reportagens dos primeiros dias de ditadura: "Tenentes de São Paulo", "Comandantes da vitória", "Milícia da lei", "O forte legal" e "A batalha das ruas". Ao folhear, G.H. encontra no fim da revista a manchete clariceana que prenuncia seu destino naquele dia aparentemente banal: "Perdida no inferno abrasador de um cânion, uma mulher luta desesperadamente pela vida."[27]

---

27 Fragmento 2. *A Paixão Segundo G.H.*

Esse plano compõe uma espécie de linguagem documental que sintetiza brutalmente o contexto do Brasil da época. São notícias do Brasil de 1964 filmadas às vésperas do segundo turno das eleições presidenciais de 2018. O país se divide entre duas candidaturas à Presidência: a esquerda, representada pelo candidato e professor Fernando Haddad (PT), e a extrema-direita, pelo ex-capitão do Exército Jair Messias Bolsonaro (PSL). É como se G.H. atravessasse o tempo. As coincidências, linhas que incidem uma na outra e se cruzam, são amplificadas no filme de modo a manter pulsante o diálogo do romance com o Brasil de hoje.

O arrepio sombrio diante das páginas sendo viradas em close revela a nós mesmos, no set, que reunia diferentes maneiras de ver o mundo, a premonição de um Brasil que não ficou para trás. O país da bandeira nacional recortada de um jornal dos anos 1970 e colada na porta do quarto de empregada, que já estava lá na primeira visita à locação, um vestígio desbotado dos que habitaram de fato aquele apartamento. O Brasil do futuro, que vive sempre da esperança. Futuro de quê? O Rio de Janeiro da arquitetura escravocrata das coberturas em frente à praia ladeadas por morros esculpidos por favelas.

* * *

Estamos na metade da segunda semana de filmagens, e Samira Nancassa volta ao Rio de Janeiro. Ela irá gravar duas cenas. A figurinista traz Samira usando um vestido em tons escuros e levemente maquiada até a cozinha, onde faremos a cena. Ela a leva até Luiz Fernando para aprovação do figurino. O diretor, porém, rejeita a composição do traje, justificando ser necessária uma roupa que contrastasse em luz e cor com o uniforme marrom que era imposto pela ex-patroa. "O vestido com o qual

Janair vai embora é o escolhido por ela, e não por G.H.", ele explica. Thanara, então, leva Samira de volta ao camarim. A atriz retorna ao set com um vestido estampado em tons de amarelo e azul. Ele, então, aprova.

Luiz Fernando posiciona Samira e orienta como ela deve se movimentar. A cena mostra a personagem indo embora do apartamento. Janair termina seus afazeres, organiza a pia, e estende a mão, entregando a chave do quarto de empregada — espécie de senha para o romance —, e recebe seu pagamento antes de ir embora e bater a porta. A cena da partida da empregada é composta por fragmentos da memória de G.H. Neste momento, o rosto de Janair não aparece.

A segunda cena de Samira é também na cozinha e reflete um esforço de memória de G.H., quando ela, no quarto de empregada, tenta rememorar o rosto e o nome da empregada. Luiz Fernando posiciona Samira na cozinha, de costas para a câmera, e a orienta, girando a própria mão, para que ela entenda a velocidade com que deve se virar para a lente no momento em que ele der o sinal. É um close do verdadeiro olhar de Janair para G.H., aquele que a patroa sempre invisibilizara, mas que revela ao espectador a identidade e a potência que lhe foi apagada. É um olhar que carrega a ancestralidade. Ele filma um, dois, três takes até que Samira lhe devolve um olhar que nos atravessa com sua força. A imagem é emblemática e potencializa ainda mais o conflito detonado pelo pedido de demissão de sua personagem, como uma camada de sedimento histórico acumulado de séculos.

* * *

Nesta segunda semana são filmadas as cenas dos amores de G.H., personagens sem nome e sem rosto, a quem chamamos de Homens. Um deles está ligado a uma relação institucionalizada, ao tédio e ao intervalo grande e vazio que pode haver entre duas pessoas numa relação monótona à beira do fim, como está descrito no romance. Ele é fruto das lembranças de G.H., é o homem que trança com delicadeza fios elétricos num dia de feriado nacional. É o amor parado, o grande bocejo da felicidade. O outro homem surge como uma representação do mundo das paixões, o segredo, a transgressão, o imundo, o infernal, o prazer, mas também a solidão e a espera.

Muitos clariceanos apontam certas descrições no romance como a visão da escritora sobre o casamento, que ela havia terminado poucos anos antes, em 1959. Nos estudos para criar estes personagens, os Homens, falamos muito sobre a biografia da escritora, traçando espelhamentos entre obra e vida. Mesmo tendo acesso direto ao filho da escritora, Paulo Gurgel Valente, por ficarem amigos e serem vizinhos, Luiz Fernando nunca quis saber mais do que podíamos imaginar. Quem são os amores de G.H.? Quem foram os amores de Clarice? Pouco importa.

* * *

Em 2002, no Festival Internacional de Cinema de Brasília, Luiz Fernando Carvalho havia participado de uma mesa sobre Cinema e Literatura, na qual traçou um diálogo entre as obras de Raduan Nassar e Clarice Lispector. Neste mesmo ano, depois de ter visto um trecho de vídeo deste depoimento, Paulo Gurgel Valente procurou Luiz Fernando oferecendo *A paixão segundo G.H.* para o cinema.

O romance foi o livro de cabeceira de Luiz Fernando durante a montagem de *Lavoura Arcaica*. A personagem Ana, interpretada no longa-metragem por Simone Spoladore, não tem uma única fala no livro de Raduan Nassar, nem no filme. Então, foi na literatura de Clarice que o cineasta procurou investigar qual seria a voz de Ana, caso ela, em vez de ser sacrificada pelo pai, se tornasse uma mulher adulta.

Durante os seis meses de montagem de *Lavoura Arcaica*, Luiz Fernando traçou um cruzamento entre os dois romances que, "apesar de serem visões de mundo muito distintas, têm vários pontos de convergência".

Luiz Fernando Carvalho: "Há uma enorme potência na figura da Ana. Ela contém a ideia da transgressão. A personagem não diz uma única palavra em todo o romance, mas seu silêncio e sua dança revelam um discurso contestador. Imaginava sempre que se Ana não tivesse sido sacrificada ao final do romance de Raduan, ela encontraria uma voz clariceana, no sentido libertário do feminino, da alteridade, da singularidade e da linguagem."

As personagens femininas da obra do cineasta em alguma medida são fruto da pesquisa que ele iniciou, já adulto, sobre sua mãe, Glícia, que ele perdera na primeira infância, na tentativa de compor e compreender esta força: sua mãe. Essa busca sintetiza muitas questões e foi convertida numa investigação da voz feminina e na valorização da cultura brasileira, por sua mãe ser de origem sertaneja, alagoana.

O fato de Clarice Lispector ter morado em Maceió, cidade natal de sua mãe, assim que chegou da Ucrânia e antes de se mudar para Recife, atraiu Luiz Fernando, quando ele ainda nem sonhava em ser cineasta. *A paixão segundo G.H.* foi publicado no mesmo ano em que sua mãe faleceu, 1964. No final da adolescência, ele tentou ler o livro, mas não avançou. A leitura só foi retomada aos trinta e cinco anos, quando montou *Lavoura Arcaica*.

> **Luiz Fernando Carvalho:** "Clarice acabou sendo mais uma janela para me ajudar a entender que período era aquele que minha mãe viveu e que mulher era ela, o que ela tinha ou não a ver com Clarice. No meu primeiro contato com o romance, só consegui ler uma pequena parte, algo absolutamente justificável porque eu era um jovem de classe média do Rio de Janeiro, e, apesar de ter uma formação, por parte do meu pai, ligada à estante de livros que ele mantinha em casa, Clarice não circulava pelas prateleiras. Quando terminei a montagem do *Lavoura Arcaica*, eu estava com G.H. ao meu lado. Talvez já procurando entender a ressonância que o romance tinha para dentro de mim. E isso se dava em vários níveis, desde o literário, passando pelo cinematográfico até o espiritual, diretamente ligado à ausência de minha mãe."

O filme *A Paixão Segundo G.H.* é dedicado à mãe do cineasta. Discretamente, encerra os créditos finais: "... para Glícia." O longa-metragem é certamente a obra mais feminina do cineasta.

* * *

No plano de filmagem, que vai sendo feito organicamente todos os dias à noite após a filmagem, seguimos alternando diárias que concentram as cenas com maior volume de texto e as que contemplam lembranças da personagem em relação à vida que ela tinha antes da experiência do quarto de empregada, como os amores, as festas, as esculturas. Esta divisão é uma forma de amenizar a rotina de Maria Fernanda, e criar algum intervalo mínimo de tempo para que ela possa estudar os textos. A carga horária do cinema tem duração de doze horas por dia, seis dias por semana, e a atriz está em cerca de 95% das cento e sessenta cenas.

Assim como Luiz Fernando filma e monta ao mesmo tempo, eu faço o mesmo em relação ao roteiro, editando e repensando o texto conforme o andamento das filmagens. Atenta a diversos aspectos do filme, faço um novo estudo com a intenção de sintetizar ainda mais as falas de G.H. Entre uma cena e outra, Luiz Fernando vai analisando e aprovando as propostas de mudança nas falas, e eu as repasso para Maria Fernanda.

Ainda não se tem certeza se os negativos adicionais encomendados ao laboratório de Nova York chegarão a tempo do último dia de filmagem. Por precaução, o produtor executivo Marcello Maia entra em contato com os produtores do filme de Marco Bellocchio na tentativa de ganhar mais alguns dias com a atriz no Rio de Janeiro. Mas eles não aceitaram adiar a data. Nada feito.

29 de outubro a 3 de novembro, 2018. Rio de Janeiro. Filmagem. A carta

A terceira semana de filmagem se inicia em uma segunda-feira, 29 de outubro, um dia após o segundo turno das eleições que elegeu Jair Bolsonaro para presidente, o candidato que tem como gesto de vitória exibir as mãos como se fosse uma arma. No set, mesmo evitando ao máximo falar sobre questões alheias ao filme, todos parecem mais tensos pelo contexto político do país. A classe artística, especialmente, está ainda mais preocupada com os rumos do Brasil por se tratar de um presidente eleito que faz questão de deixar claro que rejeita a cultura e reduz a importância da educação.

 Neste momento da filmagem, o diretor de fotografia Paulo Mancini é informado pela Academia de Filmes que o laboratório americano considerou subexposta a cena do close de Janair dentro do guarda-roupa, que parte do escuro total do armário fechado e, com o mínimo de luz, revela aos poucos o brilho nos olhos da personagem. A produtora, que não tinha conhecimento da opção estética do cineasta, envia o comunicado a Mancini com uma indicação para refilmar. Por se tratar de uma condição fotográfica incomum para o mercado, o laboratório se adiantou, acendendo um alerta de que a cena estava escura, mal sabendo obviamente que a proposta estética era exatamente esta. O comunicado e o fato de não ter visto o resultado da revelação dos negativos já filmados deixam Mancini muito preocupado. O diretor de fotografia se sente filmando sem rede de segurança. Quanto mais inseguro ele fica, menos interessado em checar os testes Luiz Fernando fica também. O cineasta chega a ver alguns frames enviados pelo laboratório, mas opta por não dividir com a equipe de fotografia. Não explica o motivo, e isso angustia ainda mais Mancini. Continuar o percurso sem a segurança, ou alívio até, de saber que se está no caminho certo compõe este processo de criação.

> **Paulo Mancini:** "Esta foi uma cena em que trabalhamos muito no limite da luz, porque o Luiz Fernando queria entrar com uma tela preta e que só surgisse alguns segundos depois o brilho dos olhos de Janair. Este relatório do laboratório me deixou terrivelmente tenso, e o Luiz Fernando me blindou de saber o que estava acontecendo em relação ao resultado, ele queria meu foco inteiramente no set, não estava preocupado e nem queria que eu soubesse do resultado. Depois de quinze anos fotografando com digital, eu voltava a trabalhar com película, e desta vez, em movimento. Por tudo isso, todo o processo foi ao mesmo tempo fascinante e aterrorizante.

Sempre trabalhei como protagonista do olhar, mas no filme, em relação à fotometragem e à revelação, eu virei o olho do Luiz Fernando, e senti como se a minha responsabilidade triplicasse. Eu precisava compreender e oferecer o que ele imaginava diante das indicações subjetivas dele. Isso me deu liberdade de expressão, mas ao mesmo tempo me provocou o medo de cair no erro porque ele exigia muitas vezes um desvio radical ou mesmo uma negação em relação aos padrões fotográficos que eu havia trabalhado até então, na maioria das vezes, para o mercado publicitário. E foi neste lugar que eu me encontrei neste momento.

Todos nós que estávamos no apartamento, principalmente quem, como eu, estava estreando no cinema, sabíamos que era uma grande oportunidade diante da grandeza do projeto, mas ao mesmo tempo sentíamos também certo desamparo diante do desconhecido. Essa tensão começou no primeiro dia e só acabou no último, se é que acabou. Atravessar as incertezas ao mesmo tempo em que se tem o privilégio de estar imerso no olho do furacão. Uma sensação de estar vivo. Todo mundo virou um pouco G.H. Todo mundo comeu um pouco da barata."

Não foi a primeira vez que um laboratório enviou alertas ao cineasta. Em *Lavoura Arcaica* muitos planos que foram ou subexpostos ou superexpostos à luz como opção estética foram lidos nos relatórios como erros técnicos. O mesmo se dá em *G.H.* Luiz Fernando chega a achar graça da situação: "Se eles estão falando que eu estou errado, é porque eu estou certo."

* * *

Os próximos dias são dedicados às cenas das memórias de G.H., que traduzem a adequação com que ela parecia viver antes da experiência do quarto de empregada, quando seu esforço era apenas o de se encaixar num mundo frequentado apenas por aqueles iguais a ela, com recepções black-tie, visitas cordiais e fotógrafos de coluna social. Esse tempo revela o modo superficial da protagonista de conduzir a vida sem a consciência do abismo erguido por memórias da infância, pelo aborto de um filho, por esperas angustiadas de paixões não correspondidas, por amores que deixa escapar como se pouco importassem e por relações pautadas pelo julgamento e pela culpa. Essa não seria a vida da mulher de 1960? Ou de hoje?

Para uma destas cenas da memória, filmamos uma recepção na sala do apartamento. Entre os figurantes da festa estamos eu, a figurinista Thanara Schönardie e dois amigos meus, o dramaturgo Gustavo Pinheiro e a jornalista Fernanda Baldioti. Todos vestidos à caráter para uma recepção glamorosa como as que aconteciam nos apartamentos da Avenida Atlântica naquele período. Porém, com um detalhe: fomos todos transformados em estátuas pelo diretor. Em cena, apenas G.H. se movimenta entre nós. Todos os outros convidados, aqueles que a refletem, estão imóveis como esculturas fantasmagóricas.

O modo como a atriz se movimenta nas filmagens de *G.H.* não é o natural. Luiz Fernando exige a cada cena que ela trabalhe a corporeidade de modo não naturalista. "Lento. Mais lento. Devagar. Mais devagar. Mais. Corta. Muito mais devagar", são orientações que ele dá recorrentemente independente do gesto a ser feito pela personagem. O conceito é de que ela se movimente num tempo da ficção e da linguagem.

Luiz Fernando Carvalho: "Precisei fracionar a velocidade dos movimentos da atriz ao extremo em busca de uma leitura compreensível da criação do corpo de G.H. para a lente. É possível aos intérpretes alcançarem um corpo novo simplesmente modificando a velocidade normatizada a que todos nós estamos habituados. A partir de uma nova métrica na relação com o tempo, o espaço e os objetos, o próprio gesto da personagem é modificado. O intérprete deve permitir que seu corpo atue, fale e responda a estímulos visuais como se cada imagem que seus olhos avistam correspondesse a uma escala tonal ou a um compasso diferente. Este batimento está presente, é nítido na dramaturgia das cores. Há uma dinâmica entre elas. Então a pulsação que o corpo assimila ao avistar o mar seria uma, ao caminhar por um corredor amarelo seria outra, e por entre eles o corpo vive em diálogo, reconstruindo os espaços a partir de sua presença. Estar em contato é tudo. G.H. mesmo diz: 'Tudo olha tudo. Tudo vive o outro.'"

* * *

No meio dessa semana, fizemos mais uma diária com enorme volume de texto. Assim que chego ao apartamento, como quase todos os dias, vou até ao camarim para falar com Maria Fernanda. Ela segue estudando suas falas, mas está segura. Volto ao set e transmito a percepção ao diretor. Começamos, então, a filmagem, mas com o correr das longas horas, já exausta, a atriz começa a cometer erros sucessivos.

Percebendo a fragilidade dela diante do texto, o diretor lhe dá curtos intervalos no set, entre a montagem dos planos enquanto ajusta luz e câmera, e pede que a atriz se retire comigo para estudar. Isso acontece uma, duas, três vezes. A dificuldade vai aumentando porque a forma do diretor de filmar os planos é, em sua grande maioria, construída por planos-sequências, onde um pequeno deslize do texto faz com que se tenha que retomar o plano desde o início. Na imaginação do diretor, determinado volume de texto está diretamente ligado à duração do plano. Se a atriz comete uma pequena troca que seja, ele não abre mão de retomar aquele plano-sequência e, consequentemente, o texto desde o início, transformando esse procedimento num movimento cíclico angustiante para atriz.

Já no meio da tarde, a atriz chega ao fim de um determinado plano, mas percebemos cúmplices, eu e ela, por um sutil olhar do cineasta que falta alguma coisa: o estado. Luiz Fernando, surpreendentemente, encerra o dia antes do previsto. Em tom de voz baixo e bem próximo dela, diz: "Assim não tenho condições de te dirigir." Há um constrangimento da equipe mais próxima, que escuta o comentário. Todos começam a desmontar o set num silêncio absoluto. Maria Fernanda caminha em direção ao camarim em meio a palmas da equipe, puxadas pelo microfonista Bira Guidio, pelo final de mais um dia de filmagem.

Respeitando o momento de parar, o cineasta mantém seu rigor com o texto e com a performance, os dois principais pilares do filme. Embora a rotina de filmagem da atriz seja extenuante, Luiz Fernando vem aceitando todas as minhas sugestões para reajustar o plano de filmagem de modo a abrir intervalos entre as diárias com grandes volumes de texto com o intuito de dar à Maria Fernanda um tempo maior para se concentrar nos estudos.

No entanto, a interrupção mais cedo do dia de filmagem foi certamente um momento delicado na relação entre o cineasta e a protagonista no set. Para Luiz Fernando, cinema é um trabalho coletivo em que todos são colaboradores igualmente importantes e criativos, sem protagonismos. O desequilíbrio de um dia no set, vindo de quem quer que seja, afeta a todos e deve ser harmonizado, como ele me disse depois. Mas quando esse desequilíbrio der sinais de que não será possível ser ajustado, o set deve ser interrompido.

Neste momento, Luiz Fernando parece acreditar que se ele der a mão à Maria Fernanda será como uma "terceira perna" e que, com esta muleta, ela possivelmente não será capaz de caminhar. A mão é dada em muitos momentos, mas é retirada em outros também, como agora.

Luiz Fernando Carvalho: "Minha forma de entender o processo dos atores sempre foi como algo que precisa sair debaixo da tutela dos diretores. Os atores são mensageiros da criatividade, são coautores do espetáculo e não coadjuvantes teleguiados. Maria Fernanda é uma coautora do filme, e digo isso com muito orgulho. O resultado de seu trabalho deixa clara esta questão. Mas em alguns momentos específicos, por circunstâncias também específicas, foi preciso instalar uma condição de solidão. Essa é uma lapidação delicada e que exige respeito e confiança mútuos, espécie de pacto de desejo em relação ao trabalho entre um diretor e uma atriz, e que guiará esta parceria durante todo o caminho. Se os desejos limitados estão em harmonia com o mundo, os desejos que comportam o infinito não estão. G.H. era a linha tênue entre o finito e o infinito. E cada vez que a atriz se aproximava da face finita da coisa, de algo previsível, esse mesmo diretor estava na câmera. O fato de o diretor estar presente na câmera gera uma mistura de prazer e de pesadelo. Havia momentos infernais para ela, e outros em que ela percorreu com enorme prazer e alegria assim como eu.

Minha felicidade foi perceber que, apesar do sacrifício em lidar com aquela situação e caminhar naquela linha tênue, que é estar só e daí tirar tudo, um texto imenso e complexo, uma forma nova de se expressar, um corpo novo, um olhar novo, um tempo novo, Maria Fernanda alcançou um tal estado de presença absurdo para uma atriz, algo que talvez ela mesma não consiga nomear. O que fica da travessia desse desafio imenso foi um prazer tanto para ela quanto para mim. Tudo o que eu falo aqui sobre ela eu poderia estar falando sobre mim. Nunca encarei este filme apenas como um monólogo de G.H., mas também como um diálogo sincero entre uma atriz e um diretor. E nessa sinceridade tem que caber tudo: o que você pensou, o que você não pensou, o que sonhou, se está bem ou não, vida e morte. Tudo. Um filme atravessa várias camadas de um encontro até ser transformado em linguagem. E linguagem é vida se alimenta da vida. Não há um modo técnico de lidar com a vida, mas um modo espiritual. Uma mistura indecifrável de vida e obra, essa é a sinopse de *G.H.* desde sua forma literária."

* * *

No dia seguinte, chego ao set com Luiz Fernando depois de falarmos no caminho sobre as cenas do dia, como fazemos rotineiramente. No apartamento, assim que fico sozinha por uns instantes, o microfonista Bira Guidio, com quem também criei uma relação muito próxima dentro do quarto de Janair por trabalharmos lado a lado, se aproxima de mim e diz, sussurrando: "A Maria Fernanda escreveu uma carta para a equipe. Está guardada na nossa sala, na estante, embaixo de uma pasta vermelha. Vá até lá ler." A sala, que antes era da direção e produção, agora é ocupada também pela equipe de câmera e áudio. Vou até lá e leio a carta escrita à mão e entregue pela atriz ao Bira, quem puxou as palmas para a atriz no dia anterior.

Rio de Janeiro, 1º de novembro de 2018.

Bom dia equipe,
Acordei hoje com vontade de dizer. E como sei da minha timidez, resolvi escrever para que fique registrado o meu agradecimento.
Neste, que é o trabalho mais desafiador da minha vida, tenho caminhado por um campo desconhecido. Esta tem sido minha trajetória nestes dias.
Este é um trabalho diferente de todos os outros que já fiz. Não ter o controle sobre tudo, não saber o que vai acontecer, tudo isso me deixa profundamente exposta. E dói. Então, agradeço por caminharem comigo.
E como todos nós sabemos, fazer cinema é comungar aqueles instantes, e aquele mágico instante do Ação, que a gente fica

ali como se fosse tudo ou nada, vida ou morte! É uma alegria!
"Uma alegria difícil, mas chama-se alegria."
Nessas horas, sinto a respiração de vocês, a presença viva de cada um e sei que tudo isso há de ficar registrado na imagem que haveremos de criar. Obrigada por estarem pulando neste abismo comigo. Com coragem e de mãos dadas, atravessaremos esse túnel.
Com afeto.
Maria Fernanda Candido

O cineasta só soube da existência da carta meses depois, durante a montagem.

* * *

Luiz Fernando e Maria Fernanda se conhecem há mais de vinte anos, são bastante próximos e já trabalharam juntos em vários outros projetos. Ele é o diretor. Ela, a protagonista do filme. Não há fragilidade na relação entre os dois, embora possa parecer em alguns momentos. Qualquer ruído entre os dois ocorrido no set pode soar um embate, mas há uma dinâmica de encontro, uma tensão criativa, na qual ambos têm plena consciência do lugar que ocupam. Onde alguns veem conflito, há uma parceria de longa data traduzida de maneira muito sensível nos planos do filme em que as mãos, como descreve o livro, se encontram e desencontram.

Alguns dias depois, Luiz Fernando sai da locação com a assistente de direção Kity Féo para jantar, como fazemos vez ou outra após a reunião diária para tratar da Ordem do Dia. Descendo os doze andares do elevador da locação, já cansados, eles decidem ir a um restaurante por perto mesmo, e acabam indo ao hotel onde Maria Fernanda estava hospedada, a poucos passos do set. A atriz, avisada pelo recepcionista do hotel, acaba descendo de seu quarto para se juntar aos dois. Certamente afetado pela vivência profunda do texto de Clarice nestes dias de filmagem, o ritmo da conversa entre os três vai ganhando pausas mais longas e começa a conduzir a memória do cineasta e da atriz. Pouco a pouco, Kity passa a ouvir, perplexa, algo sobre o qual eles nunca haviam falado sequer entre os dois.

Ao se conhecerem, duas décadas atrás, houve entre eles uma conexão muito forte. No entanto, sempre estiveram em caminhos, escolhas e momentos diferentes. Vida, nada mais, apenas vida. Na mesa de jantar, a assistente de direção se transforma na lente para a qual o cineasta e a atriz confidenciam sobre a vida como se medissem as palavras com profundo respeito mútuo. Sem que olhassem um para o outro, contam para Kity suas memórias.

> **Kity Féo:** "Esse jantar foi uma das coisas mais espetaculares que já presenciei, em que eles me permitiram saber de uma espécie de segredo, de um sentir. Poderia facilmente ser um filme do Godard que se passa numa tarde em Paris. Eu vi duas pessoas que me tocaram como instrumento de uma forma linda para dizer um ao outro do amor, do passado. Eles falavam como se cada um estivesse sozinho comigo. Não existia nada além de Maria Fernanda e eu, e também nada além de Luiz Fernando e eu. Era como se me confidenciassem algo que nunca haviam dito ao outro. Eu estava ali claramente convidada, como uma testemunha da beleza

daquele segredo de cada um. Naquele instante, entendi a dimensão e a potência de estarem realizando juntos aquele trabalho, onde tudo continua. Depois desse jantar passei a respeitar e compreender tudo aquilo que estava acontecendo diante de mim no set."

O desencontro de vida e o encontro artístico atravessam em silêncio a parceria do set e transpõe a arte.

4 a 10 de novembro, 2018. Rio de Janeiro. Últimos dias de filmagem. Top Bambino

Samira Nancassa volta ao Rio de Janeiro para gravar suas últimas cenas, que compõem a parte final do filme. Durante o período de filmagem, refletimos sobre a narrativa. Cada diária, cada cena, cada plano influenciam criativamente os passos seguintes. A improvisação é o método. Luiz Fernando e eu discutimos muito sobre a personagem Janair e seu papel como "antagonista", que teve muito de sua potência retirada das entrelinhas do romance a partir da leitura histórica do cineasta. Inevitavelmente, ela necessitaria de um desenvolvimento do arco de sua personagem e se constituiria num desfecho em aberto, na possibilidade de um encontro entre essas duas mulheres traduzido numa imensa bolha de silêncio e reflexão que continua para além do filme, não exatamente como um fim, mas como se esses dois universos se reencontrassem diante de uma encruzilhada.

A potência das cenas de Samira filmadas na primeira semana nos conduz a reflexões ainda mais profundas sobre a presença de sua personagem. Janair é a força oposta ao mundo comum de G.H. Ela e a barata revelam as contradições da protagonista. Para traduzir essa visão cinematograficamente, como Luiz Fernando já havia indicado na nossa leitura, G.H. reencontra Janair não mais nos cômodos de serviço, mas em seu próprio quarto de dormir. Ele criou uma visualidade para a interpretação da escrita de Clarice sobre a compreensão e a confiança na vocação transgressora da mulher que G.H. alcança depois de viver sua jornada. G.H. torna-se "a mulher de todas as mulheres", reconhecendo em si mesma a dor do outro e, portanto, sem mais ignorar a identidade de Janair.

No caminho da locação, no dia em que filmaremos a cena, continuamos a conversar sobre isso, e Luiz Fernando diz que Janair, ao reencontrar G.H. vai retirar o turbante da cabeça que compõe o figurino de serviçal, mas que ninguém deveria saber, nem mesmo Samira. É uma ideia latente e sobre a qual todas as mulheres da equipe vinham discutindo a partir do questionamento sobre o lugar da mulher negra no filme. Tirar o acessório que escondia seu cabelo seria, de alguma maneira, decretar simbolicamente, ela mesma, sua liberdade. Janair pede demissão e ela mesma tira o turbante que compunha o uniforme.

Ao começarmos a preparar a cena, o diretor pergunta para Thanara sem lhe dar muitas explicações se o turbante poderia ser retirado sem que ele despencasse ou desenrolasse no rosto da atriz. A figurinista responde que precisa fazer um ajuste para que isso seja possível e retorna à sala de figurino.

Enquanto Thanara faz o ajuste, há uma comemoração do rolo 100. Como tradição no cinema, o diretor estoura uma garrafa de champanhe. Em seguida, começamos a filmar a cena do reencontro das duas personagens, em que elas se olham em silêncio, no quarto de dormir da protagonista numa projeção da nova consciência de G.H.

Maria Fernanda é filmada primeiro. Havíamos escolhido um trecho que seria narrado em *voice over*, que falava sobre caminhar para a despersonalização, conceito que é o ponto final da jornada da protagonista, onde ela, despida de todas as suas máscaras, deixa de ser quem era para ser, enfim, ela mesma de maneira plena. Janair, mesmo sob a opressão histórica que as mulheres negras enfrentam no Brasil é uma vida mais atenta e mais completa do que a de G.H., que somente se dá conta da própria vida não vivida que ela havia tecido do alto de sua cobertura após a experiência vertiginosa com a barata no quarto de empregada. Como sujeitos históricos, Janair estava no real enquanto G.H. vivia no simulacro.

O set está mais cheio do que nas primeiras cenas de Samira, e ela está ao nosso lado, atrás da câmera, vendo a filmagem de Maria Fernanda e aguardando o seu momento de entrar em cena. Há uma pulsação e solenidade no quarto, a mesma sentida em todas as cenas com Samira no filme, como se a presença dela em si já fosse um acontecimento de ordem emocional para todos.

Começamos a filmar. Após declarar que "toda mulher é a mulher de todas as mulheres" enquanto se maquia em frente ao espelho, G.H. caminha em direção a uma cortina vermelho--sangue de voil inflada pelo vento que sopra naturalmente da janela na hora da cena. Do lado de lá da cortina se vê a silhueta de Janair que também caminha em direção a cortina. As duas param, separadas pelo tecido vermelho transparente, e é G.H. quem se oferece a atravessá-lo, caminhando em direção a Janair.

O olhar de G.H. para Janair se transformou após ter alcançado dolorosamente a consciência sobre si, sobre os outros e sobre a vida no quarto de empregada. Um silêncio imenso se instala no momento em que as duas estão frente a frente.

Quando Maria Fernanda termina a sua parte da cena, Luiz Fernando pede que ela permaneça estática, o mais imóvel possível. De súbito, ele sai da câmera e vai até o monitor onde, com uma caneta Pilot, desenha sobre a tela o rosto da atriz, posicionando depois Samira exatamente na mesma proporção e enquadramento do rosto de Maria Fernanda. O diretor orienta Samira para que olhe para a lente e pede que Maria Fernanda se coloque logo atrás da câmera. O cineasta começa a rodar enquanto Samira olha fixamente, atravessando a lente, alcançando os olhos de Maria Fernanda.

Sem desligar a câmera, Luiz Fernando, no meio da ação, pede para que Samira continue a sustentar o olhar na lente e, ao mesmo tempo, traga a mão direita, lentamente, passando-a em frente ao seu rosto. Conforme ele dá todas as indicações, milímetro a milímetro, Samira vai seguindo, muito mais calma do que no seu primeiro dia. Quando os dedos dela alcançam o meio da testa, ele pede que ela agarre o turbante e o puxe para trás, delicadamente, mas de forma decidida. Ao retirar o tecido, que a aprisionava à condição subalterna como se seus cabelos devessem ser escondidos — como em tantos uniformes de domésticas —, Janair assume mais um gesto revolucionário depois de ter pedido demissão, ter inscrito sua visão vazia da patroa na parede do quarto de empregada e ter deixado o cômodo limpo antes de sair, porém, sem matar a barata dentro do guarda-roupa.

Há uma intensa emoção que toma conta do set. Todos se abraçam ao final.

Miqueias Lino: "Foi bastante emocionante. Eu chorei e todos nós choramos porque é o único momento em que G.H. se depara com Janair frente a frente, quando há a possibilidade de quebrar essa desigualdade. É o único momento em que elas se veem. Até então, G.H. não enxergava Janair, a quem tornava invisível. E por isso Janair também não se via."

Essa cena representa o ápice da função de Janair dentro da estrutura da narrativa. Embora não haja qualquer indicação de Clarice Lispector para a cena criada, no fundo, havia uma busca de como se terminaria a reflexão sobre a importância de Janair no filme, explicitando o valor histórico e social dentro e fora da narrativa.

* * *

Estamos em 6 de novembro, nos últimos dias de filmagens. Há poucas cenas pendentes para os próximos dias, entre elas os planos da barata. O receio quanto à quantidade de película já não assombra mais. Apesar de a nova remessa de negativos encomendada ao laboratório estar a caminho, o diretor conseguiu executar grande parte das cenas com o que já tínhamos.

Vamos filmar as cenas externas. Sairemos pela primeira vez do apartamento. A primeira locação é um terraço de um prédio próximo à Praça do Lido, que remete à arquitetura Art Déco, o qual chamamos de Minarete. A segunda locação é o restaurante Alcaparra, no Flamengo, onde será a boate fictícia Top Bambino, descrita no Fragmento 29 do livro, para onde G.H. pretende ir dançar e retomar sua vida diária depois de ter contado e refletido sobre tudo o que viveu.

No terraço do Minarete, está nublado e como estamos à beira-mar o vento é praticamente constante. Maria Fernanda faz uma cena no topo do prédio, o ponto mais alto, como se estivesse entregue ao vento e à altura vertiginosa. Ela no ar. É uma cena simples, mas que emociona a atriz e a leva a um estado de epifania. Talvez porque ela, no fim de seu percurso, ganhe consciência de que conseguiu atravessá-lo. Ela confia. No alto, em cena, como a atriz me conta depois, vem à mente dela um trecho do monólogo final do romance que traduz exatamente o que está sentindo.

"Eu estava agora tão maior que já não me via mais. Tão grande como uma paisagem ao longe. Eu era ao longe. Mas perceptível nas minhas mais últimas montanhas e nos meus mais remotos rios."[28]

A cena acaba. Depois de descer do topo do prédio, Maria Fernanda continua ainda naquele mesmo estado, emocionada. Todos já estão voltados para outra cena, que mostra o ponto de vista de G.H. ao jogar a guimba do cigarro no fosso do edifício. O diretor prepara a câmera quando a atriz, ainda comovida, se aproxima. O espaço onde a equipe está posicionada é bastante restrito. Ela abraça Luiz Fernando, que retribui o gesto, e lhe diz "obrigada" repetidas vezes. O abraço demora alguns séculos, como diria Clarice, enquanto a equipe, num silêncio cúmplice

---

28 Fragmento 33. *A Paixão Segundo G.H.*

da atriz, segue meticulosamente montando o equipamento. É como se todos nós estivéssemos contidos naquele abraço.

Maria Fernanda Candido: "Dentro desse processo em que eu fui colocada, caminhando à beira desse precipício em relação à atuação, foi como se eu estivesse o tempo inteiro em queda livre, aterrorizada nesse breu e nessa desconstrução absoluta. Só que, de repente, nós avançamos no processo, e eu vou tomando contato com a minha liberdade. Comecei dentro de mim mesma a experimentar essa transgressão que é a ousadia de ser e de existir, de não ser mais refém de um nome, de uma classificação. Foi como se eu começasse a dar esses primeiros passos dentro dessa condição nova: desconfortável, sem terceira perna, sem muleta, sozinha.

Quando eu subi no topo daquele prédio, foi como se eu conseguisse visualizar essas peças de um quebra-cabeça que me deram uma compreensão nada racional de tudo, uma forma de entender muito mais ligada às sensações físicas. Eu me lembro de estar lá em cima e sentir uma vertigem muito poderosa de uma maneira que eu não sentia mais as minhas pernas, como se estivesse conectada mesmo a toda aquela paisagem à minha frente, ao mar, às montanhas. Eu sentia o cheiro do mar e da mata, era um dia úmido e com um pouco de vento, era como se tudo chegasse até mim, como se o Rio de Janeiro respirasse junto comigo. E eu ainda trago comigo essa memória de uma sensação de flutuação e de conexão profunda com a paisagem, uma plenitude. Pensei muito em Clarice nesse momento, porque pude entender exatamente o que ela estava dizendo. É neste lugar que eu caminho com ela."

Ao terminarmos de rodar as cenas no topo do prédio, seguimos para a locação do Top Bambino. A cena, também sem diálogo, mostra G.H. dançando na boate. O diretor havia imaginado inicialmente que poderia terminar o filme com esta cena.

A equipe almoça no próprio restaurante onde será a filmagem, enquanto Maria Fernanda se prepara num camarim improvisado num hotel logo ao lado. Por estar na hora do almoço e já nos últimos dias de filmagem, Luiz Fernando, que nunca traz o celular ligado no set, resolve espiá-lo neste intervalo da refeição. Surge na tela uma notificação da caixa de e-mail.

O diretor está próximo de finalizar a filmagem de seu segundo longa-metragem. Neste momento, quando tudo isso parece passar pela sua cabeça, em que estamos conversando à espera da cena da dança final de G.H., ele abre a caixa de e-mail e passa a ler em silêncio, estado em que permanece por longos minutos. Quem lhe escreve é a intérprete da Ana, de *Lavoura Arcaica*. Perplexo, Luiz Fernando lê e relê o texto como se estivesse tragado por um encontro de tempos.

Foi pensando na personagem Ana que ele leu e estudou *A paixão segundo G.H.* há quase vinte anos durante a montagem de *Lavoura Arcaica*. Foi pensando em Ana que ele falou sobre as interseções entre as literaturas de Raduan Nassar e Clarice Lispector no Festival de Brasília, que levaram o filho de Clarice a procurá-lo. Foi por *Lavoura Arcaica* que ele rompeu com a televisão no final dos anos de 1990, momento que ele vivia agora também, numa segunda ruptura com a televisão. Foi com a dança final de Ana que ele encerrou o último dia de filmagem de *Lavoura Arcaica*, e é com a dança que ele encerra a última cena da personagem G.H. Foi procurando pela voz de

Ana, imaginando que se ela não tivesse sido sacrificada, que ele encontrou a voz de G.H.

Por uma bolha no tempo, Ana, que significa "eu" em árabe, se espelha novamente em G.H.

Visivelmente emocionado, em silêncio, Luiz Fernando responde ao e-mail e vai filmar a dança de G.H., que rodopia ao som de "She's a Rainbow", dos Rolling Stones, na cena que corresponderia à frase final do livro:[29] "A vida se me é."

* * *

No penúltimo dia, 9 de novembro, filmamos a cena de abertura, que busca dar conta do estado emocional de G.H. de dentro para fora. É o enigma do esfacelamento do "eu", uma apresentação reversa da personagem a partir de seu mundo interior. Nestes planos, a protagonista começa a reviver em memória o café da manhã que antecedeu sua ida até o quarto de empregada após a partida de Janair e o fim de seu relacionamento. G.H. se revisita e relembra, atravessando o tempo, como quem apreende a decomposição do "eu", que se esgarçou e perdeu os limites.

O diretor deseja criar uma imagem cósmica que ao mesmo tempo é divina, porque se desintegra dos contornos da figura humana e também se reinventa na forma como se transbordasse para o espaço, para o invisível, para outra dimensão. O desaparecimento do humano, o inumano. Luiz Fernando sempre soube que queria começar o filme com esses planos. Na pesquisa, estudou as pinturas abstratas e como seria a representação desta

---

[29] O que mudou na montagem. A cena da dança foi usada no filme em outro momento, linguagem e contexto.

imagem do esfacelamento do "eu". O diretor passou por obras como "O Grito", de Edvard Munch, e chegou à série "Distortion", do fotógrafo André Kertész, que passou a ser a principal referência no processo criativo.

A imagem distorcida de G.H. foi associada aos reflexos dos utensílios de superfície metálica sobre a mesa de café da personagem, como colheres, facas, jarras, açucareiros. Em cena, esses objetos passam a refletir a imagem da protagonista.

Luiz Fernando Carvalho: "Pensando em imagens que dialogassem com esse esfacelamento do eu, comecei a estudar os objetos que estariam sobre sua mesa do café, e entendi que os objetos refletores poderiam atuar como espelhos do mundo interior da personagem. Naquele momento de solidão absurda, no dia anterior, minutos antes de viver a experiência, quando ainda nada havia acontecido, e olhando a vastidão de seu apartamento, não perceberia que os objetos que compunham o café da manhã, bules, açucareiros, colheres de prata, davam conta de seu retrato mais fiel. Em plena solidão da pirâmide, a única companhia possível seriam os próprios reflexos distorcidos. Sua verdadeira imagem era a distorção."

A produção da imagem no set é feita de modo muito simples e, por isso mesmo, inventiva. Uma chapa de acrílico espelhado é posicionada de maneira curva diante de G.H., para onde a câmera foi apontada. Luiz Fernando orienta a atriz para que realize de modo mais lento do que nunca uma coreografia milimétrica em ressonância com o enquadramento e a velocidade com que ele opera a câmera, filmando a atriz pelo reflexo na superfície côncava. Todos os movimentos cotidianos da personagem no café da manhã, como pegar um pedaço de pão, fazer bolinhas com o miolo e fumar, são distorcidos e deslocam a ação no tempo para aproximá-la de uma imagem que representa o "não eu". É uma sequência sem falas, e por isso, me posiciono diante do monitor ao lado de Thanara, Kity, Mariana e Fabiano. O resultado, considerando o modo tão simples como estava sendo executado, me parece inacreditável a ponto de traduzir subjetivamente a jornada emocional de G.H. Nas imagens, é possível "ler" simbologias do livro. O cinema encontra a literatura em silêncio, prescindindo da palavra.

Como diz G.H. no livro, "o apartamento me reflete". A camisola vermelha quase escondida sob o robe branco, na distorção, remete ao feminino, à morte, a um crime, à vida, ao sexo, ao sangue. A mão de G.H. perde conexão com o corpo e torna-se a própria "mão decepada", a qual ela inventa e que a acompanha durante todo o relato. A cabeça da atriz ganha formas não humanas, esticando-se na vertical, com olhos aumentados como o dos insetos. O cabelo inunda o rosto e numa forma castanha e alongada, G.H. se assemelha à barata. Uma sequência de imagens que metamorfoseiam a protagonista como se ela se observasse a partir de um caleidoscópio, que é, em si, a própria experiência do quarto de empregada, a despersonalização.

A filmagem é feita com uma lente teleobjetiva, com um foco mínimo, que resulta nesse esfacelamento das linhas e em um espaço o mais abstrato possível. O diretor não usa filtros e produz a imagem conjugando apenas a lente, a superfície espelhada, a distância focada e a velocidade e duração dos gestos. Na montagem, não será adicionado qualquer efeito especial. Há um esforço coreográfico de Maria Fernanda, que sustenta no ar gestos em ângulos antinaturais a uma velocidade extremamente fracionada. Ao final, ela precisa se deitar no chão, no próprio set, para que Fabiano, o preparador, possa manipular seu corpo, dolorido e travado, para ajustá-lo.

    O diálogo com a história da arte se estende nas filmagens após o almoço, quando o diretor filma, uma a uma, todas as esculturas cedidas por Evandro Carneiro. Elas são posicionadas individualmente em um torno giratório. Os planos apresentam em detalhes as formas e texturas de cada obra. Na montagem, dialogam com os estados da protagonista. As estátuas, fantasmas que habitam a pirâmide em que G.H. vive, são as testemunhas de seus segredos.

* * *

O último dia de filmagem ocorre dois dias antes do previsto. As filmagens transcorreram em 21 diárias, o que equivale a três semanas e meia sem contar as folgas.

    Como vem fazendo ao longo do período de filmagem, Luiz Fernando aproveita cada fotograma de negativo, utilizando todas as pontas. Se de algum rolo sobra uma ponta de 30 segundos, ele a utiliza depois em um plano-detalhe.

    Embora seja o último dia, e toda a história já tenha sido contada e filmada, temos cenas fundamentais pela frente. Vamos filmar um dos símbolos mais importantes: a barata. Assim como a cena de abertura do filme, Luiz Fernando tinha uma ideia bastante clara de que o inseto não deveria aparecer de modo realista, pertencendo também ao vocabulário mítico. A barata não é só uma barata, mas um portal que revela e reflete a protagonista, transformando-se ao longo da jornada, e por isso deveria ganhar uma imagem simbólica, como uma espécie de esfinge.

Estes planos da barata são filmados exatamente com as pontas de rolo dos negativos. No meio dessa sequência, em que filmamos todos os estados da barata descritos no romance, finalmente, chega de São Paulo a remessa adicional de película encomendada de Nova York. Dez rolos novos, dos quais o diretor utiliza apenas um pedaço de um deles. Chegaram em tempo recorde, mas já não eram mais necessários.

A equipe se reúne na cozinha para filmar um plano-detalhe de gotas de mercúrio. Maria Fernanda, que estava no camarim, é chamada como se fosse filmar mais alguma cena, mas é recebida por uma chuva de palmas, gritos de alegria e um buquê de rosas. É o fim. Fim das filmagens.

A atriz, surpreendida, agradece emocionada pela travessia da qual juntos fizemos parte. O estado de alegria e emoção se estende por várias horas no apartamento, de onde todos resistem a ir embora. A sala de G.H. se transforma em nossa sala. Músicas são tocadas nos celulares, logo alguém puxa uma dança enquanto um chapéu recolhe trocados para as bebidas compradas na esquina mais próxima. Centenas de fotos foram tiradas. A celebração improvisada seguiu ao som de "She's a Rainbow", a mesma canção que embalou as filmagens do Top Bambino.

Luiz Fernando, sentado no sofá, entre uma melancolia no olhar e a felicidade dos abraços, observa a festa como quem ainda não se despede. Estava e não estava mais ali. O que representa o fim para todos, talvez para ele indique apenas o meio do caminho, o início da montagem, que se realizará em São Paulo, ao lado do montador Márcio Hashimoto. Pensei que esse dia que terminava com uma festa era também meu último dia de trabalho neste filme. Acabou. Percorri, duvidei, hesitei, atravessei o túnel e saí de outro lado. Qual? O fim do caminho. O fim? Ledo engano. Eu não sabia, e agora sei, que continuaria debruçada sobre G.H. pelas próximas etapas, pelos anos seguintes.

* * *

No dia seguinte, Maria Fernanda vai ao salão de beleza para alongar o cumprimento do cabelo para as filmagens na Itália. Assim que sai do cabeleireiro, no Leblon, já com os fios longos novamente, ela para numa banca de flores e se depara com dois vasos de hortênsias. Durante as filmagens, a atriz estreitou laços com Paulo Gurgel Valente, com quem conversou muito sobre Clarice Lispector e sobre a vida, por telefone e mensagens. A dimensão da escritora como mãe divorciada nos anos 1960 com dois filhos, Pedro e Paulo, sendo o primogênito diagnosticado muito cedo com esquizofrenia, sempre a tocou na leitura do livro. Na interpretação da atriz, o romance fala também profundamente deste lugar da maternidade, onde a mulher se identifica nas incertezas, na culpa, no reconhecimento da falta de controle, na aceitação de que a esperança é uma ilusão. Em agradecimento a tudo o que Clarice lhe oferendou com esse papel, que resultou numa transformação pessoal e profissional, a atriz compra os dois vasos de flores e os envia para Paulo com dois cartões, um para ele mesmo e outro para o irmão, Pedro, a quem Maria Fernanda nunca conheceu.

Paulo recebe as flores em seu apartamento, uma cobertura, e posiciona o vaso de hortênsias lilases sob o retrato de Clarice Lispector pintado por Carlos Scliar. Ele fotografa o local onde colocou as flores e envia à atriz com uma mensagem: "Estas eram as flores preferidas de minha mãe." A escritora amava hortênsias.

Maria Fernanda não se dá conta ao comprar, mas as hortênsias são idênticas às usadas no filme numa cena em que G.H. as coloca num jarro iluminado pelo sol, cujos raios atravessam a água e refletem na parede. A escolha da espécie é uma referência às flores do jardim do sítio da família do cineasta, onde ele passava férias na infância: o Sítio das Hortênsias.

"Vivo de coincidências, vivo de linhas que incidem uma na outra e se cruzam e no cruzamento formam um leve e instantâneo ponto, tão leve e instantâneo que mais é feito de pudor e segredo."[30]

---

30 LISPECTOR, Clarice. "O milagre das folhas." *Todas as crônicas*. Rio de Janeiro: Rocco, 2017.

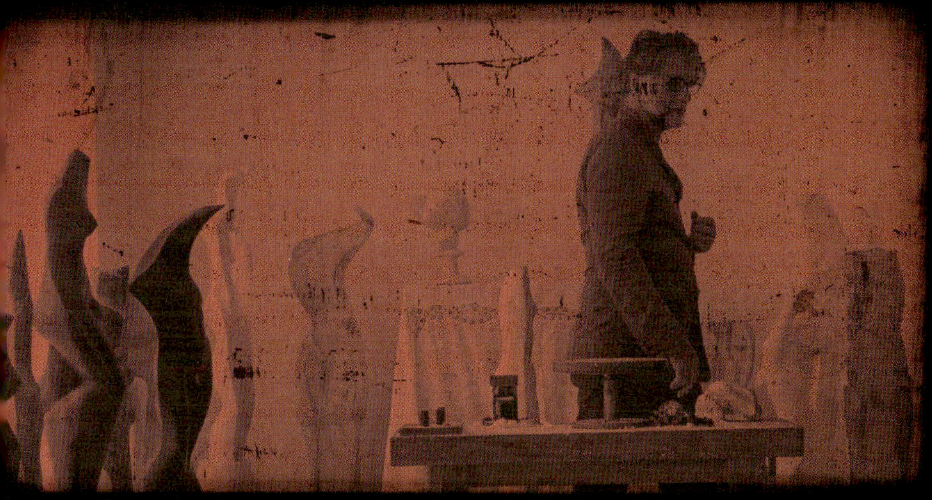

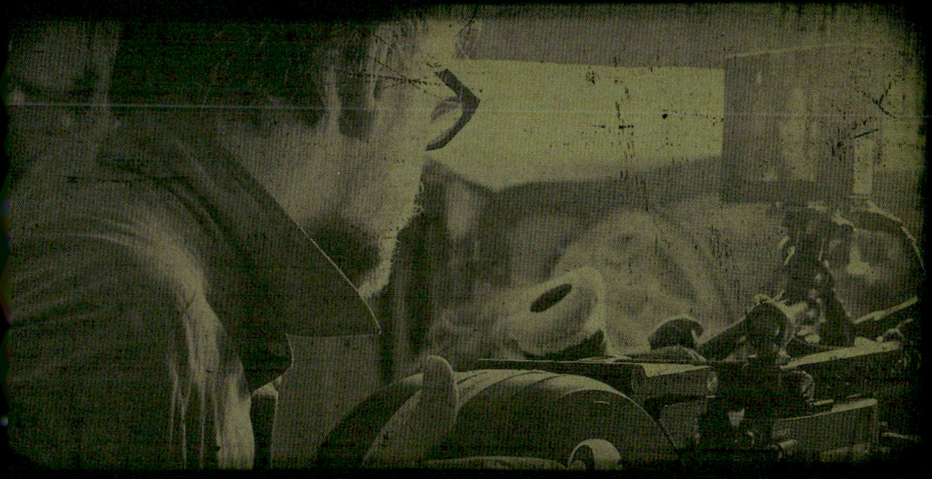

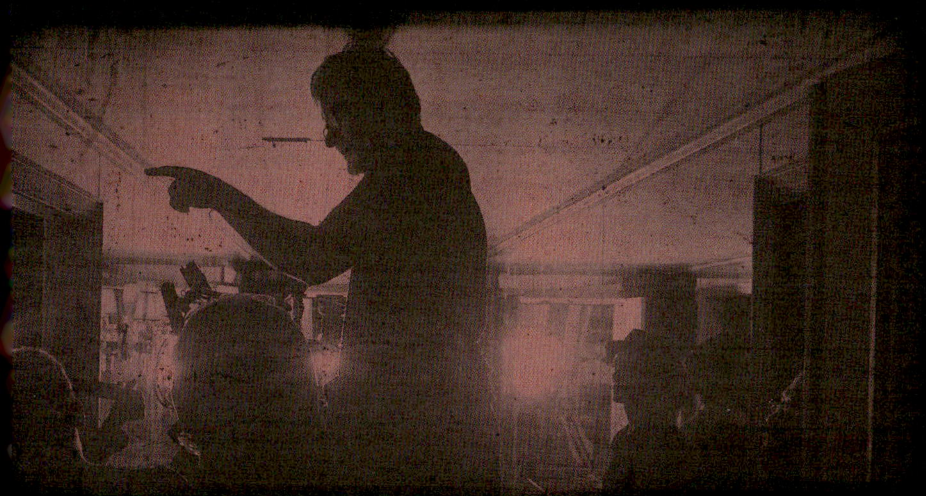

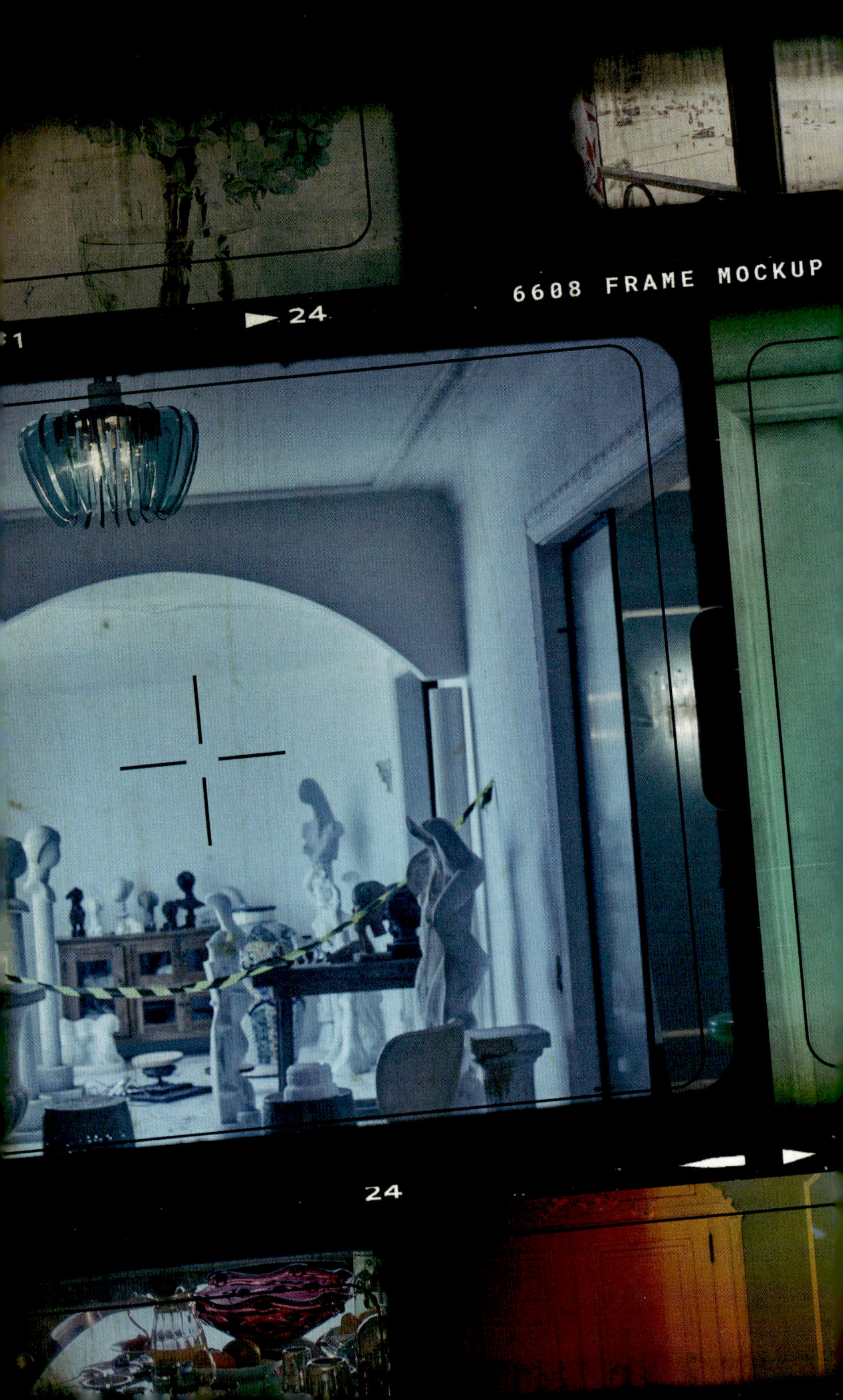
6608 FRAME MOCKUP
24
24

6608 FRAME MOCKUP

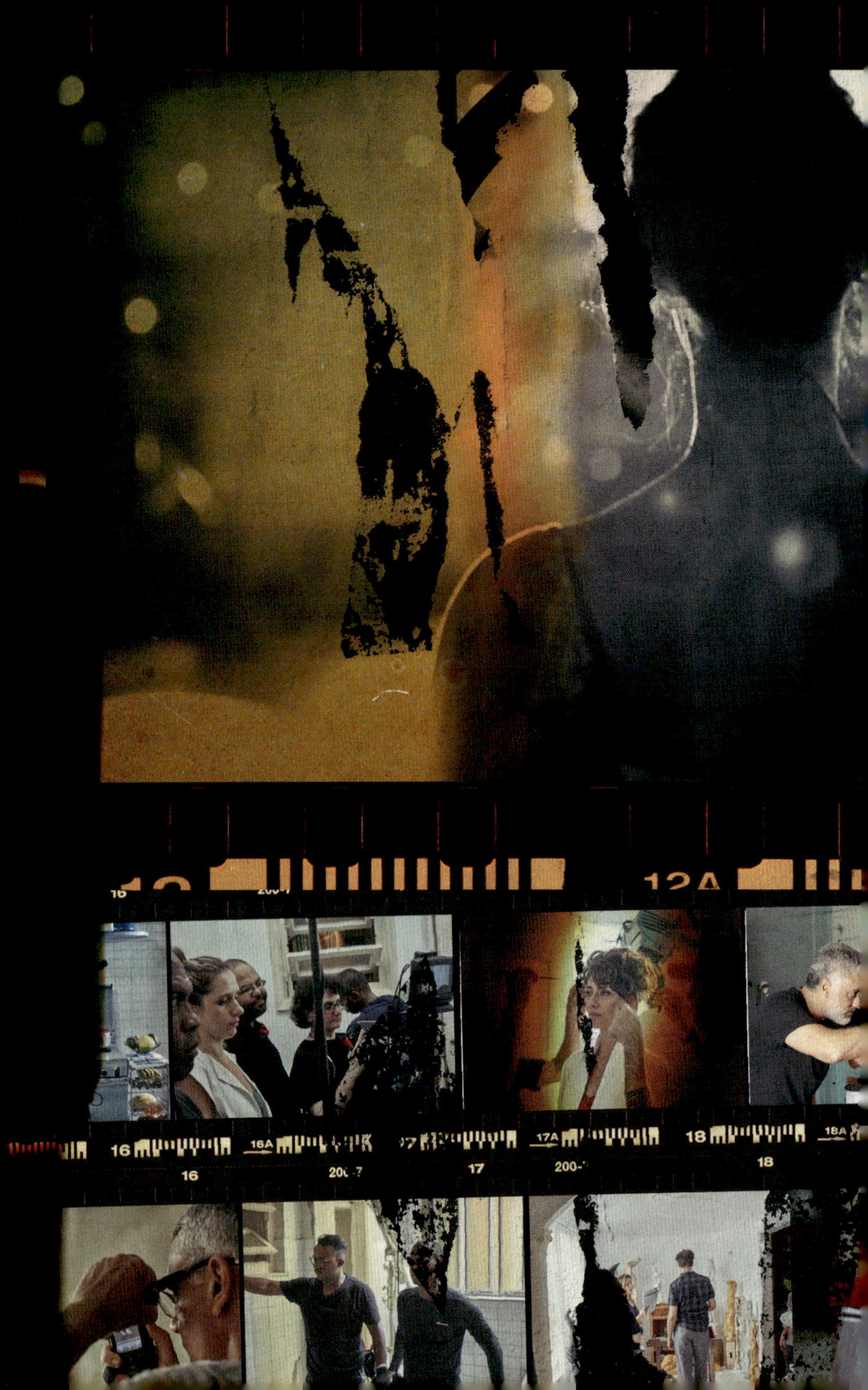
12A
16
16A
17A
18
18A
17

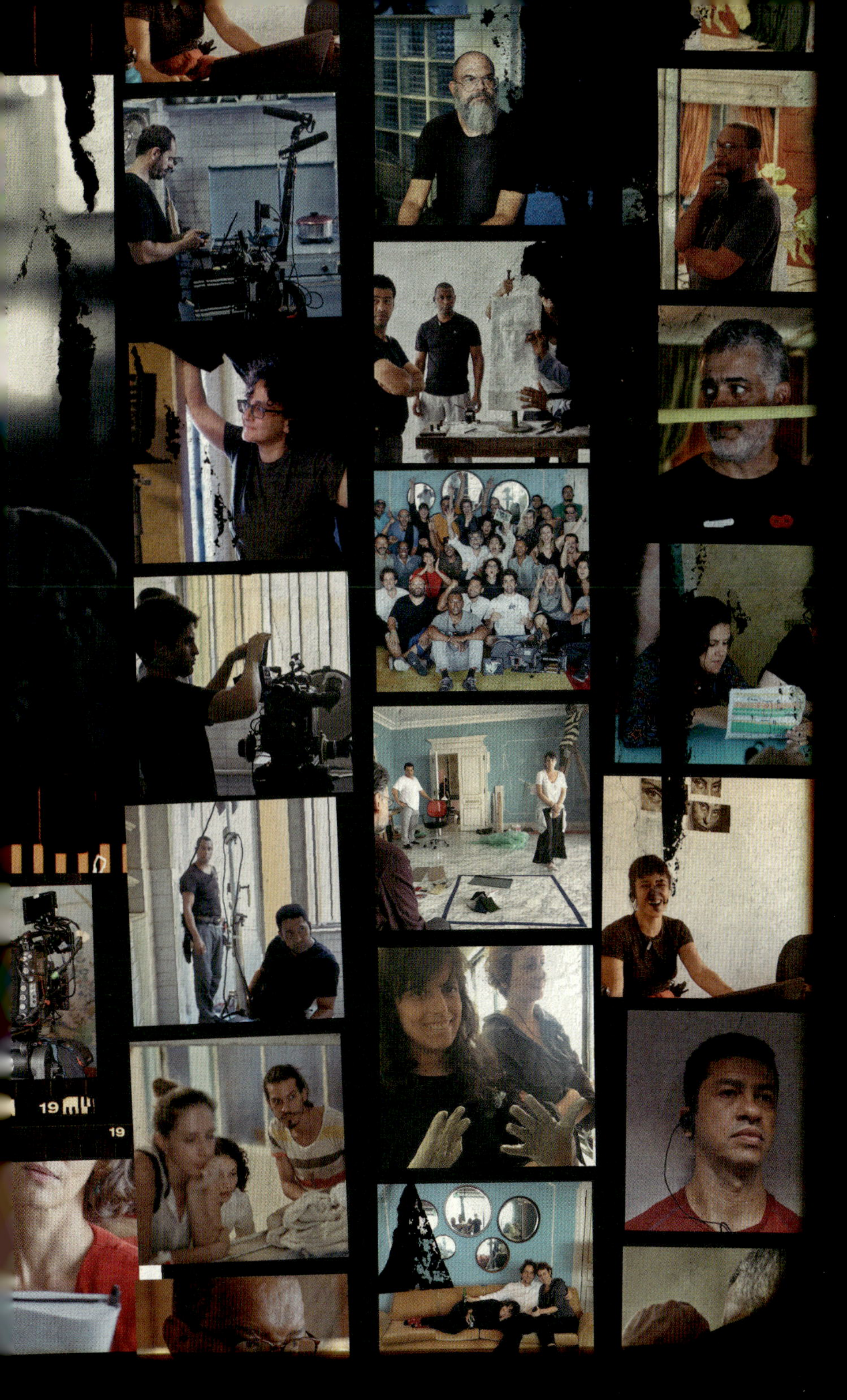
19
19

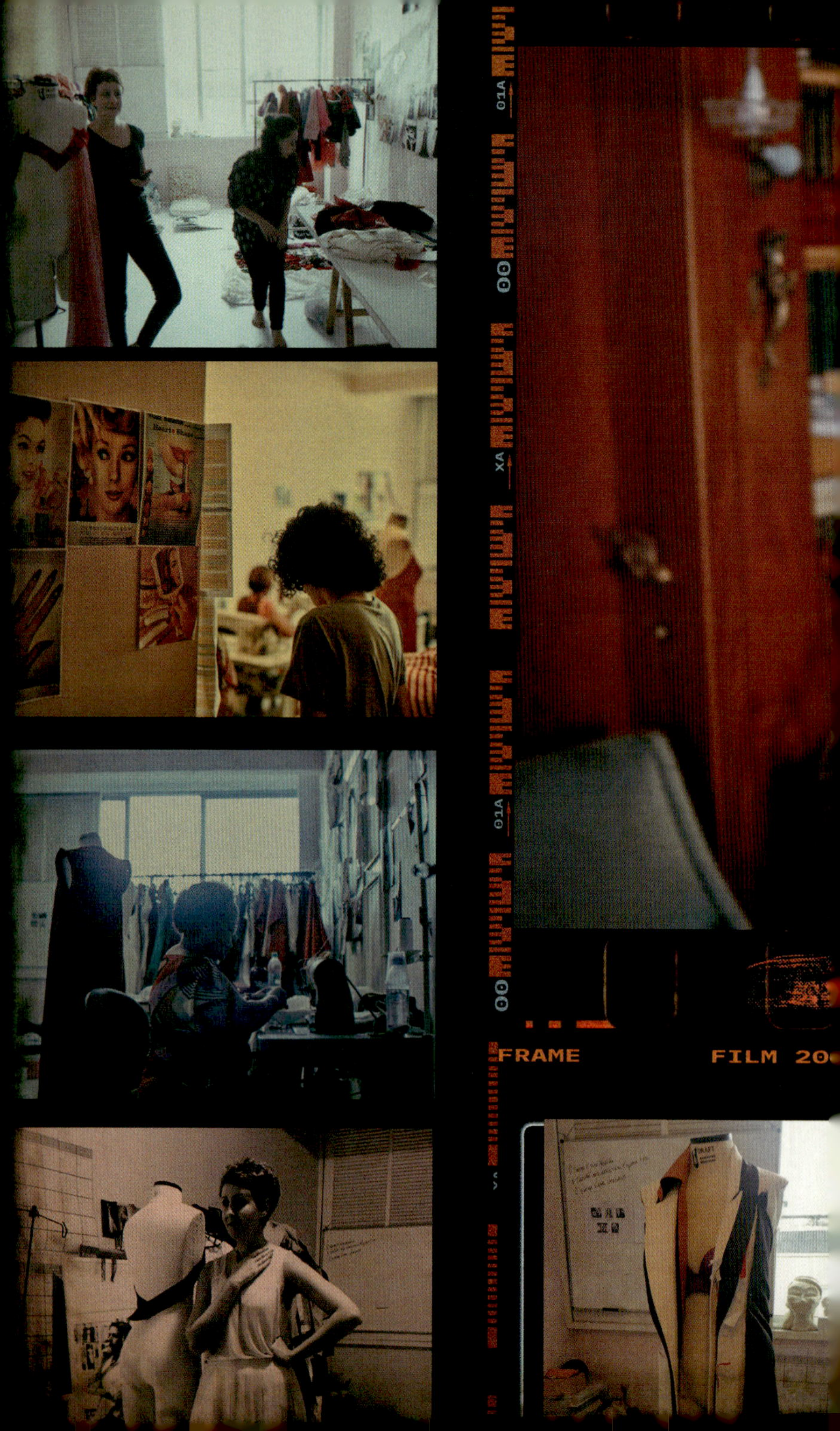
FRAME
FILM

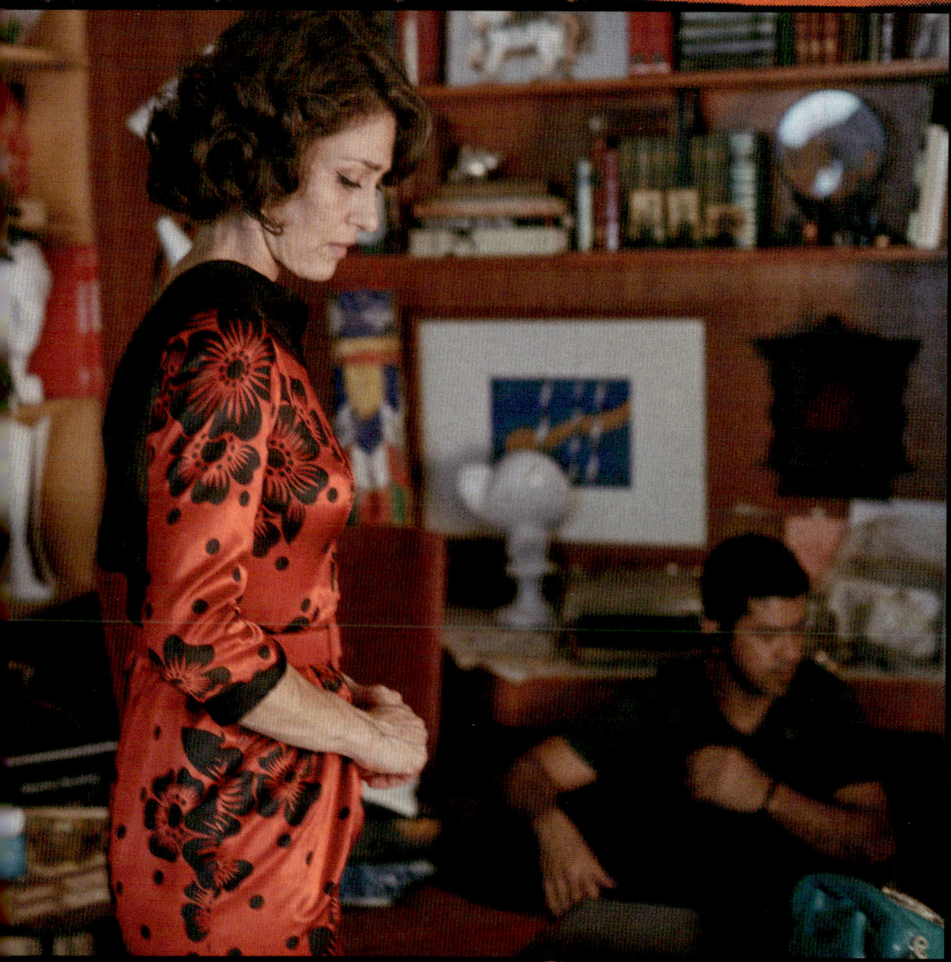
00 200-6 FRAME FILM 200-6 00

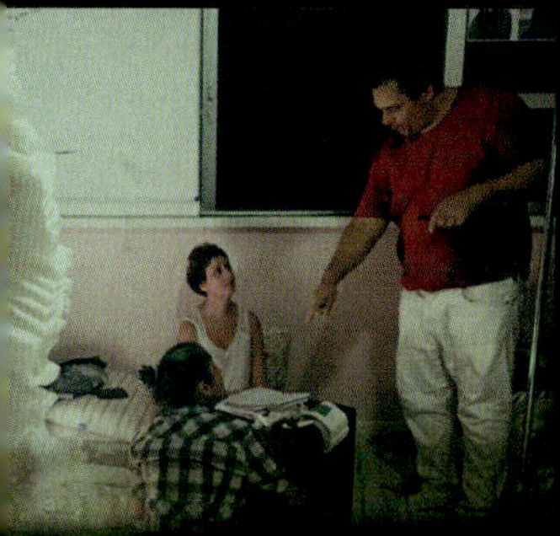

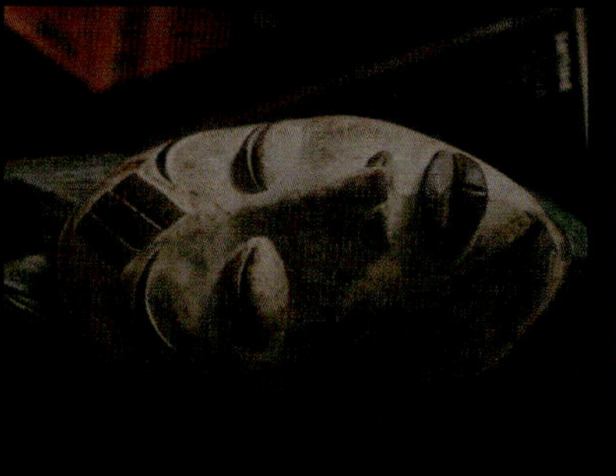

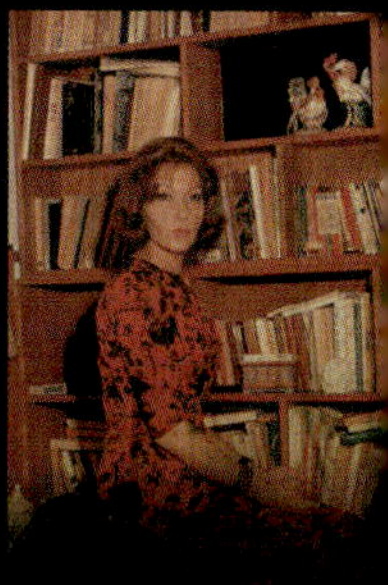

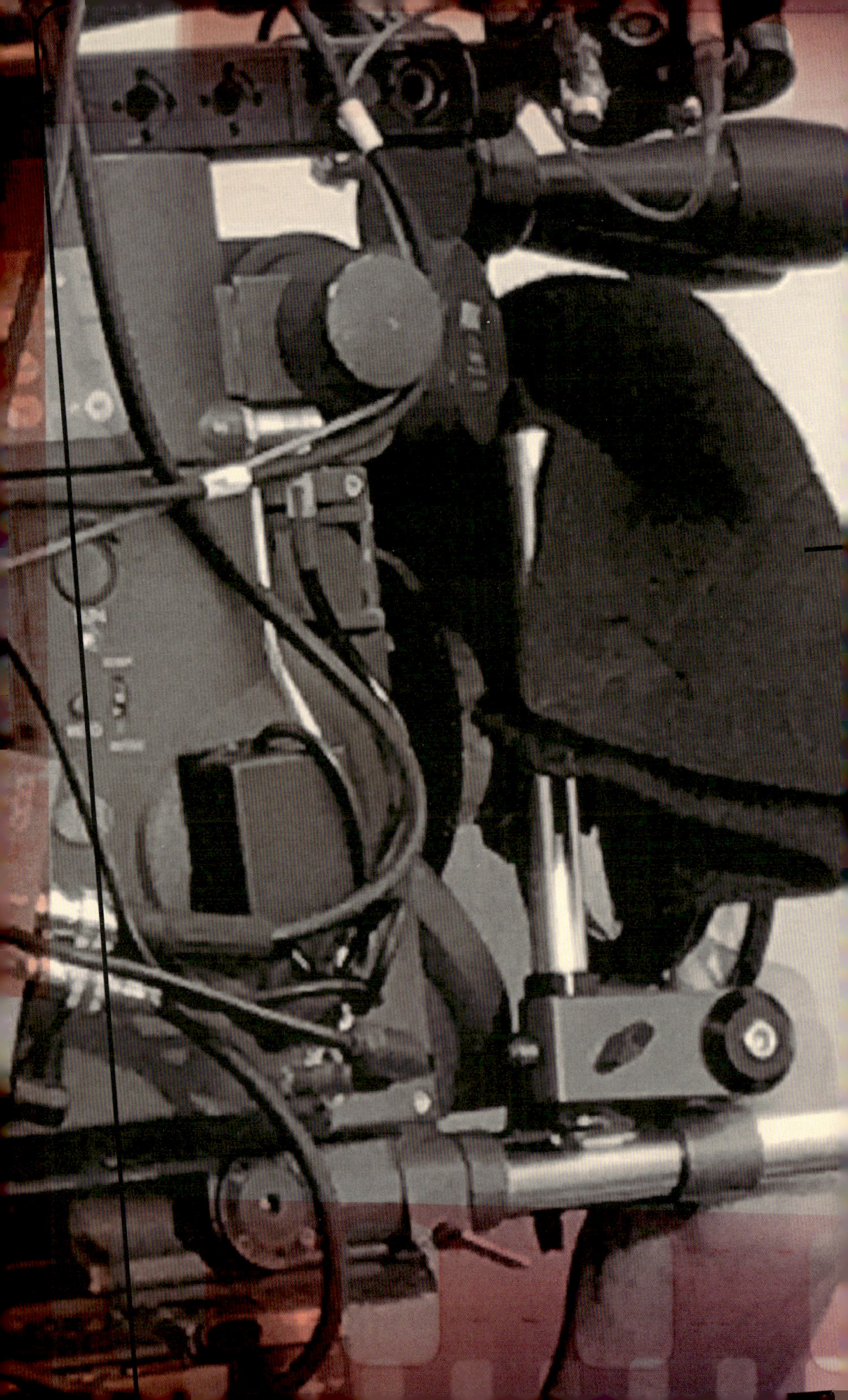

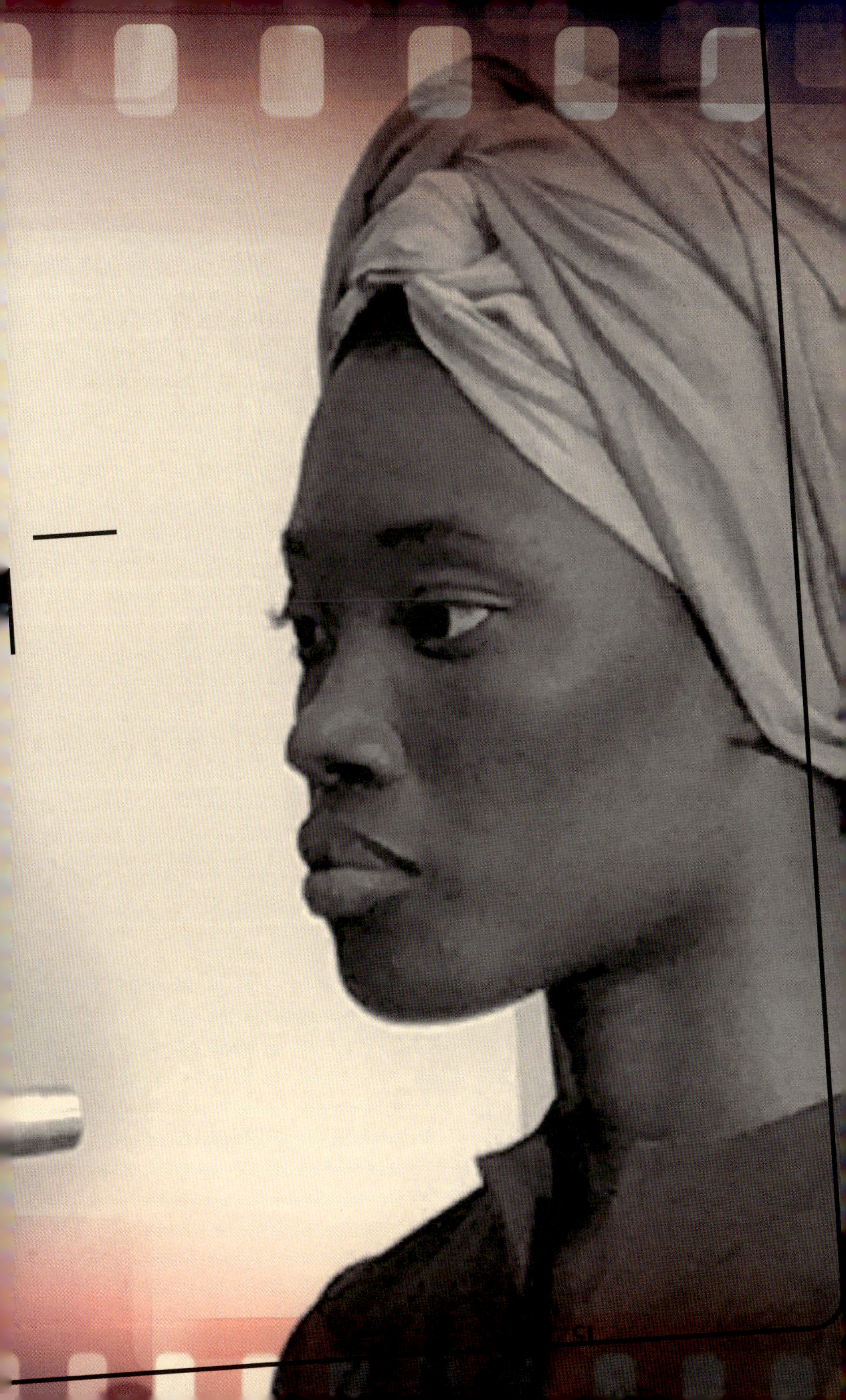

7A
8
8A
9
9A
14
4193-11
15
13A
14
14A
15
15A
20
4193-11
21
19A
20
20A
21
21A
26
4193-11
27
100

►10A 11 ►11A 12 ►12A
16 17 4193-11 18
16 ►16A 17 ►17A 18 ►18A
►4A 5 ►5A 6 ►6A
22 23 4193-11 24
22 ►22A 23 ►23A 24
29 4193-11 30 100

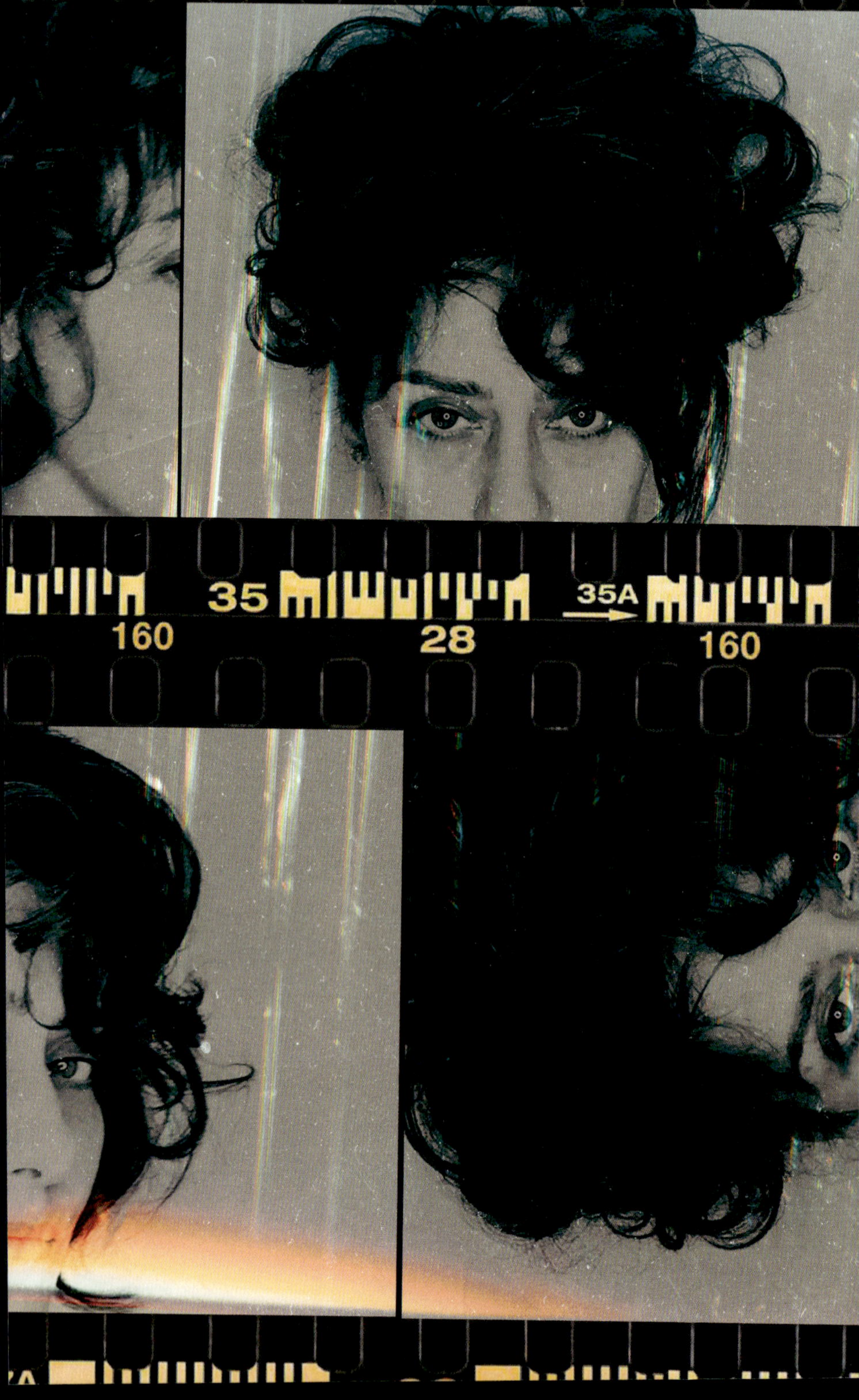
160
35
28
35A
160

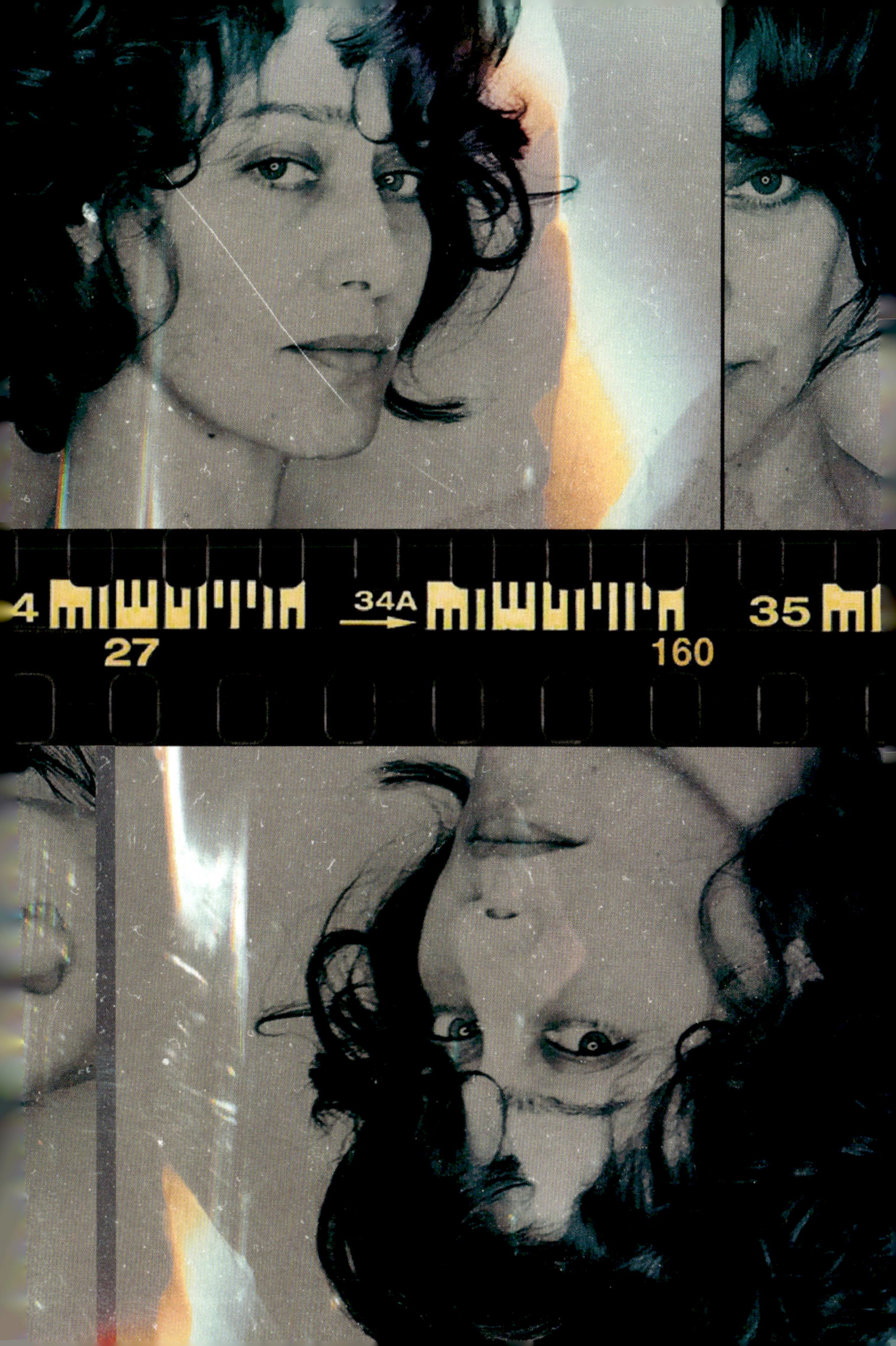
34A
35
27
160

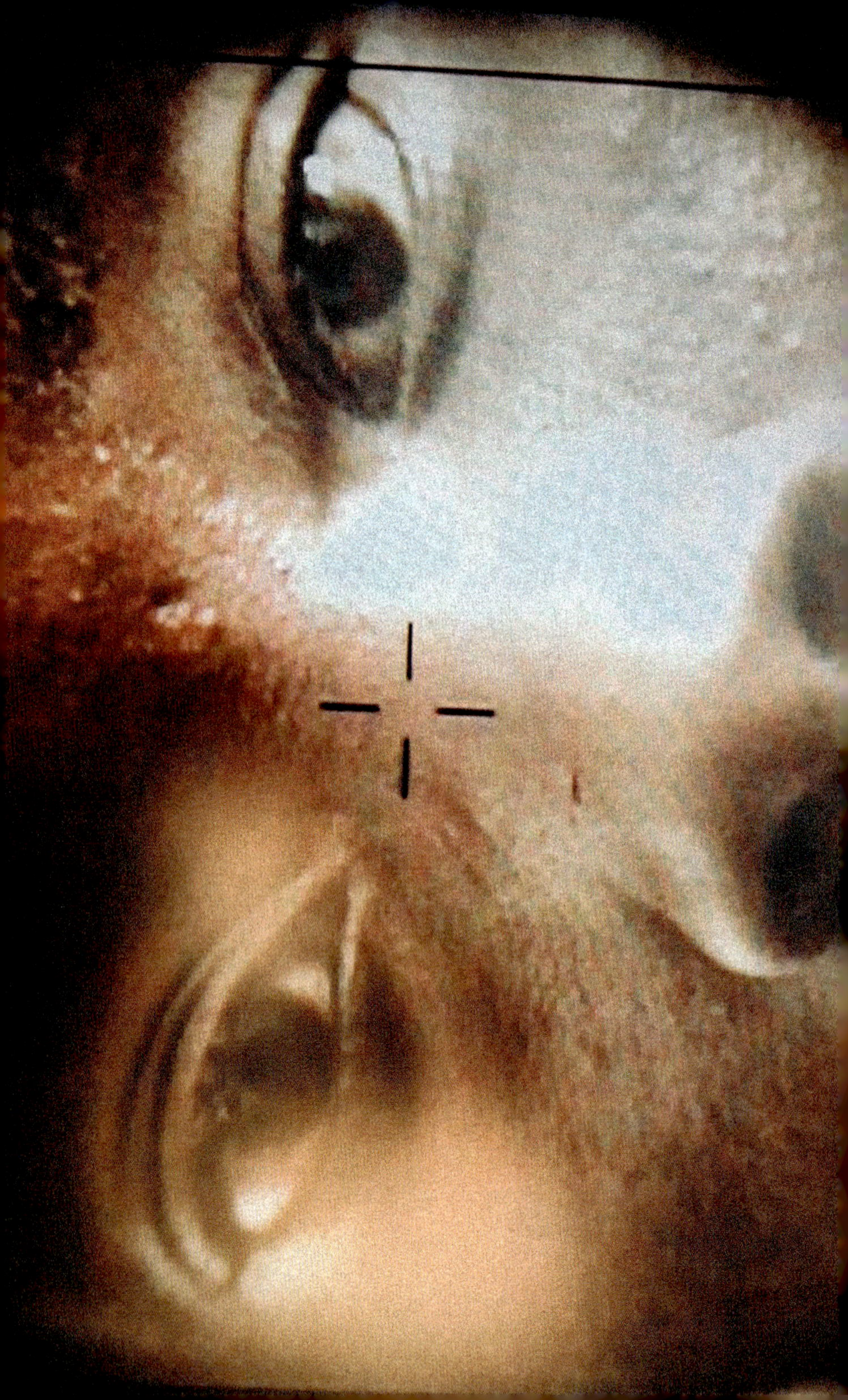

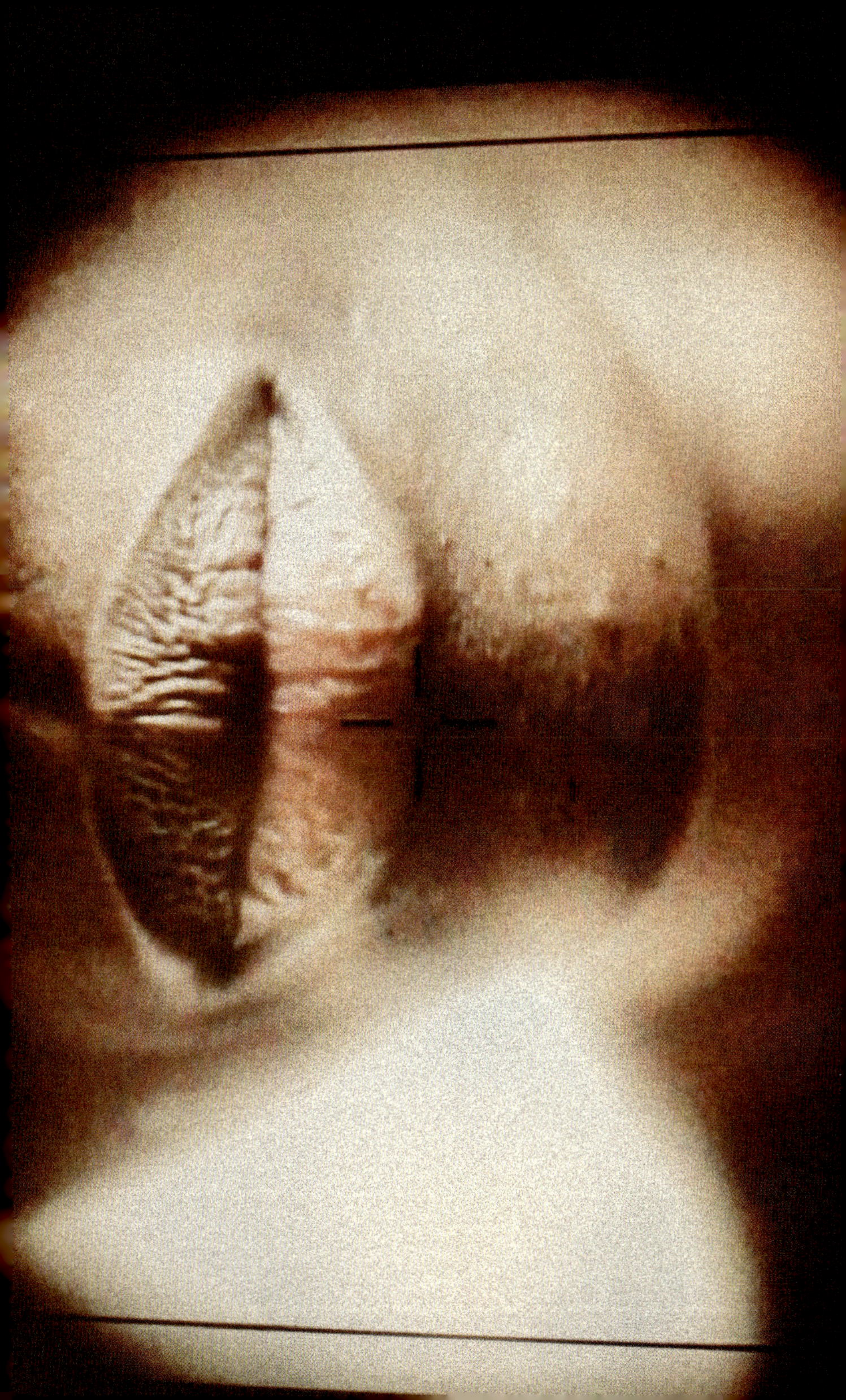

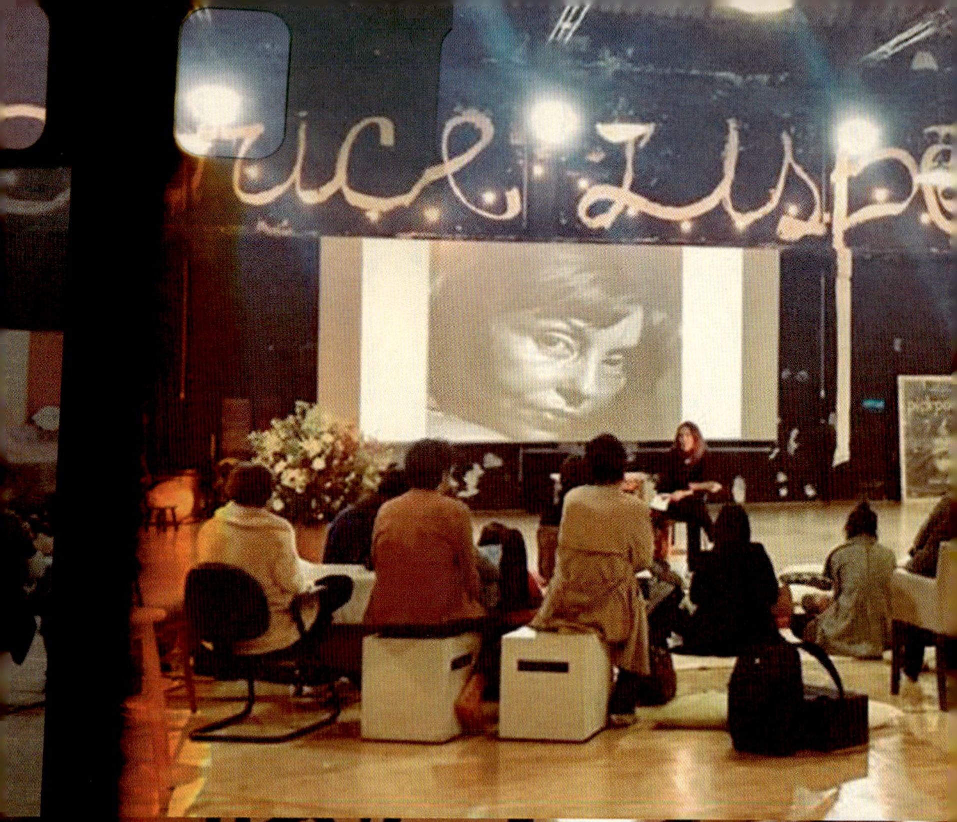

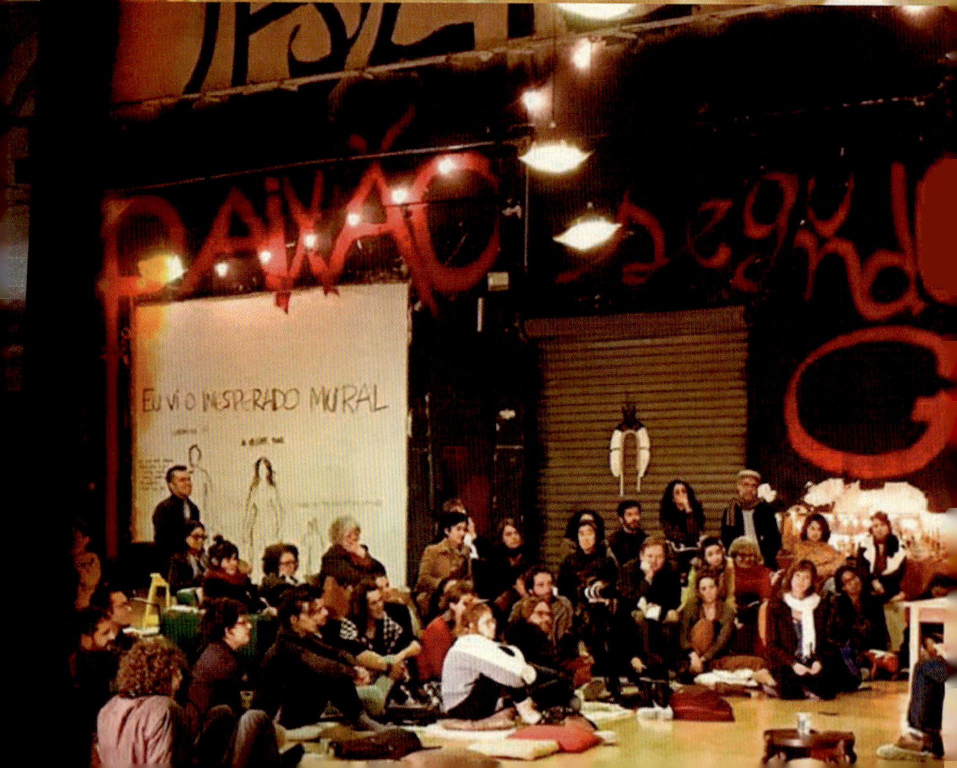
EU VI O INESPERADO MURAL

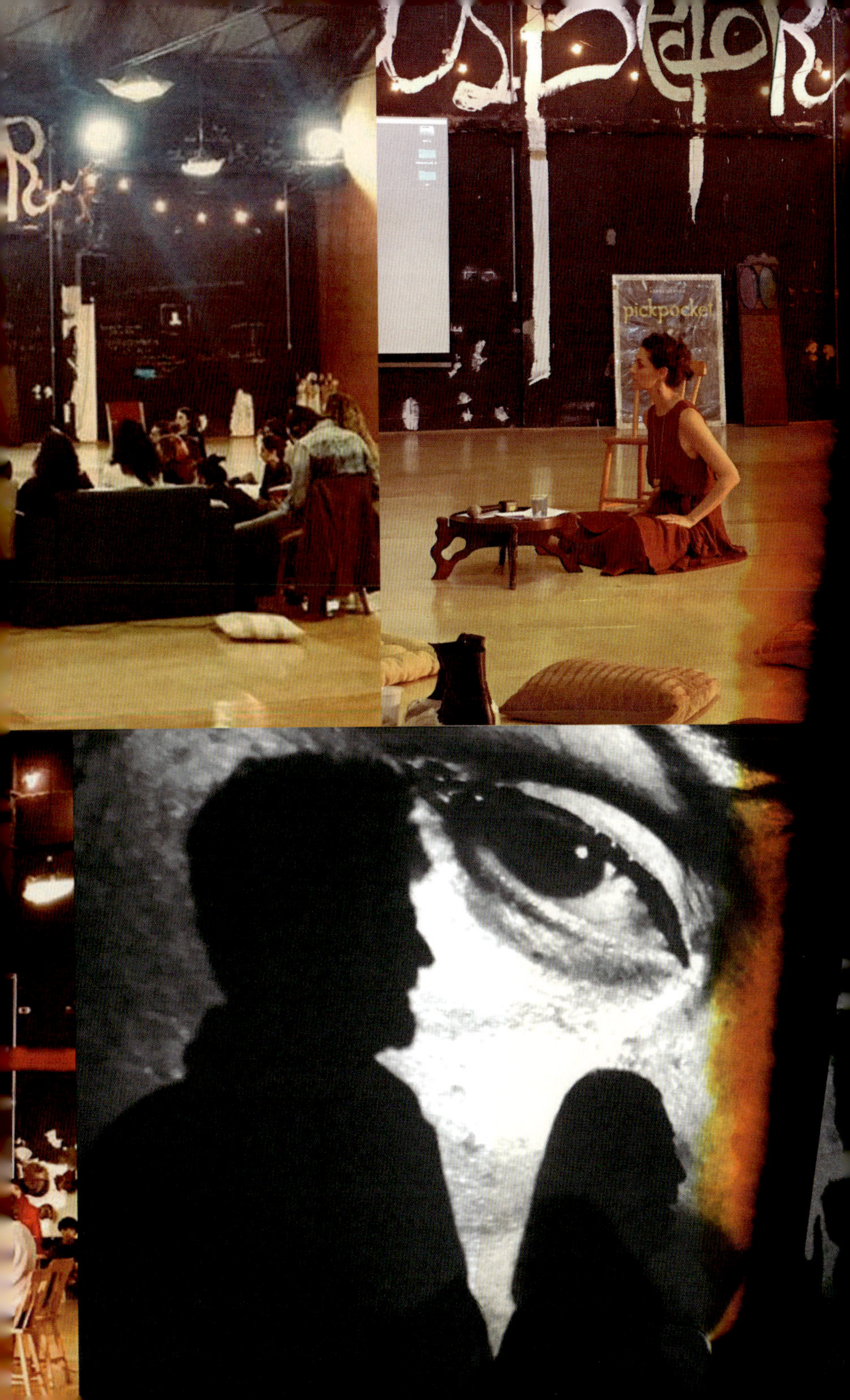
pickpocket

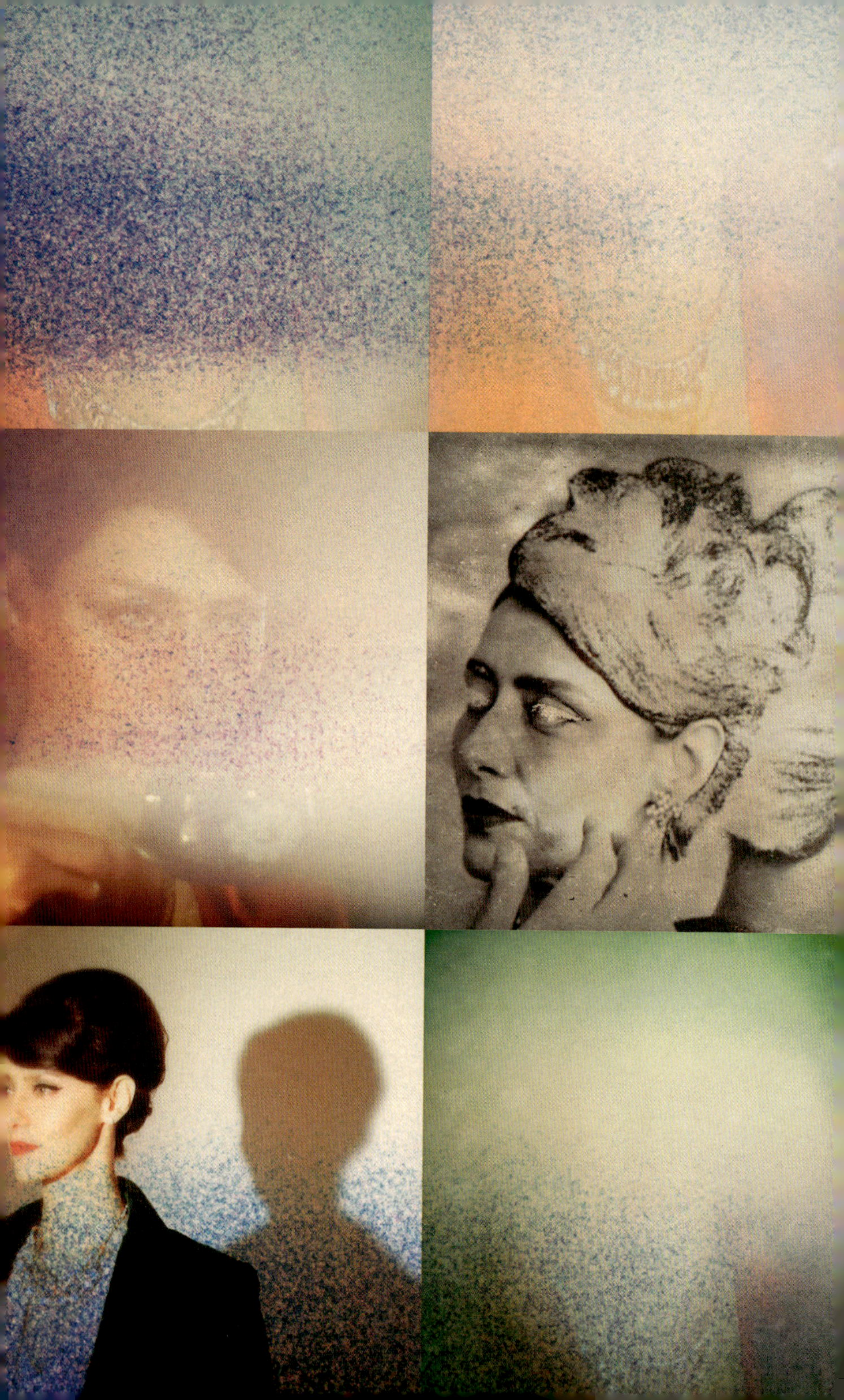

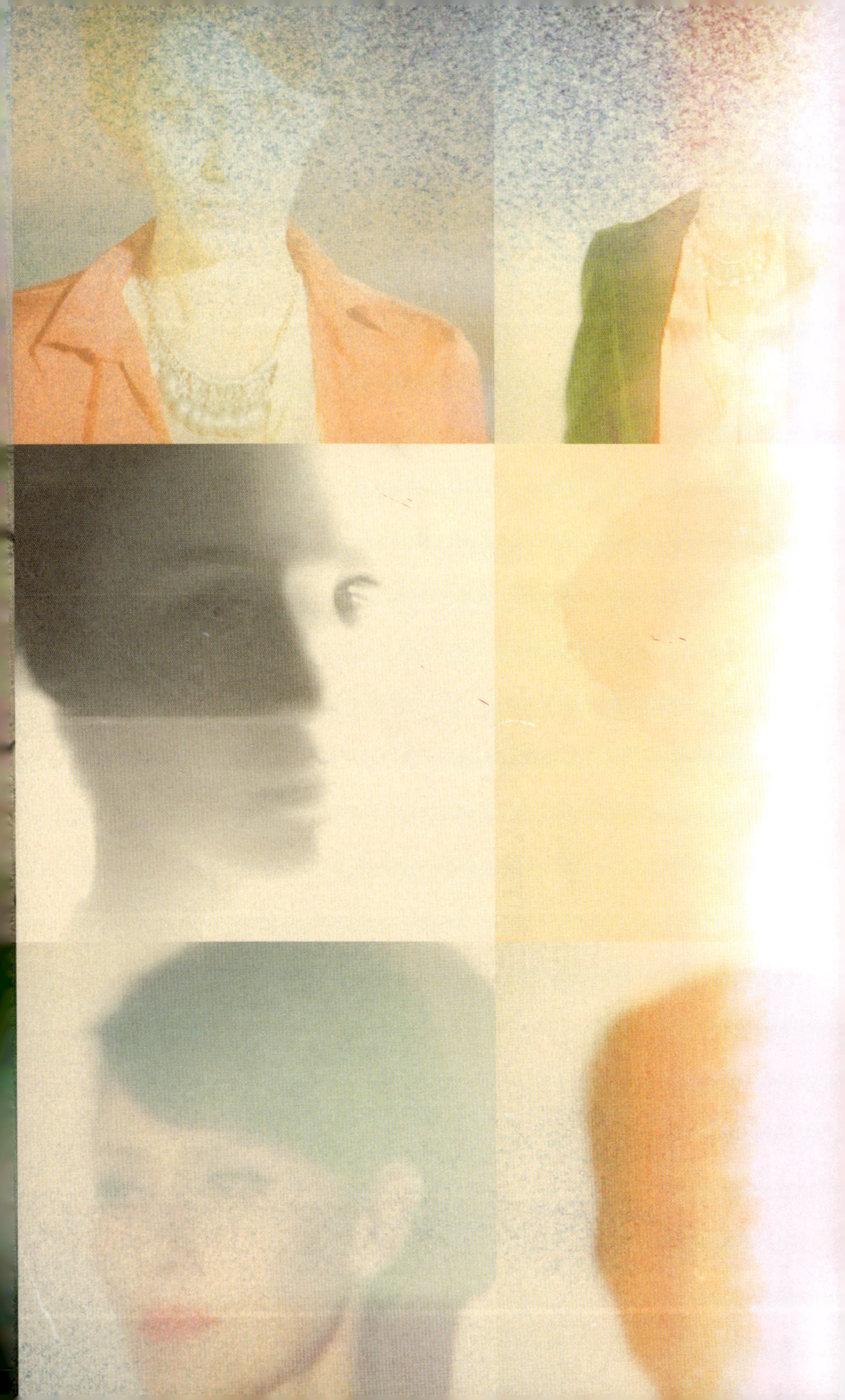

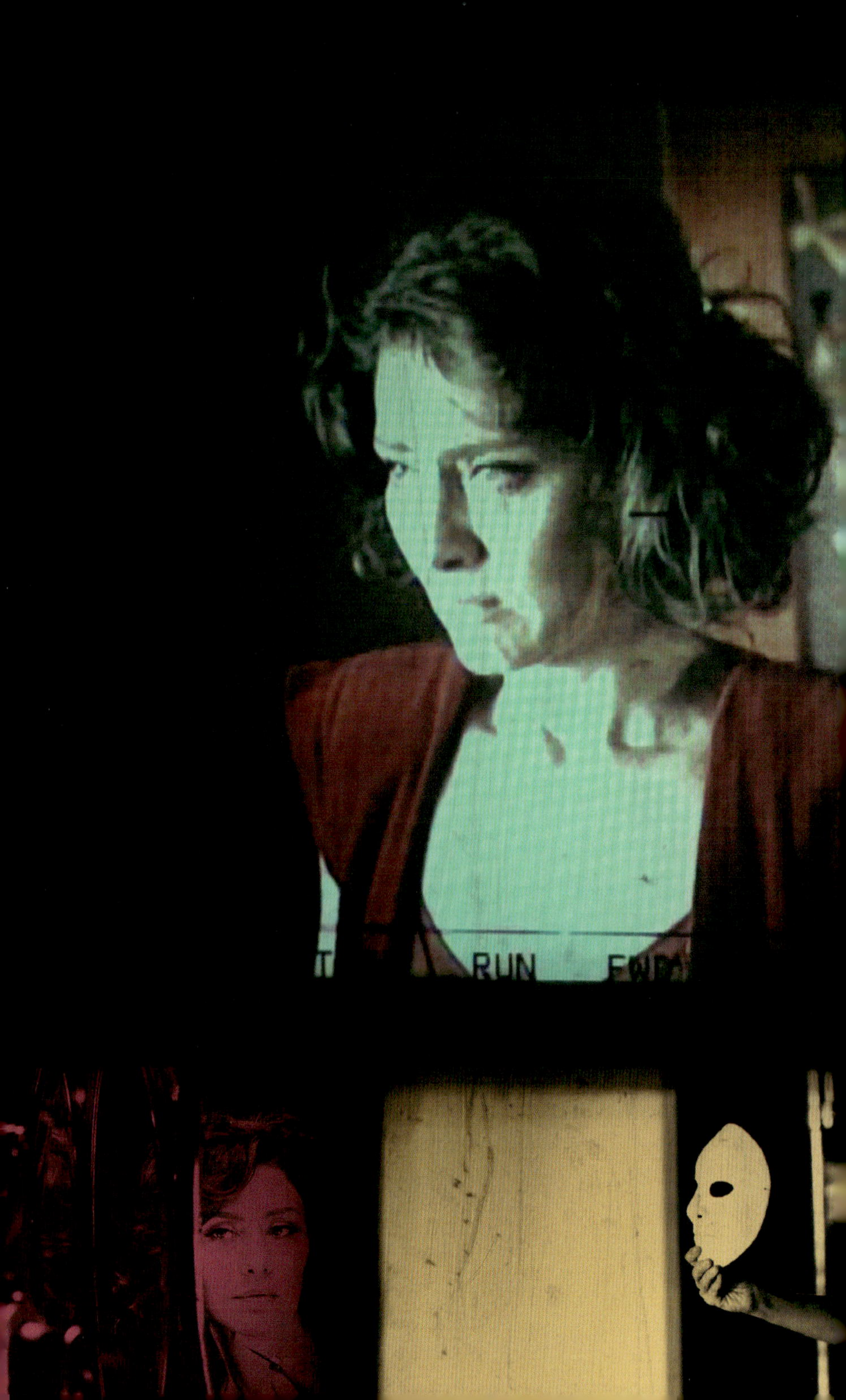
RUN

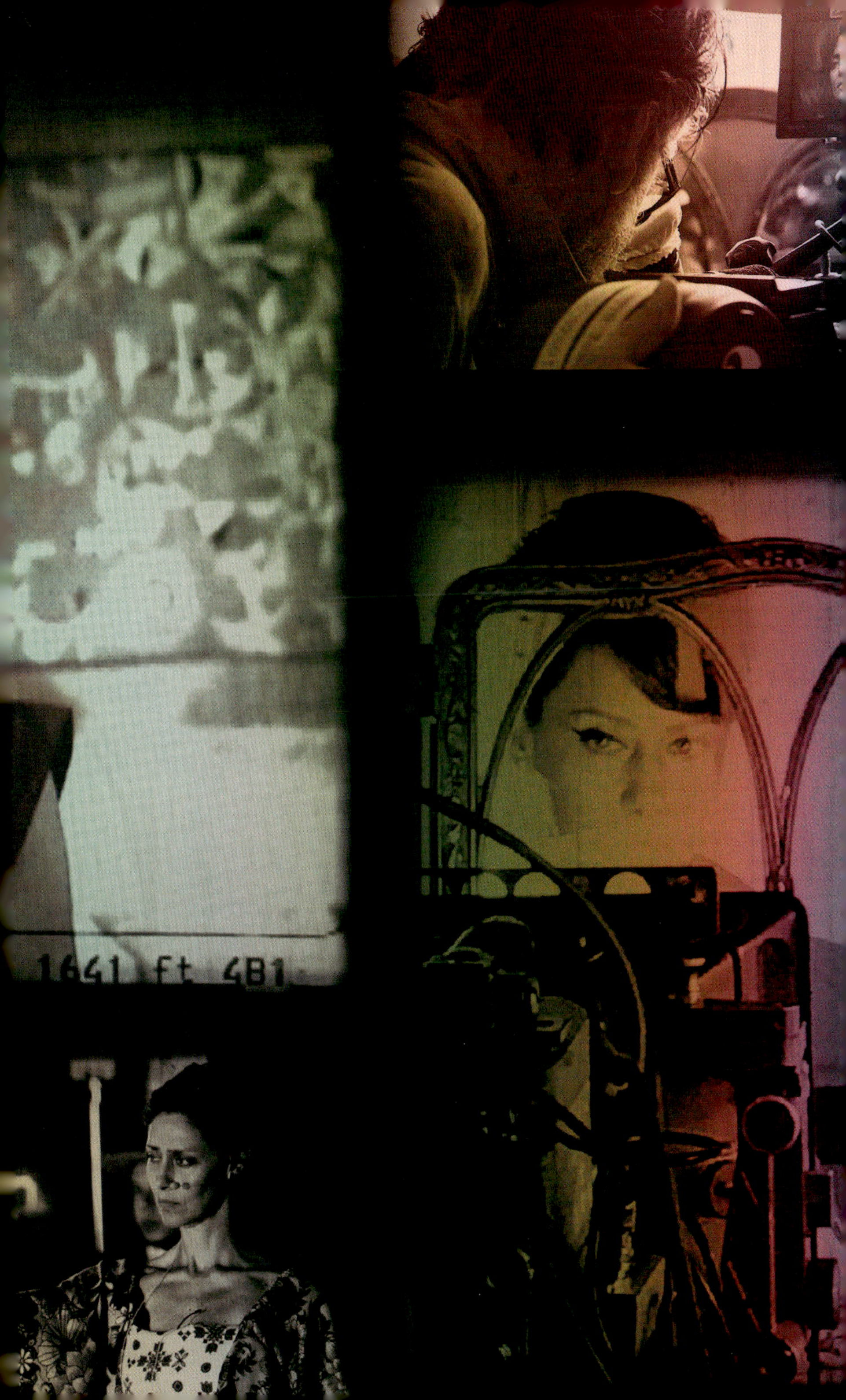
1641 ft 4B1

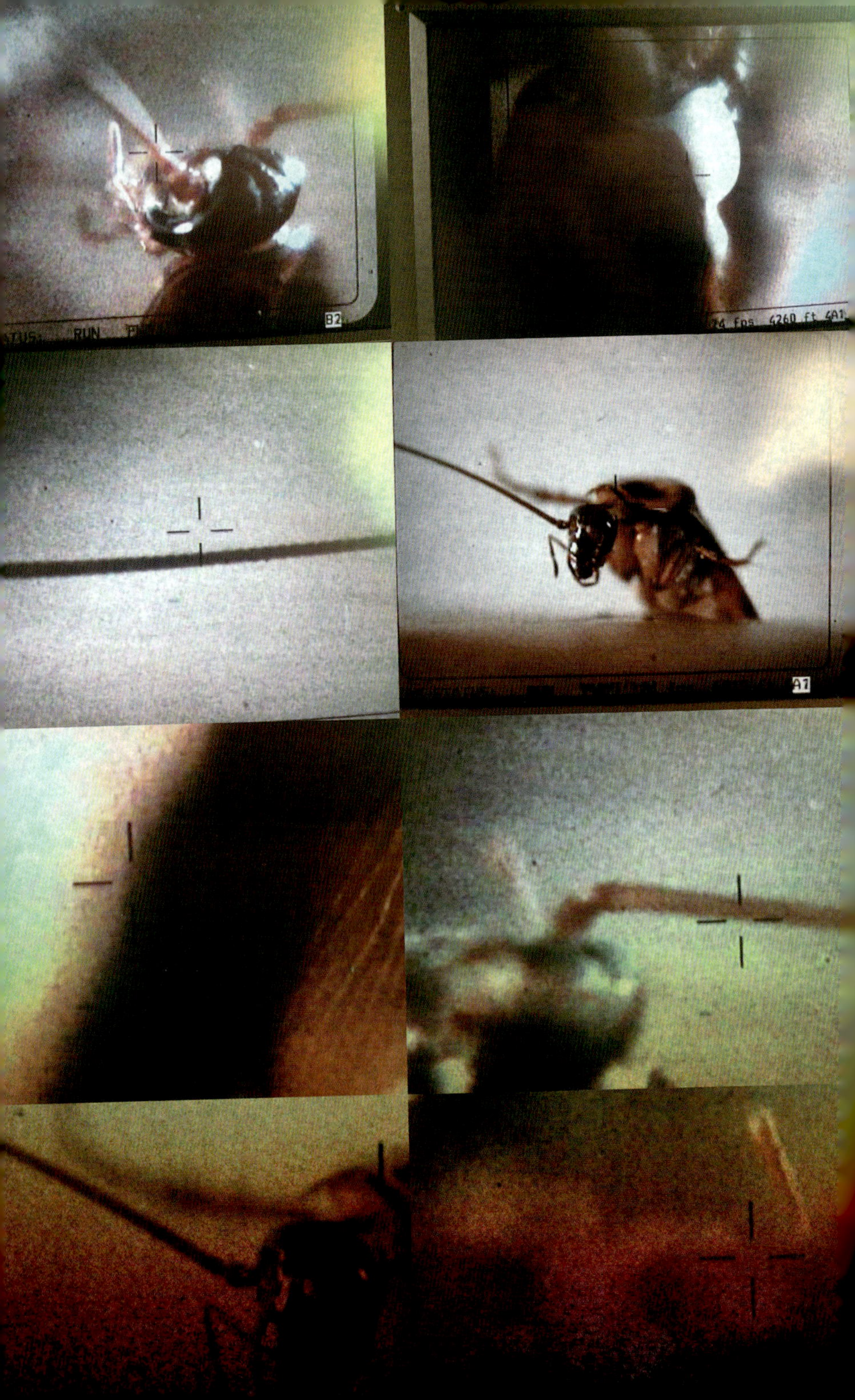
B2
RUN
fps 4260 ft 4A1
A1

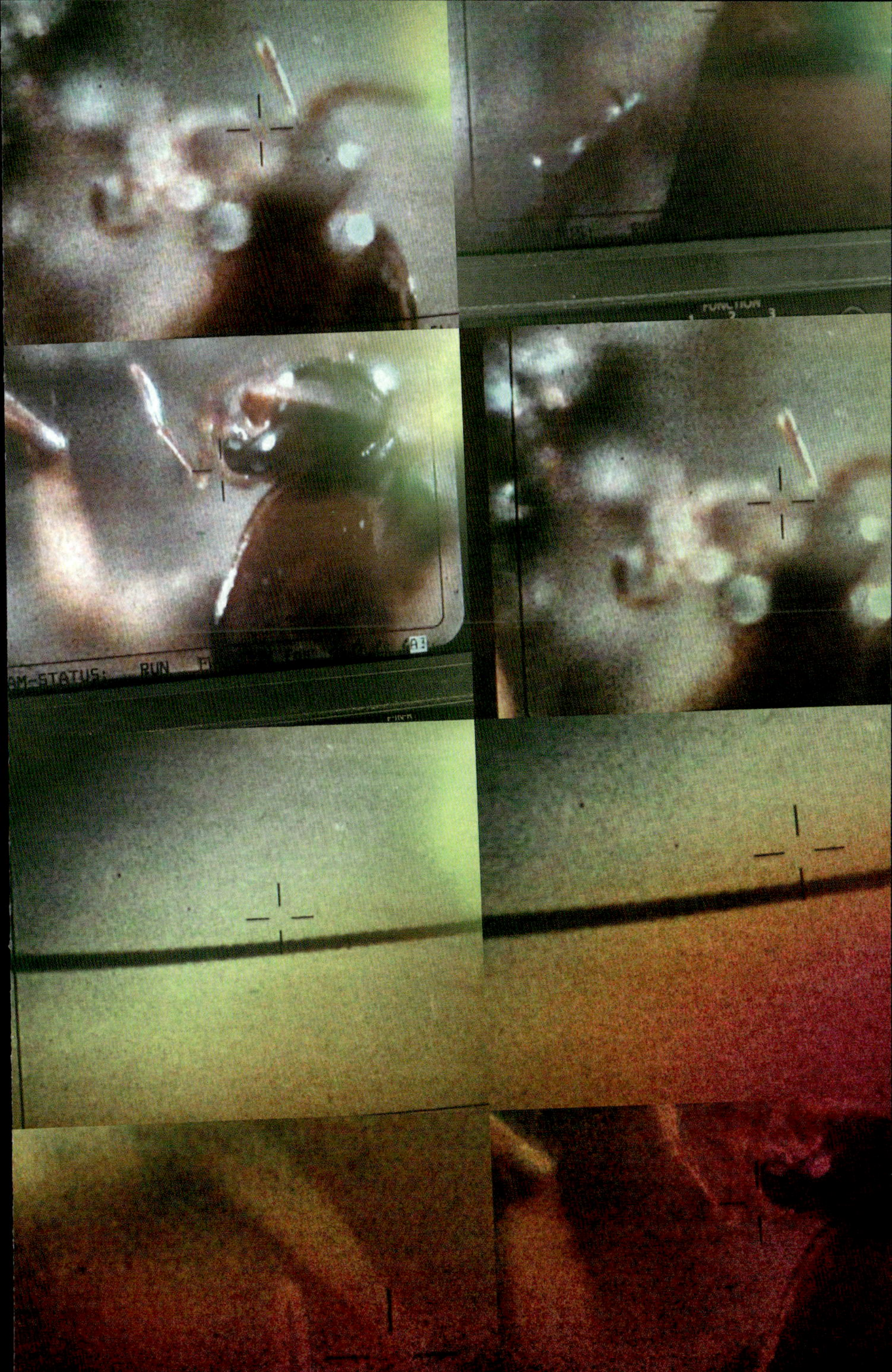

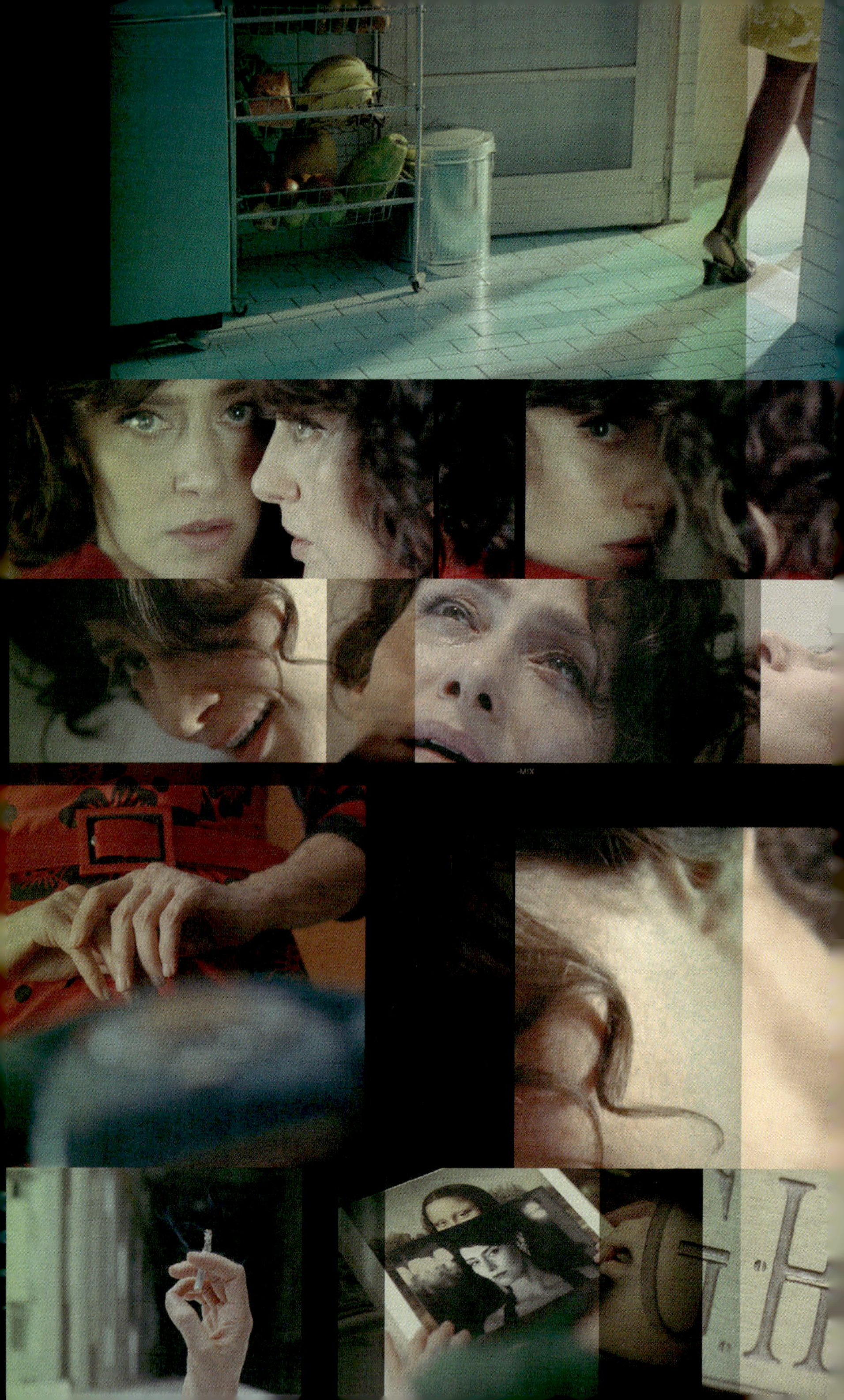

Janeiro a julho, 2019. Rio de Janeiro. Roteiro final na montagem

Quase um mês depois das filmagens, Luiz Fernando marca uma reunião comigo. O diretor fala sobre seus planos para a montagem do filme e diz: "Agora sim, você vai escrever o roteiro de *G.H.*" Ele propõe que eu continue trabalhando o texto na fase da montagem, que está para ser iniciada. Sua ideia é instalar uma sala de edição na casa dele, onde trabalharei sobre o texto enquanto ele monta o filme, prosseguindo nosso diálogo sobre a forma final do roteiro.

Mais uma vez estar diante do desconhecido? Desta vez na montagem? Eu, que já havia me desprendido de *G.H.*, sigo. Retomo os estudos desde o ponto de partida, as Oficinas Teóricas. Luiz Fernando organiza a ilha de montagem dentro de uma pequena sala de cinema, que reúne a coleção de filmes preferidos do diretor. Nas paredes, coletâneas de cineastas, alguns desconhecidos para mim e outros nem tanto, como Dreyer, Glauber,

Murnau, Akerman, Hitchcock, Fassbinder, Bartas, Welles, Ozu, Leone, Satyajit Ray, Pasolini, Parajanov, Pelechian, Antonioni, Godard, Tarkovski, Mizoguchi, Visconti, Bergman, Bergman, Bergman... entre tantos outros.

Transformado em ilha de montagem, o espaço ganha alguns objetos: um quadro com uma foto de Clarice; a fotobiografia da escritora, que traz na capa seu olhar enigmático; e um lenço com a pintura de uma mulher ao lado de um leão, presente de Maria Fernanda. Além das dez latas de negativos vindas de Nova York... que sobraram.

Em fevereiro, Luiz Fernando e eu fazemos mais um estudo juntos dos primeiros fragmentos do romance, até que eu passo a estudar sozinha no escritório ao lado da sala de montagem, onde ele começa a trabalhar com o editor-assistente português Renato Nogueira D'Silva. Retomo pesquisas sobre a obra de Clarice Lispector, em busca de novos vestígios.

> "O que é um espelho?
> É o único material inventado que é natural. Quem olha um espelho, consegue vê-lo sem se ver, quem entende que sua profundidade consiste em ele ser vazio, quem caminha para dentro de seu espaço transparente sem deixar nele vestígio da própria imagem — esse alguém percebeu seu mistério de coisa."[31]

Pouco mais de duas semanas depois de trabalho, o cineasta se depara com o labirinto que era o romance e que agora se transforma no filme. Luiz Fernando abandona a montagem,

---
31 LISPECTOR, Clarice. *Água viva*. Rio de Janeiro: Nova Fronteira, 1980.

criticando seu próprio método, muda o plano original e me diz: "Você vai escrever o texto com a tela, percorrendo os trinta e três fragmentos do romance e associando com as imagens, mas sozinha. Eu estarei presente através das imagens. As imagens te ajudarão. Para não te influenciar, nós não devemos conversar sobre o que estará construindo durante esta escrita, eu só verei quando você terminar. É o seu roteiro. Não se preocupe com a edição, com a forma do filme, porque não se trata de montagem, mas do texto final." A dinâmica de provocar acontecimentos e improvisação com que o cineasta trabalhava no set permanece. Mais uma vez, ou se está atento ou se está perdido.

    A etapa de montagem, que normalmente ocorre logo após a filmagem, costuma reunir apenas montador e diretor, com eventuais e bastante raras visitas do roteirista. Mas num filme em que absolutamente nada era usual, a ideia, embora inesperada, faz sentido. Mais uma vez, o cineasta me lança ao desconhecido, porém, agora, em uma solidão ainda maior. Inventar uma nova maneira de reescrever o roteiro sem interlocução alguma, nem mais com ele, nem mais com Clarice, como tanto persegui. A invenção agora me exige abandonar até mesmo a imensa sombra luminosa da escritora.

    Começo a percorrer os trinta e três fragmentos ao lado de Renato, na ilha. Logo nos primeiros dias, o editor me pergunta, como quem reclama, de quem é a voz que diz "ok" tão colado ao final de cada fala da atriz antes do corte de câmera, que por vezes quase prejudica o áudio. "Minha", respondo constrangida.

    Na ânsia de impedir que se perdesse uma única palavra de Clarice e não desperdiçasse nem um fotograma a mais, eu me precipitava em comunicar que "ok", a atriz acertou, podemos ir adiante.

* * *

Tenho dezessete anos. Fascinada, leio pela primeira vez Honoré de Balzac. No meu quarto, em Campo Grande, passo as páginas de uma edição capa dura do romance *Ilusões perdidas*, emprestado por um professor da faculdade de Comunicação. É início de noite, quando escuto alguns barulhos vindos da cozinha, no segundo andar. Fecho o livro e o deixo sobre a cama, entre preocupada e curiosa. Vou até o quarto do meu irmão mais velho, e pergunto "Que barulho é esse?". Estamos sozinhos. Sem saber o que responder, ele sobe as escadas, seguido por mim, para conferir. Quando a porta da cozinha se abre, uma onda de fumaça cinza escapa sobre nós. Tudo em chamas. Pânico. Meu irmão corre em direção à porta de saída imediatamente enquanto eu me volto para descer as escadas. Percebendo meu perigoso e inesperado retorno ao quarto, ele me puxa pelo braço bruscamente, gritando: "O que você está fazendo?"

O que você salvaria se sua casa pegasse fogo?

Balzac!

Nas filmagens, eu dizia "ok" para o diretor e para a atriz como quem salva um livro de Clarice Lispector de um incêndio.

* * *

Nos meses seguintes, todos os dias, por horas a fio, na sala escura da montagem, reflito sobre a narrativa a partir das imagens e do modo como eu mesma reajo emocionalmente a elas enquanto o montador tenta compreender minhas indicações subjetivas, apontamentos de quem tem muita experiência em edição de texto, mas nenhuma em edição de imagem. A reflexão sobre o diálogo entre a condição feminina da mulher na década de 1960 e os tempos atuais é inevitável e ainda mais latente. Quase sessenta anos separam a G.H. das páginas do romance da G.H. do filme, mas sua atualidade é perturbadora.

A escritora captou e transmutou em literatura toda a consciência que se aprofundava no início dos anos 1960 e expunha o desequilíbrio entre o mundo masculino e feminino, retratado em sua esfera mais íntima.

Muitas mulheres ainda hoje, em especial as que ainda vivem "entre aspas" e preferem manter a temperatura da chaleira a ponto de fervura — sem "nunca ferver nem derramar", como escreve Clarice — ainda precisam ter suas estruturas desmoronadas. Ainda precisam da queda para que, em consciência, entendam sua potência e seu papel não apenas como oprimida, mas também como opressora, para que entendam que não devem se imobilizar por camadas de preconceitos e elementos atribuídos ao feminino, como culpa, moralidade, não pensamento.

Levamos quase um mês percorrendo os três primeiros fragmentos do romance, os maiores e mais complexos em termos narrativos. Todas as tardes, Renato e eu trabalhamos na sala de montagem enquanto Luiz Fernando pesquisa no escritório as músicas do filme e faz um novo estudo do romance, fazendo anotações. Ele evita responder muitas perguntas sobre os caminhos que estou tecendo, mas acompanha pelo meu estado o modo como estou lidando com a solidão do processo criativo. Todas as noites, quando saímos da sala, o diretor nos espera, com o olhar atento, quando conversamos um pouco, quase sempre mais sobre a vida, menos sobre a obra. É como se ele dirigisse agora a roteirista. Experimento durante o período muitas mudanças emocionais. Em alguns dias, eletrizada por encontrar um caminho novo. Em outros, exausta por percorrer um mesmo fragmento sem sair do lugar. Em alguns, irritada por questões de ordem prática. Às vezes, em silêncio pelo encontro com a dor do outro, a minha própria e a da personagem.

Perseguindo as interseções entre o romance e o filme, o texto final começa a ganhar forma pouco a pouco. As escolhas vão sendo pautadas pelas imagens. Alguns trechos do livro perdem sentido diante da força das cenas e ficam de fora. Outros ganham novos sentidos sobrepostos a determinadas imagens, como a descrição da barata como "uma noiva de pretas joias" que se desloca para um plano da própria G.H. sozinha, nua e de costas, em sua cama.

Nesse período, minha visão sobre determinados elementos dramatúrgicos do filme ganha novas interpretações ou mesmo compreensão, como as associações entre o vermelho-sangue do figurino e a jornada de morte e renascimento da personagem. Toda mulher passa pela experiência de conviver com o sangue numa relação profundamente íntima e cotidiana desde muito jovem. O sangue anuncia a puberdade e a perda da virgindade. O sangue que desce todos os meses é celebração quando não se quer engravidar e angústia para quem deseja um filho. O sangue é a expulsão do filho vivo no parto e do filho morto no aborto. É repulsão e atração.

A metamorfose de G.H. em si mesma a leva ao inferno, onde ela redescobre o prazer. A protagonista se reconhece como um ser também imundo, como barata. Dentro desta compreensão retomo leituras feministas ligadas à libertação da mulher pelo conhecimento do corpo e do prazer, indicações que sempre me pareceram muito claras nas entrelinhas do romance, pelas inúmeras descrições e imagens de potencial erótico tecidas por Clarice Lispector, como a "vivificadora morte", que me remete à expressão em francês que traduz o breve período imediatamente após o orgasmo: *la petite mort*.

A culpa, o segredo, a moral e a consciência das leis impostas pela sociedade são chave fundamental para a compreensão da dimensão da paixão. Diante das descobertas que se revelam no quarto de empregada, G.H. reza à barata, transmutada agora em mãe, oferecendo sua vida. Mas que vida? Quantas vidas dentro da vida? Qual a verdadeira vida? Existe? Existe uma única verdadeira? O que dá a vida? O olhar do outro? Quando o outro não a olha, ela está viva? Ou não? E o invisível? Está vivo? Existe?

> "Obras de arte são de uma solidão infinita, e nada pode passar tão longe de alcançá-las quanto a crítica. Apenas o amor pode compreendê-las, conservá-las e ser justo em relação a elas. Dê razão sempre a si mesmo e a seu sentimento."[32]

Guiada pela reação às imagens, a contragosto do editor, deixo de lado alguns planos em que percebo a visão da mulher como um objeto, como na cena em que G.H. veste sedutoramente a lingerie enquanto se prepara para ir ao Top Bambino. É o filme de Luiz Fernando e Clarice, sim, mas agora já é também o meu filme. E a liberdade à que o cineasta me lançou me convida a

---

32 RILKE, Rainer. *Cartas a um jovem poeta*. Porto Alegre: L&PM Editores, 2006.

olhar para a estrutura narrativa do modo mais pessoal possível. E na montagem final do diretor, meses depois, esse planos realmente não entraram no filme.

Mais do que conduzir a compreensão do espectador pelo racional, sinto que é preciso provocar o sentir. O filme precisa acionar as células, tocar o corpo, a pele, os órgãos, as entranhas, as têmporas. A reescrita e transposição do romance se dá pelos sentidos. Assim como o livro é um relato de memória, o filme também deve seguir este fio condutor. "Filme do filme do filme", anoto no meu diário. O cinema deve acionar o imaginário do espectador assim como a literatura propõe ao leitor. Quanto menos se vê, mais se imagina. Interessa o abismo de que somos feitos. Sinto que devo ficar ciente de que se trata de um antifilme.

* * *

No início de julho, Renato e eu terminamos o percurso dos trinta e três fragmentos. O cineasta desfaz a sala de montagem, retirando os objetos relacionados ao filme para levá-los para São Paulo, onde irá trabalhar na montagem final com o montador Márcio Hashimoto. Sob a tela de projeção continuam a repousar as dez latas de negativos. Elas já parecem habitar outro tempo, uma próxima história, que, certamente, continuará.

Eu entrego ao cineasta duas versões impressas de roteiro, minha resposta ao romance e ao filme: uma mais cronológica e outra mais radical, circular e fragmentada. Um diálogo entre o cinema de Luiz Fernando Carvalho e a literatura de Clarice Lispector.

Luiz Fernando Carvalho: "A montagem teve como guia estas duas versões do roteiro, que chamei de 1 e 2. Eu e o

Marcio Hashimoto seguimos sempre cotejando uma com outra. Fazíamos um esboço de montagem a partir da versão 1 e, se ele correspondesse à linguagem que buscávamos, seguíamos em frente com esta versão. Se não, passávamos para a versão 2 do roteiro, e fazíamos um novo esboço a partir dela. E se este também não fizesse sentido, abríamos uma terceira versão, fruto do embate entre as versões 1 e 2.

Quando entrávamos em uma sequência de várias cenas, seja na versão 1 ou 2, em que ela correspondesse ao que buscávamos enquanto linguagem, seguíamos até nos deparar com um ponto mais adiante onde essa versão se partisse e aí, então, voltávamos para a outra versão a partir dessa fissura. Na maioria das vezes fazia sentido combinar uma versão com a outra, então seguimos assim até o fim do filme."

Eu me despedi do cineasta, sabendo que agora, a partir da montagem, ele é quem mergulharia na solidão.

POSFÁCIO: O INDIZÍVEL

Este livro seria lançado pouco antes da estreia do filme, prevista para meados do segundo semestre de 2020. Mas o futuro do pretérito inundou as certezas, os cronogramas, o amanhã. Uma pandemia mundial. O mundo parou. O tempo ficou suspenso. E como era impossível supor, todos em alguma medida viramos G.H.: confinados em casa lidando com a ideia de um fim. O fim do mundo como concebemos.

Os cinemas fecharam. Inúmeros festivais foram cancelados pelo mundo, outros se tornaram on-line ou reduziram de tamanho. Todas as filmagens no Brasil foram paralisadas. A duas semanas da mixagem de som de G.H., a equipe foi obrigada a interromper o trabalho e entrar em isolamento social.

As pessoas no mundo inteiro entraram em confinamento vivendo um estado obrigatório de atenção plena, como se estivéssemos a um palmo da barata viva na altura dos olhos, como G.H. estava antes do golpe que ela julgava ser fatal. A pandemia desfez fronteiras e diferenças deixando todos expostos — uns mais que outros — diante do enorme perigo. Viramos a barata prestes a sermos pisados pela Covid-19.

No Brasil, milhares de empregadas domésticas foram liberadas para cumprir a quarentena em suas casas. As patroas assumiram o trabalho de arrumar, limpar e cozinhar. Muitas "G.H.s" passaram a conhecer o quarto da empregada, no qual nunca haviam ousado entrar. A primeira vítima fatal da Covid-19 no Brasil foi uma empregada doméstica. Morreu depois de seguir trabalhando na casa da patroa que havia voltado de uma viagem à Itália. Sua morte, a primeira de mais de 700 mil mortos, foi amplamente noticiada sem que lhe citassem o nome, como uma "invisível".

O isolamento social, como uma grande lente de aumento, fez com que o olhar para o outro ganhasse foco. Nos Estados Unidos, George Floyd, um homem negro e desempregado, um "invisível" para o sistema, morreu sufocado sob os joelhos de um policial branco. "Não consigo respirar", ele implorou com o rosto colado ao asfalto. Câmeras de celulares registraram o homem agonizante e fizeram o mundo, confinado, parar e sentir a mesma falta de ar. Protestos antirracistas tomaram as ruas de Minneapolis, logo ganharam grandes proporções em todo o país e chegaram ao Brasil.

As reflexões sobre o filme continuaram. Embora Luiz Fernando tivesse chegado a um corte final, o mundo, os acontecimentos e o tempo permaneceram atravessando as coordenadas do filme. O diretor ainda retornou à sala de montagem com a editora Nina Galanternick no Rio de Janeiro, numa busca infinita.

"A necessidade é o meu guia. A realidade é a matéria-prima, a linguagem é o modo como vou buscá-la — e como não acho. Por destino tenho que ir buscar e por destino volto com as mãos vazias. Mas — volto com o indizível."[33]

O filme *A Paixão Segundo G.H.* ficou pronto em maio de 2023.

---

[33] LISPECTOR, Clarice. *A paixão segundo G.H.* Rio de Janeiro: Rocco, 2020.

OUTRAS PALAVRAS

Transcrição das Oficinas Teóricas dos especialistas na obra de Clarice Lispector que participaram do processo de criação do filme

A PAIXÃO SEGUNDO G.H.

Súmula — *A paixão segundo G.H.*

Nádia Battella Gotlib

1. Itens principais de cada fragmento

"A Possíveis Leitores", por Clarice Lispector
Nota introdutória: a voz da autora Clarice Lispector, na verdade, C. L./G.H.?

1. O impulso inicial: proposição das questões
2. Fatos: o trajeto. Eu versus não eu. A fotografia e a escultura.
3. O trajeto: da cozinha à área de serviço.
4. Abre a porta. Entra no quarto.
5. A barata aparece.
6. A descrição da barata. O assassinato (que não aconteceu).
7. A barata: o não eu. A sedução. Eu sou a barata.
8. A massa branca sai. Chega ao nada.
9. Confessa o amor: matéria viva, loucura, de-sentimentação.
10. O imundo. G.H. escritora: o nós.
11. Dos modos de um olhar o outro: a descrição da barata.
12. O agora, no núcleo, o oratório, a abdicação.
13. A felicidade, a moralidade, a culpa, o amor (o precisar, o ser tocada, o ceder), o beijo.

14. A maternidade, a fertilidade, o aborto, a mãe.
15. Dentro. O oratório, o irredutível, o pecado original.
16. No inexpressivo, o amor, a crença, o diabólico.
17. A orgia de Sabá e o gosto do neutro.
18. A amplidão visual: o que ela vê da janela do quarto.
19. "Uma meditação visual": o erro, o nojo, o inferno bom, o amor verdadeiro no passado.
20. Confissão de amor.
21. O inferno, o prazer, o gozo.
22. Cena de magia: delírio de orgia noturna assassina.
23. A provação, o que é o amor, o inferno = paraíso.
24. A visão do quarto: o tesouro.
25. O tédio, o inexpressivo, a loucura.
26. Aceita amar a coisa, sem esperança, nem futuro, mas com carência e pedido.
27. G.H. e Deus.
28. A história de uma relação amorosa, e a delicadeza, a moral e o inexpressivo.
29. As palavras e o relato ainda incompleto.
30. Volta-se de novo para a barata e... come?
    Marcação cerrada entre "tender para" e "rejeitar o ato", até que... "Então avancei."
    Desmaio.
31. O amor e o golpe da graça que se chama paixão.
32. A via-crúcis: despersonalização, deseroização e o estado de contato com o outro.
33. Desisto. Adoro.

No território da paixão:
A vida em mim*

*Nádia Battella Gotlib***

Quando G.H., a personagem principal do romance, decide seguir seu percurso da sala ao quarto dos fundos, não é apenas a escultora que, a certa altura, escolhe um dos seus afazeres domésticos possíveis: limpar o apartamento de cobertura começando pela parte que deveria ser a mais suja, a do quarto de empregada.

Este caminho de "arrumar" ou de "dar a melhor forma" ao quarto, que acontece lá no topo de um edifício da classe alta do Rio de Janeiro, é muito mais do que uma simples arrumação. Transforma-se, pouco a pouco, no seu contrário. Torna-se uma lenta, gradativa e dolorosa desarrumação do quarto, da vida, de tudo. Implica num irremediável e fatal enveredar-se pelos múltiplos espaços em profundidade em que este cubículo dos fundos vai se transformando, a partir de um dado de origem social: estar à margem do poder num sistema de classe institucionalizado. A partir dele, e também por ele motivado, inicia-se este longo percurso de reconstrução de um mundo pelo seu avesso, que vai se formando justamente neste não ter forma nem lei, contrariando todo um sistema cristalizado do que se convencionou tomar por bom, belo e justo.

Assim, liberto neste ser apenas, sem forma nem lei, o sentido também torna-se o seu contrário. Cede ao não ter sentido algum. Neste território do caos e da loucura, em que não há razão ou entendimento, onde não há regra lógica nem explicação plausíveis, a amante encontra espaço para poder chegar à adoração, ou seja, para deixar emergir o vigor da paixão, ou da vida, em que não é mais vida apenas, mas já todo um processo: "é o processo de vida em mim."

Ler esse livro é, também, seguir este caminho, derrubando os mitos dos sistemas estereotipados, repressores e falsos em que vivemos, pela difícil via da desconstrução. Recupera-se, na leitura, aquilo que suporta a trama do romance: a corajosa luta pela inserção na vida que não é a de herói, de santo ou de homem, que é a vida anônima, de ser nada e ninguém, coisa neutra, mas núcleo de vida, configurado na espécie animal arcaica em que todos se unem em plasma de "proteína pura", que, apesar de tantos séculos e de tantos pesos e castigos, ainda resiste, atual.

Talvez por isso este processo se faça pelos mesmos recursos que o livro, ou este "dizer", acontece: pela desmontagem de uma forma, no avanço da "loucura promissora". A amante vai se descobrindo em solidão e na ausência do amado, rememorando como foi sendo cada vez mais atraída pelo outro, para, mergulhada na contemplação, encontrar-se na vertigem e no sem sentido que é a paixão.

Daí um primeiro dado de ordem estrutural, fiel tanto à linha episódica, às ações da personagem, quanto aos sentidos que aí vão sendo conquistados ou desmanchados através da sucessão das imagens. Cada fim de capítulo ata-se logicamente ao seguinte, pela repetição da mesma frase. Mas o que esta lógica encerra, como elos de uma corrente poderosa, é o que parece fugir do alcance deste poder: o território em que a paixão se revela escapa ao controle, principalmente no momento de glória, quando ocorre total integração da personagem apaixonada no espaço e no tempo da vida que flui, em conquista do relógio no difícil agora, em que "a vida se me é".

Portanto, cada capítulo instaura pouco a pouco, em ordem crescente, um processo de tensão entre as personagens em cotejo, levadas por uma irrefreável força de atração, até um clímax, já quase ao final da história, quando o Ser se revela na sua plenitude.

Como esta tensão aumenta gradativamente de intensidade a cada capítulo, trata-se da história da explosão deste universo antes aplacado. Esta força de atração de um pelo outro, apesar das dificuldades — recuos, medo, dissimulações —, só se esgota pela mútua destruição. Ao descobrir o sumo vital do de dentro do outro, é como se o seu próprio de dentro aflorasse.

Descobrir-se nesta identidade é revelar-se no seu ser mais íntimo. Trata-se, pois, de uma narrativa de memória, que, ao recuperar o passado, num retrospecto do que lhe acontecera no dia anterior a partir das dez horas da manhã, inventa um novo presente, ao constatar um estado de paixão. Aí então, a personagem G.H., rememorando o que lhe acontecera no dia anterior, pode chegar à conclusão de que está mesmo apaixonada. E pode declarar, então, ao amante e a nós, possíveis leitores, a sua paixão.

Mas não é só de tensão, gradação e clímax que se faz este percurso narrativo, que também é discurso de memória e declaração de amor. Este encontro com o outro faz-se por um desdobramento múltiplo de imagens, que se correspondem, porque identificam-se entre si: representam, cada uma, a projeção de um eu, no interior mais subterrâneo, no exterior mais superficial. E variam, numa corrente de sucessivos encontros e embates dialéticos, até a identificação final e a mais plena, em que tudo e todos se misturam no nada. Admitir a ambiguidade de tais sentidos, do que aparece e do que está escondido, é suportar a evidência de que cada um é feito não de um ou de outro, mas de ambos, ao mesmo tempo. E suportar a destruição de um é saber que esta mudança traz sempre mais um outro, que fatalmente aflora, impondo-se como uma verdade ao mesmo tempo maravilhosa e terrível.

As imagens que se sucedem vão representando este processo catastrófico do despojamento do supérfluo, pela "destruição de camadas e camadas arqueológicas humanas". Por um lado, G.H. e seus equivalentes vão perdendo as faces e valores que construíram nos sistemas onde vivem, até que, soterrados, recuperam "cavernas calcárias subterrâneas", livrando-se do sentimentário, do utilitário... O ritual é duplo. De um lado, desveste-se das roupagens estratificadas para recuperar um gozo instintivo perdido de espécie premida pelas estratificações da civilização. De outro, reveste-se de máscaras perdidas — escaravelho, escafandrista, olhos como úteros —, espécies treinadas neste ato pleno, em que ver é já existir, sem a divisão do entendimento que fragmenta o real entre um sujeito observador e um objeto observado.

O que resta neste universo a não ser este outro, ou o eu, ambos diluídos num mundo sem sentido? E de que adiantam, neste estágio, as quantidades e as medidas, os sistemas científicos, se o que se propõe é uma experiência do ambíguo e do impreciso, em que se é todo o bem e todo o mal, no território, pois, ilimitado e incontrolável da paixão?

O segredo desta receita narrativa não foge aos ingredientes que marcam os perfis desta narradora diabólica. Vai narrando como se nada fossem, simples acontecimentos do cotidiano carioca, tal como seu predecessor Machado de Assis. Mas também como seu predecessor, desde o início aparecem pistas, cultiva-se o suspense e pairam sentidos segundos, misteriosos meandros, "entretons de maior sutileza", que armam a rede de sedução. E o leitor é levado para esta armadilha de sentidos de que só sai, irremediavelmente, após o mergulho nesta tenebrosa reversão de sentido. Nada é como era antes. Ninguém sobrevive, incólume, à força de uma paixão. Principalmente a uma história de paixão como esta, diferente das de Machado de Assis, porque nesta, não se para no meio nem dela há retorno. Esgota-se até a última gota de sumo vital, até morrer de amor e sobreviver renascendo, reconquistando assim toda a miséria e toda a grandeza de que somos feitos, experimentadas no neutro em que nos unimos como espécie, quando unidos pela mesma intensidade do paradisíaco inferno — ou infernal paraíso —, a de vida e morte de que é feita a paixão.

Se o romance parece compacto, cabe ao leitor, contudo, descascar as camadas de sentido, decifrar os sinais deste hieroglífico texto, onde cada imagem desenterra o que há de mais arcaico — e talvez até convencional —, mas, ao mesmo tempo, de mais marginal nesta configuração do seu outro lado, ao recuperar o que os sistemas não abrigam: mais que o sujo, o imundo; mais que o proibido, o interdito; mais que o violento, o terrível. Estes monstros-sistemas são pouco a pouco derrubados nesta luta de reivindicação de uma liberdade: a difícil liberdade do recompor o mundo, reinventando tudo, ao abdicar da limpeza, da piedade, da beleza.

E justamente porque é uma história de paixão, não pode ser uma simples história de paixão. O leitor verá os meandros e os ardis que esta experiência de sedução, tão boa e tão ruim, tão dolorosa e tão prazerosa, provoca nos amantes. E poderá talvez imaginar, ele também, porque esta história de amor tem a capacidade de se equivaler, por tudo que carrega e provoca, a tantas outras experiências, diferentes na figuração, mas iguais em sentido.

Como se trata de história de paixão, e paixão é caso de vida e morte, um crime acontece. Nesta trilha policial cheia de pistas, de hipóteses, de avanços amedrontados na expectativa do ato final assassino, o leitor não deixa de ser também um detetive, que mobiliza razões e mais razões para, ao final, ter de aceitar a verdade no que ela é indemonstrável, desmanchando-se na adoração inenarrável. Esta narrativa também é uma história policial, de terror e suspense. Mas ao detetive armado — possível leitor — compete abdicar também do seu poder e se render à experiência da evidência, de mãos também vazias, sem provas.

História de um assassinato ou de um suicídio? Eis outra questão. Pois se o que se mata é o outro e se este outro é projeção de um eu, que naquele se descobre idêntico, ao destruir a capa de fora, deixando aflorar a substância mais íntima, não estaria recuperando aí um percurso que acontece consigo mesmo? Um manjar autofágico, em que se passa pela experiência do que tem sabor ao que não tem, do que tem sentido ao que não tem?

E nesta história de vida e morte, não haveria também a história de uma relação profana e sagrada? Não seria também a história de uma relação erótica e sexual? Orgia de Sabá? E história dos começos, que se passa tanto no estreito de Dardanelos ou nas proximidades de Elschele? E história de uma aventura, em direção ao que pode ser o tesouro egípcio enterrado ou a caverna do homem-bicho o mais arcaico?

As experiências primordiais das espécies na Terra equivalem-se, ainda, às dos homens já unidos em Cristo. Porque, entre tantas paixões, esta história também pode ser a paixão místico-religiosa do Cristo que, pela via-crúcis, passa pela dor e pelo prazer de redimir a humanidade e reintegrá-la a todas as coisas e a Deus. Talvez por isso o livro seja mostrado aos homens tal como um evangelho, agora segundo G.H. Afinal, esse texto também é, entre tantos discursos, uma parábola.

A própria Clarice Lispector, autora do prólogo do livro, dirige-se a seus "possíveis leitores", preferencialmente aos "de alma já formada", que aceitam o convite de percorrer esta via-sacra para ir descobrindo, vagarosamente, às vezes pelo oposto do que se vai atingir, esta "alegria difícil" que se chama paixão. Se na parábola do semeador, do Evangelho de São Lucas, há dois tipos de leitores — "A vós, é concedido conhecer o mistério do reino de Deus, mas aos outros, [ele é anunciado] por parábolas; para que vendo, não vejam; e ouvindo, não entendam" —, parece que Clarice dirige-se preferencialmente aos que vendo, vejam. E ouvindo, entendam.

Esta história da relação da mulher com um homem, da mulher consigo mesma, da mulher com o outro, da mulher com todos os outros, da mulher com o Ser, afinal, não deixa de ser também a história da mulher com o romance que ela constrói. Este percurso de procurar os sentidos representa também o modo pelo qual G.H. se redescobre a partir, por exemplo, das iniciais do seu nome, que encontra nas valises do quarto de empregada e cujo sentido irá gradativamente descobrindo ou inventando. Para isso, transgride, ultrapassando o mundo possível das verdades já ditas. Por isso esse livro traz consigo, via G.H., a personagem G.H., a narradora, a autora, o leitor, e todos que, pela leitura ou pela escrita, vão decifrando os sinais e assim se reinventando, para além das normas automatizadas, num simulacro da própria representação criadora.

Seja como for, a história da paixão é a história da vida crua, sangrando, no que tem de mais pungente: toda a sua grandeza e toda a sua miséria. Após degustá-la, sadicamente, até a última gota, defrontando-se com a vida na sua totalidade, isto é, com a vida plena, esgotada, que já nem é vida, é morte, torna-se possível, então, não o transcender — porque transcendência também é recurso enganoso —, mas o apreender a vida em si, na sua imanência, com horror e encantamento: "a liberdade sou eu diante das coisas."

Esse livro simula, pois, numa última instância, a própria simulação. Porque se é ficção, é a ficção de um ritual, naquilo que ele representa e naquilo que, ao representar, ele acaba recuperando de mais verdadeiro. Fingimento que de tão fingido vira verdade, tal como já anunciara Fernando Pessoa, cujo percurso traça também este modo pelo qual os sentidos, tão contrários, se tocam, num mesmo ponto de encontro, que é o da identidade, também por ele apreendida no "nada que é tudo".

Talvez por causa destas tantas camadas de sentido superpostas, que no entanto se equivalem, o livro, desde que foi publicado em 1964, tenha tido tantas interpretações, segundo linhagens filosóficas, psicanalíticas, estéticas. Porque se desde o primeiro romance de Clarice Lispector, publicado em fins de 1943 e intitulado *Perto do coração selvagem*, já existia o enredo fundado na busca de uma identidade, a partir da aproximação do outro, na procura da relação com o outro, só este encontro de G.H. faz-se por estágios sucessivos tão intimamente ligados entre si e com tanta força de tensão concentrada.

Por quantas vidas e mortes irá passando G.H. neste caminho do ver-se em outros? Quem serão estes outros, em que se vê projetada e em que vai se transformando, aos poucos, até totalmente? Eis o segredo maior, que o leitor terá de ir descobrindo. Pois uma das lições do livro, entre tantas, é a de que a dolorosa alegria da paixão está também na descoberta inenarrável, que só uma intimidade, em confronto com outra, poderá experimentar. E não poderá contar. Pois não é assim também que a narradora G.H. procede, no momento clímax dessa narrativa, em que conquista a sua liberdade, inventando o seu segredo?

* Prefácio publicado na edição de *A paixão segundo G.H.* (14ª edição. Francisco Alves Editora, 1979).

** **Nádia Battella Gotlib** é professora de Literatura Brasileira da Universidade de São Paulo.

To be and not to be at the same time

Nádia Battella Gotlib

"A criação não é uma compreensão, é um novo mistério."

C. L.

O que eu poderia ter sido se não tivesse sido o que fui? O leitor é levado para o caminho do imaginário nos textos autobiográficos de Clarice Lispector. Eles começam indicando certos dados imprecisos que escapam do processo de escrita de memória e enveredam por uma questão que é justamente oposta. Não se trata do que eu fui, mas do que eu poderia ter sido.

O que ela enseja, por força do próprio tipo de literatura que ela faz, é facultar uma certa confusão entre a autora e suas personagens. Por vezes até a crítica confunde e se arrisca a analisar as personagens a partir de sua vida privada.

Mas Clarice não cabe em um sistema. Ela é o contrário disso, é constelar; escapa de qualquer sistema de pensamento. E é por isso que não se pode ler Clarice segundo um filósofo ou psicanalista específico. Suas narrativas se formam como flechas instantâneas, o que corresponde também ao modo dela de escrever em notas soltas.

"Gênero não me pega mais. Sou inclassificável."
C. L.

Clarice dizia que *A paixão segundo G.H.* era seu melhor romance. E eu concordo, porque ela esticou o elástico e tensionou o máximo que pôde. Então, os temas que eram abordados por um viés mais leve ou menos vertical nos primeiros contos foram se adensando até culminar em *G.H.* E ela usa a repetição, que prende o leitor quase que como uma cilada, como se os capítulos fossem fragmentos de uma corrente. A última frase de um fragmento é sempre a primeira frase do seguinte. O leitor engata, e ela não o deixa mais escapar. Quando se lê numa sequência esses fragmentos, você vai perdendo o fôlego. A G.H. come a barata, e a barata somos nós, até que chega ao final do livro, naquele último estágio da matéria viva pulsando.

O romance foi escrito em 1963, quando ela estava separada há quase quatro anos e já morava no Leme com os dois filhos. Em seu depoimento ao Museu da Imagem e do Som, ela conta: "É curioso. Eu estava na pior das situações, tanto sentimental quanto de família, tudo complicado, e escrevi *A paixão*, que não tem nada a ver com isso." O Affonso Romano de Sant'Anna, que era amigo dela e fez a entrevista ao lado de sua mulher, Marina Colasanti, faz uma réplica sutil, mencionando o inconsciente e os sonhos. Daí ela muda de assunto, não gostava de explicar muito, mesmo porque não tinha explicação. Ela dizia: "Não quero ser autobiográfica, quero ser bio."

Um dos grandes temas de G.H. é desficcionar a literatura. Sua proposta é descascar as camadas da civilização, ou seja, a cultura. Desmontar tudo aquilo que a gente vai acumulando pelas regras, leis, comportamentos, instituições. Clarice propõe nos descascar de todas as normas para chegarmos ao âmago da coisa, ao sumo da matéria viva pulsando. É como se ela descascasse uma cebola — ou as casquinhas da barata. Esse processo acontece na própria trajetória literária de Clarice. Ela é muito mais certinha nos primeiros textos, trabalhando com começo, meio e fim. Mas a inquietação está sempre lá, minando e aflorando cada vez maias. Depois ela vai desmanchando todos os gêneros. *Água viva*, por exemplo, ela chama de ficções. *Um sopro de vida*, de pulsações.

Sua obra tem a capacidade de traduzir a complexidade da condição humana. Não é "to be or not to be", mas "to be and not to be at the same time". Uma das características de Clarice é que consegue registrar a concomitância entre experiências completamente opostas. Ser, para Clarice, é ser o pior e o melhor de si mesmo ao mesmo tempo. Ela alcança isso em *A paixão segundo G.H.* através de uma figura literária importantíssima, o paradoxo. É conhecer o paraíso e o inferno ao mesmo tempo, como na experiência de G.H. e da personagem Ana, do conto "Amor".

No vocabulário de Clarice, amor está para alegria bem como paixão está para felicidade. O amor ainda dá para levar no sistema, mas a paixão escapa porque ao mesmo tempo que é uma experiência muito encantadora e extremamente prazerosa é também insuportável e provoca um sofrimento terrível.

Escreva ela o que escrever, nós notamos a marca da escritora. Não importa se é crônica, conto ou romance. A voz que fala é a de Clarice. Não é preciso consultar dicionário porque ela não usa palavras difíceis. É uma voz muito direta. E ela começa, como se não fosse nada, falando de coisas absolutamente banais a um ponto que o leitor engrena e acha que não vai acontecer nada. Conhecer o Inferno e o Paraíso ao mesmo tempo é carga pesada, não é pra qualquer um. E assim ela fazia nas páginas femininas também.

"Aquele olhar lento, pesado de conhecimento, sob as pálpebras grossas, haviam me fascinado, acordado em mim sentimentos obscuros, o desejo doloroso de me aprofundar em não sei quê, para atingir não sei que coisa..."

"Obsessão"

O perigo e o encanto de Clarice está no seu olhar implacável, eu diria. Nós podemos observar este olhar nas fotos dela desde pequena. É um olhar que atinge o alvo. E ela transfere este modo de olhar o mundo para a sua literatura e o foco narrativo de sua obra. Ela tenta atingir o "de-dentro" do leitor e, mirando, acerta em algo que nem ele mesmo consegue definir o que é.

"Os olhos olharam seus olhos."

"O búfalo"

A leitura de Clarice provoca desconforto. Quando ela põe o foco narrativo em ação, ataca direto. Não é complacente, não tem pena nem benevolência. É implacável. As coisas estão sempre em movimento. No conto "Obsessão" (1941), que apresenta a triangulação amorosa, a personagem Cristina, convalescente, é enviada pelo marido a uma pensão em BH por dois meses para se recuperar. Lá, isolada do seu mundo em que o "hábito há muito alargara caminhos certos", ela conhece o filósofo Daniel — a barata, no caso —, por quem sente atração. Este conto aborda a louvável instabilidade e mutabilidade da mulher e aponta o poder de resistência contra o mundo instituído — que é exatamente o mapa da mina traçado em *A paixão segundo G.H.*

"De que matéria sou feita onde se entrelaçam mas não se fundem os elementos e a base de mil outras vidas? Sigo todos os caminhos e nenhum deles é ainda o meu. Fui moldada em tantas estátuas e não me imobilizei..."
"Obsessão"

Este esforço por desmontar as construções da civilização está presente em toda a sua obra.

"Cavernas calcárias subterrâneas ruíam sob o peso de camadas arqueológicas estratificadas."
A paixão segundo G.H.

Essa inquietação aparece já nos seus primeiros textos. No conto "História interrompida" (1940), a moça quer casar com um rapaz moreno, triste e alto, cujo principal defeito era sua tendência para a destruição.

"Foi então que pensei aquela coisa terrível: 'Ou eu o destruo ou ele me destruirá.'"
"História interrompida"

O rapaz não quer se casar porque vai perder a sua liberdade. O casamento seria uma forma de se institucionalizar e cair na banalidade. Quando ele percebe que não daria para fugir mais, surpreende a namorada e comete suicídio. A excentricidade indomável, fragmentária e caótica. Já vemos neste conto Clarice defendendo a desorganização, que é um dos temas de *G.H.*

Em 1960, ela lança o livro de contos *Laços de família*, que traz um de seus contos mais conhecidos, "Amor", sobre o qual vamos nos deter porque é quando o bonde sai dos trilhos. É um conto clássico, com começo, meio, clímax e fim. Ana pega o bonde para fazer compras porque vai receber para um jantar em casa.

> "Recostou-se então no banco procurando conforto, num suspiro de meia satisfação."
>
> "Amor"

A narradora utiliza a repetição para afirmar a escolha de vida de Ana, dona de casa e mãe. Mas, como Clarice é terrível, em cada parágrafo, vai minando uma coisinha aqui e outra ali, num contraponto à vida regrada em que ela descobriu que "também sem a felicidade se vivia", com lembranças de quando a vida era mais intensa, como na juventude.

> "Assim ela o quisera e escolhera."
>
> "Amor"

A narradora reafirma e repete a frase, mas o leitor já não acredita mais. Então, do bonde, ela vê o cego mascando chiclete no ponto.

> "Ela apaziguara tão bem a vida, cuidara tanto para que esta não explodisse. (...) E um cego mascando goma despedaçava tudo isso. E através da piedade aparecia a Ana uma vida cheia de náusea doce, até a boca."
>
> "Amor"

Enquanto olha o cego, perdida em seus pensamentos, o bonde dá uma freada brusca e com o sacolejo, os ovos que ela havia comprado se quebram, e as gemas escorrem pelos fios da bolsa de tricô — o que a desestabiliza mais ainda. O bonde segue seu caminho, mas já não adianta mais reagir.

"E como uma estranha música, o mundo recomeçava ao redor. O mal estava feito."

"Amor"

Ana perde o ponto e vai parar no Jardim Botânico. De certa forma, o que ela vive a partir daí é aquilo que Clarice vai desenvolver no quarto da empregada em *A paixão segundo G.H*. No Jardim Botânico, em meio à natureza, Ana encontra uma certa comunhão com tudo que a cerca, completamente desvinculada do que veio antes, é um outro mundo através do espelho da Ana.

"Era um mundo de se comer com os dentes, um mundo com volumosas dálias e tulipas. Os troncos eram percorridos por parasitas folhudas, o abraço era macio, colado. Como a repulsa que precedesse uma entrega — era fascinante, a mulher tinha nojo, e era fascinante. As árvores estavam carregadas, o mundo era tão rico que apodrecia."

"Amor"

Há duas leituras que se pode fazer: uma é a sugestão erótica, e a outra, o paradoxo. Tem vida e morte, beleza e inferno, a fusão do que existe de bom com o que existe de ruim numa moral da natureza, que era outra. Depois desta experiência, Ana volta para casa. Esse conto é como se fosse uma gangorra, que vai tombando para cima e para baixo: de um lado a satisfação, a vida domesticada, o lar, a família; e do outro o subterrâneo, a inquietação, a juventude, da qual ela lembra como se fosse uma doença. É neste vértice que está a figura do paradoxo, em que a personagem atravessa o espelho. Ela vive toda essa experiência de descoberta do mundo e depois volta pra casa. Clarice fala num depoimento sobre o processo de criação deste conto: "A intensidade com que inesperadamente caí, com a personagem, dentro do Jardim Botânico não calculado, e de onde quase não conseguimos sair de tão ensopadas e meio hipnotizadas a ponto de eu ter que fazer a personagem chamar o guarda para abrir os portões já fechados, senão passaríamos a morar ali mesmo até hoje."

O trajeto de Ana é o mesmo de G.H.: para fora de casa e para dentro de casa. Só que, o fora de casa, nesse conto, ganha um estatuto elevado em termos de estruturação narrativa porque ela se detém mais nisso. O que ela desenvolve no conto "Amor" vai virar um romance inteiro poucos anos depois em *A paixão segundo G.H.*

Em *G.H.*, a experiência da intimidade e do enfrentamento do eu é muito forte, exatamente porque tem um luxo figurativo pelo modo como ela conta, e não porque a personagem é exatamente intensa. Isso é a arte da linguagem. Clarice parece querer usar de todas as artes na narrativa. Ela usa o muralismo no desenho que Janair deixou na parede, a fotografia que revela a ausência, a música atonal, a cópia nas artes e design, a arquitetura escravocrata do apartamento, a cartografia da cidade, o ambiente místico e os rituais do Egito com seus sarcófagos, múmias, escrínios e tesouros, a escultura que desgasta a matéria e a arqueologia da nossa civilização enquanto é atingida pelo desabamento gradativo do mundo como ela o conhecia. Ela constrói todo um repertório, que leva o leitor ao ritual do segredo que está escondido no fundo da pirâmide.

Esse é o estágio da barata, é o que interessava a ela: atingir o âmago da coisa e experimentar o ser vivo pulsando. Em G.H., é encontrar em si a mulher que é igual a escultora que é igual a Janair que é igual a barata que é igual ao sumo vital. Eu chamo de um momento de dignificação da igualdade, ou seja, atingir uma certa utopia mesmo da igualdade, onde não há nem preconceito nem discriminação porque todos são iguais enquanto matéria viva pulsando.

E ela experimenta isso através da imanência do próprio ser, e não da transcendência. É exatamente o estar sendo. Por isso o branco do de dentro da barata, que é o branco da página, o branco do silêncio, que dispensa a palavra. As palavras grossas não são mais necessárias. É uma literatura suicida, que vai contra si mesma. O procedimento narrativo é virar do avesso. Esta é sua postura diante da linguagem, seja da arte, seja da vida, percebemos isso até nos pequenos textos, como as dedicatórias.

Outro texto que dialoga com *G.H.*, e é um dos meus favoritos, é "Meio cômico, mas eficaz" (1952). É o embrião do conto "A quinta história" e de *A paixão segundo G.H.* Esse texto é a poética de Clarice. Ela própria desenhava a página, publicado na seção feminina do jornal *Comício*, de Rubem Braga. Então, ela misturava ali um modelo de tailleur, uma receita de bolinha de queijo e uma bula para matar baratas. Vejam o que ela faz conosco, leitores e pobres baratinhas? Ela injeta, na página, textos muito ingênuos, como receita de bolinhas de queijo, mas a isso mistura pitadas de ficção, ou pitadas de gesso para matar baratas, o meio mais eficaz. Ela propõe o endurecimento de dentro para fora, ou seja, a modificação da sua própria intimidade em relação à outra coisa que a gente, às vezes, nem sabe o que é.

"De que modo matar baratas? Deixe todas as noites, nos lugares preferidos desses bichinhos nojentos, a seguinte receita: açúcar, farinha e gesso, misturados em partes iguais. Essa iguaria atrai as baratas que comerão radiantes. Passado algum tempo, insidiosamente, o gesso endurecerá dentro das mesmas, o que lhes causará morte certa. Na manhã seguinte, você encontrará dezenas de baratinhas duras, transformadas em estátuas. Há ainda outros processos. Ponha, por exemplo, terebintina nos lugares frequentados pelas baratas: elas fugirão. Mas para onde? O melhor, como se vê, é mesmo engessá-las em inúmeros monumentozinhos, pois "para onde" pode ser outro aposento da casa, o que não resolve o problema."

"Meio cômico, mas eficaz"

Os psicanalistas adoram esse texto, claro. Ou você enfrenta a barata de uma vez ou não resolve seus problemas, seus fantasmas. Em *A paixão segundo G.H.*, ao olhar para a barata viva e agonizante, G.H. descobre nela sua identidade mais profunda. É como quando Ana vê do bonde o cego mascando goma no conto "Amor". É o contato com alguma coisa que desencadeia o processo de encontro das personagens com alguma coisa que são elas mesmas projetadas no outro. Então é uma antropofagia, não? Porque se ela devora o outro, nós estamos no mito da antropofagia. Mas se o outro sou eu, seria ainda mais radical, seria uma autofagia, em que você está se autodevorando. Absorver o sumo do outro, daquilo que ele representa enquanto vida.

O que G.H. busca durante a experiência do quarto de empregada é atingir a essência da barata e consequentemente a sua própria essência enquanto mulher.

"Quero encontrar em mim a mulher de todas as mulheres."
A paixão segundo G.H.

Há um conto trágico de Clarice, "A fuga" (1940), em que ela narra a história de uma mulher que está casada há doze anos e que, de repente, percebe que não dá mais e sai de casa. Ela quer fugir de navio mas ao chegar ao porto percebe que não tem dinheiro e, então, volta para casa.

"Eu era uma mulher casada. Agora sou uma mulher."
"A fuga"

Esse texto é uma espécie de embrião do que Clarice vai desenvolver em *A paixão segundo G.H.*, no qual ela aumenta a dimensão do ser mulher por desejar ser a espécie arcaica mulher.

"Os desejos são fantasmas que se diluem mal se acende a lâmpada do bom senso. Por que é que os maridos são o bom senso?"
"A fuga"

Quando falamos do feminino, é preciso considerar que as questões ligadas ao prazer sempre foram punidas, ou seja, foram consideradas o imundo do mundo, o feio, o sujo. Ainda continua sendo, embora já tenha sido pior, especialmente no final dos anos 1950. Para o homem a autodescoberta sexual é muito mais natural e muito mais bem-vista. A transgressão desse romance também no mergulho que esta personagem faz numa busca de si mesma e, portanto, me parece impossível que a sexualidade possa ser evitada. E há trechos com imagens muito fortes como um complemento nessa busca desse autoconhecimento. Se formos pensar, não existe uma cena de relação sexual na obra de Clarice, mas existem muitas cenas de relação sexual figurada. Tudo depende de como você leitor lê e sente. É como no conto "O búfalo". Clarice fala intensamente através da figuração.

Além disso, o próprio processo da escrita também é rico em eroticidade. O leitor sente que quando ela atravessa esses universos sensoriais existe uma libido, digamos, estética também sendo experimentada. Clarice tem esse poder de mexer com as nossas entranhas. A autora não está fazendo tudo aquilo de forma seca, há um êxtase literário também, um delírio orgástico, do sagrado com o profano, da luz com a sombra, de um atrito erótico que não é neutro. Ela constrói todo um repertório que são os grafismos imaginários com forte conotação erótica.

Depois de tensionar ao máximo a narrativa em G.H., Clarice ainda cria ao final do romance uma frase muito feliz sobre esse estágio último da matéria viva pulsando, que é o que a personagem alcança. Ao dizer "a vida se me é", ela vai além do conceito de que G.H. vive intensamente. É muito mais amplo: se me é você, se me é o búfalo, se me é o cego, se me é Janair, se me é a barata. Todo mundo é igual. Essa igualdade tem um peso crucial na questão de classe no Brasil dos anos 1960, da dona da cobertura G.H. versus a empregada doméstica, um embate que vai desmanchando a protagonista e revelando a ela esta utopia da igualdade. Clarice sempre foi muito sensível às desigualdades sociais, desde seu primeiro texto na faculdade de Direito, em que ela questionava o direito de punir o outro.

"A vida se me é. E eu não entendo o que digo. Então, eu adoro."
A paixão segundo G.H.

Eu já li esse romance umas cinquenta vezes, e a cada vez tenho uma reação diferente, há sempre algo novo. A qualidade da literatura está na potencialidade que ela tem de suscitar várias leituras. Isso acontece exatamente pelo que chamo de luxo figurativo, o grafismo imaginário e as desfigurações da intimidade. Esta é a capacidade da literatura. Não se trata do que ela conta, mas do modo como ela conta e do modo como ela atinge cada um de nós.

A leitura também é criação. Clarice escreveu que "a criação não é uma compreensão, é um novo mistério". Cada leitor cria a sua obra ao ler o livro do outro. Então, nem tudo é compreensão. O leitor bom é aquele que está pronto para o que der e vier, é o que se livra das defesas e se deixa levar pelo mistério.

"Sinto que já cheguei quase à liberdade. A ponto de não precisar mais escrever. Se eu pudesse, deixava meu lugar nesta página em branco: cheio do maior silêncio. E cada um que olhasse o espaço em branco o encheria com seus próprios desejos."
A descoberta do mundo

O perigo de estar vivo

Yudith Rosenbaum*

"Já que se há de escrever que ao menos não se esmaguem com palavras as entrelinhas."

C. L.

Impossibilidade, fracasso, falta, silêncio, intervalo, entrelinhas. Clarice Lispector é a escritora das categorias negativas como modo de se aproximar de uma realidade inatingível, uma autora que trabalha justamente no campo semântico da escuridão, do nada e do vazio, como se estas fossem as condições em que certas coisas podem ser reveladas.

Quando surgiu, nos anos 1940, junto com Guimarães Rosa, Clarice representou um choque em relação ao que se fazia na época. Ela se lança na literatura com *Perto do coração selvagem*, em 1943, e ele com *Sagarana*, em 1946. Dois autores radicais na literatura brasileira que rompem com o romance neoregionalista, que dominava o panorama da época, ao lado de uma face oposta a esta, o romance introspectivo ou de sondagem interior. Mas qual é o assunto de Clarice? A linguagem. A experiência estética foi posta em primeiro plano com uma linguagem disruptiva, fragmentária e não linear. Embora sejam muito diferentes, ela e Guimarães Rosa inovaram de modo revolucionário na forma de dizer uma realidade de difícil apreensão, seja a do sertão mineiro em Rosa, seja a de outros sertões insondáveis em Clarice — em ambos, a linguagem se tornou mais importante que propriamente o tema, como disse Antonio Candido sobre *A paixão segundo G.H.* no ensaio "No começo era de fato o verbo".

A obra de Clarice trata da repercussão e da ressonância das coisas na subjetividade e em sua relação com o mundo. Diante das coisas, mesmo as mais banais, a única atitude possível é o assombro, o espanto, a surpresa. A linguagem jamais estará à altura de qualquer coisa que se busque expressar com palavras: um ovo em cima da mesa, uma barata, um cego mascando chiclete no ponto do bonde.

Para Clarice, tudo é uma grande aparição e gera uma reação de estranhamento diante do mundo, mesmo, ou sobretudo, o mais prosaico e cotidiano acontecimento. Tudo se mostra muito maior do que a capacidade de representação do real, sempre da ordem do inominável. Isso é verdadeiro para qualquer escritor moderno, mas no caso de Clarice se tornou um tópico explícito, isso está dito na obra, está assumido como um grande impasse, um dilema. Há uma consciência profunda desse dizer impossível. Clarice está diante de algo que a inquieta e lhe ameaça, mas seu instrumento, a palavra, está aquém das coisas, sendo justamente essa impossibilidade o que movimenta a obra na direção de dizer insistentemente o mundo. Se houvesse coincidência entre o ser e a palavra haveria a nudez total, talvez o alvo final da sua linguagem — e também o seu esgotamento.

Este é um traço que volta em toda obra: a ideia de que a palavra vive uma insuficiência na sua capacidade de representar as coisas. Portanto, o escritor é impelido a escrever continuamente, já que as coisas não vão se esgotar jamais nos signos. A palavra diz o mundo, mas também dele se distancia, e é para superar essa distância inevitável que Clarice escreve. Por isso, escrever é um fracasso, mas é desse fracasso que nasce o texto.

> "Eu tenho à medida que designo — e este é o esplendor de se ter uma linguagem. Mas eu tenho muito mais à medida que não consigo designar. (...) O indizível só me poderá ser dado através do fracasso de minha linguagem. Só quando falha a construção, é que obtenho o que ela não conseguiu."
>
> *A paixão segundo G.H.*

Por não poder dizer tudo, sua escrita sempre será parcial, fragmentária, descontínua, mas infinita. Por isso ela excede em hipérboles e repetições — porque a tal "coisa" que se procura é impenetrável, demandando procedimentos diversos e mais um texto a cada fracasso. Uma forma curiosa de Clarice enfrentar o impasse dessa busca é se autoplagiar. Ela publicava um trecho de um conto ou romance como crônica no *Jornal do Brasil* e vice-versa. Ela se repete até para se conhecer, porque os mesmos textos publicados em veículos diferentes adquirem outra configuração, são lidos pelo leitor e por ela mesma de modos diferentes. E assim ela vai nos mostrando que as coisas se desdobram, se duplicam, se multiplicam. O mesmo pode ser outro mudando-se o ponto de vista.

> "Escrever é uma maldição, mas uma maldição que salva."
>
> *A descoberta do mundo*

Acredito que a potência da escrita de Clarice está no modo como ela se especializou em flagrar os momentos nos quais o sistema construído a duras penas pela história humana desmorona. O que chamo de sistema construído pode ser: a cultura, a família, a maternidade, o casamento, o papel social... Pode ser o que for que tenhamos montado como engrenagem ou modo de operar no mundo e ao qual desejamos pertencer. Nos enredos de Clarice, é frequente uma personagem inicialmente satisfeita consigo mesma, numa acomodação mais ou menos estável, sentir tudo desmoronar no parágrafo seguinte. Tudo que é (ou aparenta) ser sólido, em Clarice, desmancha no ar. Frágeis personalidades se descobrem diversas do que pensavam, bastando para isso uma pequena pausa no automatismo da vida.

"Trata-se de uma situação simples, um fato a contar a esquecer. Mas se alguém comete a imprudência de parar um instante a mais do que deveria, um pé afunda dentro e fica-se comprometido."

"Os obedientes"

Por mais que sua escrita trabalhe no sentido de revelar o aprisionamento dos laços sociais e familiares, flagrando as personagens no momento em que vivenciam a expulsão de seus lugares habituais internos ou externos, Clarice mostra que há um forte desejo de pertencer a um núcleo seguro e estável. Essa é uma vertente muito importante de sua obra. Quando uma personagem vive a desmontagem de sua forma humana — como G.H. —, existe ali o desejo urgente de voltar a ser uma pessoa reconhecível, de encontrar um lugar, um refúgio. Há um anseio profundo no ser humano de se vincular a um grupo de pertinência identificatória e de fazer parte do abrigo social e afetivo. É paradoxal mesmo: quando o sujeito está dentro do sistema, ele deseja sair; quando se vê fora, busca retornar — percebemos em Clarice esse duplo movimento. E acho que somos isso, afinal: desejamos estar perto e sentir o chão sob os pés, mas ao mesmo tempo gritamos por socorro para sairmos deste lugar que nos constrange, nos limita.

"Tenho certeza de que no berço minha primeira vontade foi a de pertencer. (...) Se no berço experimentei essa fome humana, ela continua a me acompanhar pela vida afora, como se fosse um destino. A ponto de meu coração se contrair de inveja e desejo quando vejo uma freira: ela pertence a Deus."

"Pertencer"

Clarice desconstrói tudo para fazer contato com algo esquivo e sem definição, ao mesmo tempo íntimo e estranho, e que habitaria o cerne de nossa existência em relação com o mundo. Ela nos mostra que é muito fácil tudo desmoronar enquanto nós, seres da civilização, construímos nosso habitat com tanto sacrifício e renúncia. O preço que se paga pelo processo civilizacional é imenso. Construímos paredes e limites, damos contorno a essa matéria viva, presente e inalcançável... Mas Clarice é terrível, nada fica de pé com ela... Ao mesmo tempo que ela quer pertencer — assim mesmo, sem objeto específico, simplesmente pertencer — e se hospedar no mundo, sabe que há um preço a ser pago em nome dessa segurança. Freud escreveu isso no ensaio "Mal-estar da cultura" (1930): trocamos uma parte da nossa felicidade por segurança.

"Se eu tivesse que dar um título à minha vida seria: à procura da própria coisa."

Para não esquecer

Para Clarice, a obra precisa estabelecer contato com o leitor, mais do que ser compreendida. Ler seus textos não exige exatamente inteligência, mas entrega. Clarice rejeita categorias explicativas, racionais, certezas e sobretudo a crítica especializada. Também a personagem principal de *A paixão segundo G.H.* precisará perder suas muletas de compreensão formatada e racional sobre si e sobre os outros, desfazendo sua forma de pensar e agir no mundo. Portanto, a personagem enfrenta a aprendizagem do desaprender, um processo de despersonalização do que ela é como pessoa. Esse romance propõe em seu percurso uma sequência de "des": a deseroização (ou seja, não buscar o heroísmo como meta), a dessubjetivação — atravessando o avesso da personagem coerente, centrada em si mesma, egóica —, desapego da "terceira perna" que nos impede de andar e, por fim, desistência como renúncia ao que é muito mais acréscimo do que a matéria primeira da vida. Logo, Clarice faz implodir nesse romance todo o conjunto dos valores burgueses — e não só — compartilhados pela sociedade. Este é o desafio a que G.H. se propõe, sem tê-lo buscado, mas nele se achado ao entrar no quarto de sua empregada Janair.

O fluxo e a interrupção são figuras simultâneas na obra de Clarice. Muitas vezes o leitor sente que ela começa uma história pelo meio, *in medias res* como nos enredos épicos. Ao mesmo tempo que a autora isola um momento, um instante retirado do fluxo, como no gênero lírico, ela faz questão de deixar claro que algo se deu antes e que algo vai continuar depois. Em *A paixão segundo G.H.* isso está sinalizado, inclusive, de uma maneira gráfica: o romance começa com seis travessões e termina com seis travessões. Ruptura ou continuidade? Os dois, talvez. Algo novo surge, interrompendo um processo contínuo e automático que, no entanto, não cessa de estar ali como um fundo a ser silenciado para que surja outra modalidade de existência. Sair da vida que existia antes para entrar na Vida maiúscula.

"- - - - - - estou procurando, estou procurando. Estou tentando entender. Tentando dar a alguém o que vivi e não sei a quem, mas não quero ficar com o que vivi. Não sei o que fazer do que vivi, tenho medo dessa desorganização profunda. Não confio no que me aconteceu."

A paixão segundo G.H.

G.H. renasce de sua experiência com a barata. Se não fosse assim, essa narradora em primeira pessoa nem poderia nos contar o que aconteceu horas antes de sua narração. Ela só pode narrar porque voltou para algum lugar viável, com seus contornos e limites. Ela quer mergulhar nesta matéria da massa branca da barata, que a atrai e com a qual é impelida a comungar como uma hóstia sagrada, mas precisa retornar profanamente à sua vida diária. Só assim, transformada e recolocada no seu cotidiano, G.H. pode narrar o seu périplo em torno do quarto da empregada Janair, personagem importantíssima por representar uma alteridade radical de classe social em relação a G.H. em sua elegante cobertura. É Janair, com sua inscrição rupestre na parede do quarto, que lança G.H. em uma viagem abismal na direção de um encontro igual e desigual entre diferenças, agora de espécies: ela e a barata.

"Havia anos que eu só tinha sido julgada pelos meus pares e pelo meu próprio ambiente que eram, em suma, feitos de mim mesma e para mim mesma. Janair era a primeira pessoa realmente exterior de cujo olhar eu tomava consciência."

A paixão segundo G.H.

A todo momento, Clarice perturba seu leitor invertendo as categorias filosóficas, psicológicas e gramaticais entre sujeito e objeto. No romance, ela faz isso pela reflexividade do olhar que mira a barata. Quem olha? A barata olha G.H.? G.H. olha a barata? Confrontam-se um eu e um outro, estranham-se, identificam-se, espelham-se, colocando em jogo a vivência do fenômeno do duplo na literatura. G.H. se reconhece na barata e nela se reflete.

G.H. corre o risco de perder as fronteiras que a protegem da dissolução. Isso é amedrontador, porque o movimento maior do romance me parece regressivo, caminhando para trás quando quer avançar — e a repetição da frase que fecha um capítulo na abertura do próximo mostra essa hesitação em avançar. Há uma voragem que faz G.H. perder a forma constituída de pessoa adulta civilizada, colocando em questão o estatuto da cultura e da sociedade humana construída.

Nesse sentido, penso que G.H. faz o percurso inverso ao de Ulisses na *Odisseia*, de Homero. O herói grego está tentando voltar para Ítaca, um lugar civilizado, espaço de reencontro com a esposa, com a família, com sua terra conhecida. Para isso, ele tem que resistir a todos os apelos de se fundir com a natureza arcaica — sereias, flor de Lótus, Circe. G.H. faz o inverso. É como se ela saísse de Ítaca ao adentrar a passagem ritualística e estreita do quarto da empregada Janair para mergulhar justamente na perda de todo seu contorno como ser humano.

A personagem vai dar as costas para a construção da civilização ocidental e negar-lhe todos os valores. G.H. vai desmontar um por um todos os preceitos da moralidade, da sexualidade, da ordem instituída e vai comungar com o sujo, o abjeto, o imundo, o potente disforme, o magma primordial. Ao contrário de Ulisses, que fez um percurso moralizante e egóico para ser o herói da nossa história ocidental, G.H. vai se deseroizar.

Se Ulisses representa a afirmação do *logos*, a racionalidade instrumental, o saber cientifico, industrial e tecnológico, como mostrou Adorno e Horkheimer no ensaio *Dialética do esclarecimento*, G.H. simboliza a volta à argila. Em sua saga, G.H. mergulha em direção às camadas arqueológicas perdidas, desconstruindo o sujeito moderno. Há de se perder na mistura do mundo para se achar como parte constitutiva da tessitura viva das coisas. Talvez preservando uma microdistância, um sopro de intervalo entre o eu e o outro, seja ele qual for, como antídoto à loucura.

Olhando mais de perto a matéria verbal de Clarice, não só em *G.H.* mas em toda sua obra, é curioso como seu vocabulário traz inovações semânticas inusitadas para, justamente, tentar acompanhar o paroxismo da experiência de seus enredos. Por exemplo, ao acoplar substantivos e adjetivos que em princípio não estariam juntos: "alegria difícil", "horrível mal-estar feliz", "felicidade insuportável". Clarice não interfere no significante ou na materialidade da palavra, como Guimarães Rosa, mas cria novas realidades a partir dessas junções insólitas no plano da sintaxe e da semântica. Também ela se revela uma G.H. da linguagem, rompendo estruturas acomodadas da língua e enfrentando a estranheza de desconstruções linguísticas.

Há um pequeno texto, de gênero híbrido entre conto e crônica, em que Clarice também explora figurações do informe, de algo tão primário como a massa branca no romance de G.H. É o texto "A geleia viva como placenta", que revela a mesma obsessão com essa matéria sem forma e que vai reaparecer de tempos em tempos na obra da autora com muita força, ganhando a expressão "o de-dentro" da barata em *A paixão segundo G.H.* e no conto "A quinta história", do livro *A legião estrangeira*, do mesmo ano do romance, 1964.

"Este sonho foi de uma assombração triste. Começa como pelo meio. Havia uma geleia que estava viva. Quais eram os sentimentos da geleia. O silêncio. Viva e silenciosa, a geleia arrastava-se com dificuldade pela mesa, descendo, subindo, vagarosa, sem se derramar. Quem pegava nela? Ninguém tinha coragem. Quando a olhei, nela vi espelhado meu próprio rosto mexendo-se lento na sua vida. Minha deformação essencial."

"A geleia viva como placenta"

Nesse texto, a narradora em primeira pessoa relata um pesadelo e usa repetidamente a palavra "vivo" e suas variações, atribuindo um caráter humanizador à geleia primordial. Ocorre o mesmo com a barata em *A paixão segundo G.H.* G.H. se percebe uma barata, enquanto a barata é vista e tratada como humana. As imagens de substâncias líquidas, moles, voláteis e viscosas se espalham pela obra de Clarice: o ovo que quebra e derrama sua gema no conto "Amor", do livro *Laços de família*; ou o "radium" sobre o qual tudo se assenta e pode explodir, na crônica "Mineirinho", entre outros exemplos.

No pesadelo de "A geleia viva como placenta", a personagem se vê refletida na geleia toda disforme, e como um Narciso Primitivo que se espelha em algo sem forma ordenada, meio monstruoso, reconhece na geleia seu duplo, o espelho deformante.

"Lançada no horror, quis fugir da minha semelhante — da geleia primária."

"A geleia viva como placenta"

A literatura mundial, sobretudo a romântica, está repleta de textos que abordam os duplos. E nessa tradição literária é comum a trama caminhar para o momento que a protagonista assassina o seu outro, o duplo, ou se suicida. Mas ninguém foi tão radical quanto Clarice, porque ela propõe um duplo que se desfaz, que vai mudando a cada segundo e nunca está igual a si mesmo, como nesse texto "A geleia viva como placenta". Daniela Kahn, em *A via crucis do outro*, vai mais longe: "'A geleia viva como placenta' atualiza a imagem uterina do feto mergulhado no líquido amniótico circundado pela placenta."

A personagem parece não suportar a força disso que está intensamente vivo; ela se dá conta de que ela também é tão viva quanto o seu duplo-geleia. Observem que tudo o que se condensa aqui vai se desdobrar depois em várias etapas no romance *A paixão segundo G.H.* A personagem do conto, então, sobe para o terraço, prestes a se suicidar, mas antes de se jogar ela resolve pintar os lábios — numa atitude inesperada que evoca a condição feminina ao recompor sua imagem antes do desenlace final. E então a protagonista percebe que o batom também é mole e vivo. Assustada, já com as pernas para fora do balcão, depara-se com a força viva do escuro e dos modos de ver e ser vista pela escuridão — a mesma reflexividade do olhar, como vimos na relação entre a barata e G.H., em que sujeito e objeto intercambiam posições.

"Quando já estava com as pernas para fora do balcão, foi que vi os olhos do escuro. Não 'olhos no escuro': mas os olhos do escuro. O escuro me espiava com dois olhos grandes, separados. A escuridão, pois, também era viva. Aonde encontraria eu a morte? A morte era geleia viva. Vivo estava tudo. Tudo é vivo, primário, lento, tudo é primariamente imortal."

"A geleia viva como placenta"

Sozinha, a narradora consegue se acordar como se ela se puxasse pelos cabelos, tentando escapar dessa geleia, diante da qual ela sente repulsa. Ela abre os olhos como uma recém-nascida. E ela só pode narrar porque voltou para algum lugar, com contornos delimitáveis. Clarice vai acrescentar uma dimensão mais erótica em *A paixão segundo G.H.* Há uma entrega e uma atração sensualizada por este mundo vivo e intenso, ao mesmo tempo neutro, sem valoração positiva ou negativa, muito próximo analogicamente do conceito psicanalítico da pulsão. É uma força que pede descarga sem repouso, sendo rebelde a qualquer representação simbólica.

Em Clarice, tudo se revela, para além ou aquém de suas aparências, um campo de intensidades que mobilizam os seres em sua primariedade. Este é o encanto e a perdição que coexistem em sua obra. Quando se alcança esse momento de uma proximidade perigosa com o ser das coisas e se desfaz a nebulosa que ocultava a manifestação do ser, algo se revela, desnuda-se e se descortina — instante muitas vezes chamado pela crítica de "epifania" ou estado de graça —, ocorrendo a consciência de que cada ente (bicho, gente, objeto, planta) é feito de uma mesma matéria, o plasma que a todos perpassa. Ao mesmo tempo que isso é fascinante, porque você se irmana no gozo de uma grande fusão geral, também é terrível, inclusive pondo em xeque o limite da sanidade. G.H. consegue chegar muito perto da percepção de que tudo se conecta em um universo de correspondências. É uma claridade ofuscante, cegante, difícil até para o leitor acompanhar.

"Mas por que não ficar dentro, sem tentar atravessar até a margem oposta? Ficar dentro da coisa é a loucura. (...) E eu não quero perder a minha humanidade! ah, perdê-la dói, meu amor, como largar um corpo ainda vivo e que se recusa a morrer."

A paixão segundo G.H.

O sentido humano em seu registro simbólico, diria Lacan, é o que nos propicia habitar este mundo sem enlouquecer. Fora desses anteparos, somos geleia, matéria viva, carne infinita, e ninguém pode viver assim. Não é possível permanecer em estados que são apenas liminares e de passagem. Nós temos de possuir uma "alma diária" — expressão do conto "Devaneio e embriaguez duma rapariga" —, mesmo que ela seja quebrada de tempos em tempos por uma barata ou uma geleia ou por um cego mascando chicletes. Ou ainda por um rato na Avenida Nossa Senhora de Copacabana, como se vê na crônica "Perdoando Deus": quem narra está caminhando muito satisfeita pelas calçadas, se sentindo "mãe da Terra", até quase pisar num rato e... pronto, toda harmonia até então predominante é rompida, e o que era segurança, conforto, refúgio desaba.

O rato de "Perdoando Deus" cumpre a mesma função da barata em *A paixão segundo G.H.*, do cego no ponto do bonde no conto "Amor" e das rosas no vaso para a personagem Laura de "A imitação da rosa". São "aparições" domésticas que vão nos relembrar aquilo que fizemos calar para apaziguar nossas aflições. E com isso dormirmos um sono tranquilo, sem desejo e sem conflito.

"O hábito tem-lhe amortecido as quedas. Mas sentindo menos dor, perdeu a vantagem da dor como aviso e sintoma. Hoje em dia vive incomparavelmente mais sereno, porém em grande perigo de vida: pode estar a um passo de estar morrendo, a um passo de já ter morrido, e sem o benefício de seu próprio aviso prévio."

"Não sentir"

Segundo a biógrafa e crítica Nádia Battella Gotlib, as narrativas de Clarice poderiam ser lidas a partir de três planos recorrentes que se interpenetram nos textos: o da fábula, o erótico e o metalinguístico. O primeiro traz o plano manifesto da estória, que muitas vezes é uma cena doméstica, uma historinha banal, mas que em Clarice pode ganhar a dimensão gigantesca de uma hecatombe nuclear ou ser comparada à catástrofe de Pompeia. Isso porque ela olha tudo em seus detalhes, com uma espécie de olhar míope de quem se confina em um ambiente em que tudo ganha enorme ampliação, segundo a crítica Gilda de Mello e Sousa. Em *A paixão segundo G.H.* esta mirada está muito presente e revela a condição da mulher na casa e seu perambular à espera de que algo aconteça.

A segunda face revela a presença de uma excitação sexual, uma descoberta do corpo e do prazer que provoca. E a terceira face mostra a autora comentando as artimanhas do ato de escrever, as dificuldades e vicissitudes da escrita. Seriam três níveis textuais num só, em que a fábula pode encobrir e revelar os outros dois.

Ao contrário de alguns contos de Clarice já mencionados, como "A quinta história" e "Amor", G.H. não foge para uma condição de distância daquilo que viveu. Tanto é verdade que ela chega a ver os cílios do inseto repugnante.

> "A barata é pura sedução. Cílios, cílios pestanejando que chamam."
>
> *A paixão segundo G.H.*

G.H. vai chegando mais perto, mais perto, mais perto da barata e percebe, não sem náusea, que a barata era ela mesma. Mas o que nela ou dela? O seu lado inumano, "a parte coisa da gente", como diz G.H., o "it" de onde tudo é gerado. Os nomes desse magma vital são muitos ao longo da narrativa: "inferno de vida crua", "a mais primária vida divina", "calmo horror vivo". E ao perceber tal espelhamento, ela aceita a descoberta que se coloca diante de si. Ela até tenta se esquivar, mas segue adiante porque sabe que aquela convocação é o chamado da Vida, e ela quer senti-la, perigosa e arriscadamente. *G.H.* avança onde "A quinta história" se interrompe.

> "De minha fria altura de gente olho a derrocada do mundo."
>
> "A quinta história"

"Escuta, diante da barata viva, a pior descoberta foi a de que o mundo não é humano, e de que não somos humanos. Não, não te assustes! certamente o que me havia salvo até aquele momento da vida sentimentizada de que eu vivia, é que o inumano é o melhor nosso, é a coisa, a parte coisa da gente."
A paixão segundo G.H.

Antes de ser fisgada e atraída pelo inseto, G.H. fechará a porta do armário para esmagar a barata, o que consegue apenas parcialmente. Esse movimento, na obra de Clarice, de abafar, engessar, envenenar, endurecer, matar e destruir o núcleo incômodo em nome da constituição de um sujeito cultural dialoga muito com a psicanálise. Freud chamou de *das unheimliche* — o estranho, o infamiliar, a inquietante estranheza — o efeito insólito de mal-estar com o retorno do que deveria ficar recalcado. O sujeito que preza a si mesmo, que tem como primeira regra para se constituir adorar-se como imagem, encontra nos textos de Clarice espelhos deformantes, quebrados. Ela nos desconcerta, devolvendo-nos imagens avessas ao nosso narcisismo. Então somos também baratas?

Em *A paixão segundo G.H.*, Clarice adentra o campo do grotesco, o avesso da beleza, da beleza harmônica, da beleza clássica. Ela tem essa predileção pelas formas desfeitas e mal-acabadas ou pelas formas não canônicas da cultura. É uma concepção da literatura como lugar também do feio, do inaceitável, do marginal, do rejeitado, forçando limites antiestéticos.

G.H. tem medo e fascínio por mergulhar nessa massa branca sem nome. A personagem é uma escultora, ou seja, uma artista que dá forma à matéria bruta. Ela sai do conforto do seu living e vai tentar organizar o quarto, mas ao fazer isso é ela quem se desorganiza, pois encontra o imundo e tudo o que sempre negou em si mesma.

"Quem sabe me aconteceu apenas uma lenta e grande dissolução? E que minha luta contra essa desintegração está sendo esta: a de tentar agora dar-lhe uma forma? Uma forma contorna o caos, uma forma dá construção à substância amorfa - a visão de uma carne infinita é a visão dos loucos, mas se eu cortar a carne em pedaços e distribuí-los pelos dias e pelas fomes - então ela não será mais a perdição e a loucura: será de novo a vida humanizada."

A paixão segundo G.H.

Nesse romance, temos um cruel embate entre a loucura e a sanidade, entre a pulsão e a civilização. Tudo está condensado nessa imagem de uma carne amorfa infinita. Mas se você contornar, agrupar, delinear, cortar, dividir o infindável, você tem a vida humanizada. Podemos até falar em termos psicanalíticos: o corte e o limite figuram o recalque inevitável para humanizar e sedimentar a vida em chão conhecido.

"O inferno, porque o mundo não me tinha mais sentido humano, e o homem não tinha mais sentido humano. E sem essa humanização e sem a sentimentação do mundo — eu me apavoro."

A paixão segundo G.H.

A humanização supõe a vivência dolorosa e fundamental da castração da onipotência, que implica a renúncia ao prazer pleno. E todas estas metáforas que lemos no romance (como a "sentimentação") estão ligadas às formas de domesticação, controle e repressão que nos distanciam da crueza dessa lama viva.

"Não sei como desenhar o menino. Sei que é impossível desenhá-lo a carvão, pois até o bico-de-pena mancha o papel além da finíssima linha de extrema atualidade em que ele vive. Um dia o domesticaremos em humano, e poderemos desenhá-lo. Pois assim fizemos conosco e com Deus."

"Menino a bico de pena"

Narrar e escrever (e por que não desenhar?) são formas de tentar contornar o caos, uma tábua de salvação da perdição e da loucura. Sem a escrita, G.H. estaria entregue à desintegração de si. A escrita é um momento de retomada, de dar a forma, recuperar o invólucro que a protagonista perdeu na sua inusitada travessia, mas agora renovada por uma consciência inusitada. O trajeto lembra uma análise, em que o leitor faz o papel de um interlocutor que oferece à narradora a mão cúmplice — a leitura? — para com-formar sua experiência, ajudar G.H. a se desmisturar de seu mergulho no caos.

Essa visão infinita da loucura, sem corte, sem limite é assustadora. Os códigos, as crenças, os valores e a linguagem tentam dar conta desse excesso que é da ordem da pulsão, mas é sempre por um triz que o ser pode extravasar seu "de-dentro", rompendo sua capacidade significante em relação às coisas. Não há convenções, modelos, padrões, defesas, por mais consistentes que sejam, capazes de bloquear inteiramente a emergência do que silenciamos ou deixamos de vivenciar. A vida é periclitante, diria Clarice no conto "Amor".

Há um excesso pulsional em *A paixão segundo G.H.* Basta uma barata para trazer à tona todo esse mundo corporal, físico, erótico, carnal e imaginário. Ao mesmo tempo, como vimos, a personagem mostra um movimento contrário ao da entrega ao desconhecido: ela também precisa e quer se proteger disso tudo, tampar o que ousa escapar da norma, da fôrma. Não dá para separar a casca da gema. E a cada momento em que se quebra esse invólucro, temos que reinventar o mundo e a nós mesmos.

> "O grande castigo neutro da vida geral é que ela de repente pode solapar uma vida; se não lhe for dada a força dela mesma, então ela rebenta como um dique rebenta — e vem pura, sem mistura nenhuma: puramente neutra. Aí estava o grande perigo: quando essa parte neutra de coisa não embebe uma vida pessoal, a vida vem toda puramente neutra."
> *A paixão segundo G.H.*

G.H. quer experimentar um estado de pré-subjetivação, como se fosse possível tocar nesse tempo zero, antes de nos tornarmos sujeitos formatados para a vida comum. Como seria o sabor de potência sem tornar-se nada, sem configuração, pura vitalidade, pura pulsão? "O amor é a nostalgia de casa", diz Freud. A nostalgia dessas origens, de onde todos nós fomos afastados e das quais guardamos uma memória plenamente sensorial ou corporal, nos acompanha em sonhos, fantasias e fantasmas. Esse retorno absoluto, porém, só pode se dar como ficção. Fora dela, é miragem e impossibilidade, já que somos seres de linguagem e não existimos como exterioridade aos signos que nos definem e significam nosso mundo.

"A vida se vingava de mim, e a vingança consistia apenas em voltar, nada mais. Todo caso de loucura é que alguma coisa voltou. — Os possessos, eles não são possuídos pelo que vem, mas pelo que volta. Às vezes a vida volta. Se em mim tudo se quebrava à passagem da força, não é porque a função desta era a de quebrar: ela só precisava enfim passar pois já se tornara caudalosa demais para poder se conter ou contornar - ao passar ela cobria tudo. E depois, como após um dilúvio, sobrenadavam um armário, uma pessoa, uma janela solta, três maletas. E isso me parecia o inferno, essa destruição de camadas e camadas arqueológicas humanas."

A paixão segundo G.H.

O mito bíblico da queda ronda G.H. — aliás, todo o relato está atravessado por enunciados religiosos, não só cristãos, mas judaicos e também referentes às religiões africanas, acenando para um sincretismo que quer abarcar toda a vida das origens.

O processo pelo qual passa G.H. poderia mimetizar o descascamento das camadas da barata. Cada casca vai sendo retirada até se aproximar ao máximo do núcleo vivo neutro e impessoal. Esse é o tema clariceano do início ao fim de sua obra: tocar essa vida que está sempre querendo dar seu grito, ultrapassar aquilo que é o nosso invólucro, nossa "embalagem", nossas máscaras. No entanto, nunca se atinge o alvo, e uma nova máscara surge quando se pensava poder saborear a essência. Até a metafísica é desmontada em *A paixão segundo G.H.*

E quando G.H., depois de narrar quase tudo, está prestes a provar da massa branca na boca, obviamente, ela... não vai narrar. No ápice da narrativa, ela silencia a narração. Ela não conta, ausentando-se na vertigem. O clímax fica suspenso e sem palavras.

"Então avancei. Minha alegria e minha vergonha foi ao acordar do desmaio."

A paixão segundo G.H.

A personagem precisou de algum modo se apagar, não saber. Mas algo nela estava denunciando que o encontro vertiginoso deixou marcas. G.H. tem medo de sentir na boca vestígios da massa branca. No entanto, isto não pode ter lugar na consciência. E aí reside a lucidez de Clarice: o que foi vivido na mudez de um transe orgíaco e antropofágico, caso seja plenamente assimilado pela consciência e pela letra, deixa de ser o que é. G.H. não pode contar porque se ela colocar palavras, estará falseando sua hora e vez. As palavras são acréscimos, ainda que sem elas o real seja insuportável. Dizer o viver será perdê-lo?

"Não saber — era assim então que o mais profundo acontecia? alguma coisa teria sempre, sempre, que estar aparentemente morta para que o vivo se processasse? eu tivera que não saber que estava viva? O segredo de jamais se escapar da vida maior era o de viver como um sonâmbulo?"

A paixão segundo G.H.

Ao silenciar o relance final, G.H. deixa para a imaginação do leitor a construção de um saber novo, amplo e expandido, sem o limite discursivo.

"A vida se me é e eu não entendo o que digo. E então adoro. - - - - - -"

A paixão segundo G.H.

A frase final do livro que reúne a primeira pessoa (me) e a terceira (se) consagra identidade e alteridade em uma inédita equação igualitária. Dois sujeitos de espécies diferentes, na máxima absolutização de uma mulher e um inseto — encontram-se e buscam intercambiar lugares como modos de se conhecerem, mas não podem ultrapassar as barreiras que os separam. "A-dor-ar" talvez implique, como quer o centro do verbo, sentir na dor da passagem do um ao outro, e vice-versa, a sensível e radical adoração como experiência de reciprocidade. Ser com o outro, sem deixar de ser a si mesmo.

* **Yudith Rosenbaum** é professora de Literatura Brasileira da USP, doutora na mesma universidade e autora dos livros *Manuel Bandeira: Uma poesia da ausência* (Edusp/Imago) e *Metamorfoses do mal: Uma leitura de Clarice Lispector* (Edusp/Fapesp), entre outros.

Um romance altamente transgressor

*José Miguel Wisnik**
(Anotações da palestra por Melina Dalboni)

"Outro sinal de se estar em caminho certo é o de não ficar aflita por não entender; a atitude deve ser: não se perde por esperar, não se perde por não entender."

C. L.

"Desista, a luta é desigual." Esta frase foi dita por Clarice Lispector a uma estudante, quando alguns alunos meus do curso de Letras da Universidade de São Paulo criaram uma revista literária e tiveram a feliz ideia de fazer uma entrevista com ela para o primeiro número. Eles conseguiram o contato, marcaram a entrevista e foram todos para o Rio de Janeiro. Quando chegaram ao apartamento dela, no Leme, ficaram desconcertados por não terem encontrado uma esfinge fazendo pose de escritora, postada já de perfil para a história da literatura. Era apenas uma mulher e seu cachorro.

Os alunos não sabiam como fazer a abordagem para a primeira pergunta da entrevista até que, a certa altura, desceram todos para almoçar num restaurante. Esta estudante pediu inadvertidamente um frango — como se nunca tivesse lido os contos "Uma galinha" ou "O jantar". Com o prato já servido, a jovem tentava inutilmente dominar com garfo e faca o frango, que lhe escapava porque a jovem se sentia sob o olhar de lince daquela mulher voltado para sua alma. Foi quando Clarice Lispector disse então: "Desista, a luta é desigual." E a frase valeu pela entrevista.

Toda Clarice está contida neste conselho. Quem entender esta parábola, está no centro da questão. Mas quem não entender também está em um bom caminho porque a própria escritora diz que fundamental é não entender. E quem achar que está, já não está entendendo nada; quem entender demais essa história e quem inclusive pretender reduzi-la a uma explicação já está fazendo um gesto que destrói o fato de que tem algo nesse movimento dessa luta desigual, que não pode ser propriamente traduzida por estar no entre. O romance *A paixão segundo G.H.* está exatamente neste lugar, entre algo que não se pode ser nomeado e que, no entanto, está se nomeando sem se nomear.

É um romance altamente transgressor, com uma potência quase inimaginável e insuportável. Passam-se décadas e nós estamos aqui lendo um texto inesgotável que foi escrito por alguém que pode ter falado a palavra "eu", mas se esse "eu" fosse literalmente o que fala, esse se esgotaria. Não estamos diante da biografia de Clarice Lispector, é a escrita dela e o que fazemos com isso que importam.

Neste romance, Clarice faz um mergulho profundo na solidão e na intimidade, expostos de tal modo no texto que temos a sensação de que é a nossa intimidade exposta. Camadas e camadas de convenção recobrem e protegem a intimidade na nossa sociedade porque a invasão da intimidade é um gesto agressivo, violento e muitas vezes destrutivo. Só que a arte é o lugar onde ela pode ser contemplada de uma maneira como na vida não seríamos capaz de fazer. Na arte, contemplamos uma intimidade transfigurada. Na literatura, ela pertence a cada um especificamente, e ao mesmo tempo não é a de ninguém em particular. Quando o escritor diz "eu", esse "eu" já é um outro.

Clarice sempre foi vista como uma escritora intimista, da psicologia e da subjetividade, mas a literatura é mais complexa que isso e, no caso dela, esses mergulhos interiores são uma leitura da vida social, como podemos observar nesse romance. De forma inesperada, todas as tensões sociais estão colocadas no imaginário justamente de uma mulher que mora na cobertura e passa da sala para o quarto de empregada. A questão da justiça social surge de uma maneira totalmente inusual assim como a questão do feminino.

A paixão segundo G.H. (1964) não é simplesmente um livro autônomo e independente, mas um movimento no arco da obra de Clarice, precedido por dois outros livros: *Laços de família* (1960) e *A legião estrangeira* (1964). Estes livros foram escritos praticamente juntos, no início dos anos 1960, e têm como tema a família, o casamento, a mulher e a saída dessa estrutura. Essa trilogia, que, portanto, articula-se internamente, representa a saída de uma crise vivida pela escritora.

Embora Clarice estivesse vivendo e trabalhando a sua experiência biográfica nesses livros, como escritora, ela não estava projetando e contando a sua vida simplesmente, mas, sim, explorando de diferentes formas as virtualidades desta estrutura familiar e da condição da mulher — este elo inadequado da sociedade, sobretudo daquele período que antecedeu as revoluções feministas dos anos 1960.

A paixão segundo G.H. não aborda mais só a ordem familiar da classe média, mas aquilo que não está dentro dela e que vem emergindo em sua obra e que aponta, por outro lado, mais verticalmente para o enigma da coisa. O romance questiona um tabu, que é tocarmos o coração selvagem da vida, onde não há nem as práticas utilitárias nem os sentimentos. Ela toma a vida na sua manifestação atual total e entra no coração dela, numa paixão da imanência, e vai aos limites primários.

A paixão segundo G.H. é um livro sobre o defrontar-se. É o desdobramento de uma intensa elaboração para essa busca de um lugar que atravessa a ordem familiar, que a vira do avesso e faz levar consigo a pergunta sobre o amor até que ela se depara com a coisa, a barata. É a falta. Temos de um lado a mulher da alta burguesia, G.H., e de outro a mão, a figura do outro criada por ela e a quem ela se apoia para fazer essa viagem ao desconhecido. Janair, a empregada, está verticalmente no lugar onde se encontra esse outro de classe.

Os três primeiros fragmentos do livro são uma espécie de preâmbulo de uma passagem. Temos esta mulher, solitária, rica, escultora que não necessariamente mergulhou fundo na própria obra e que se encontra no seu habitat, a cobertura. Ela é reconhecida pelos seus pares e sua identidade é dada por aqueles que lhe são idênticos, no sentido de que participam da mesma condição social e, portanto, lhe devolvem o que ela quer deles.

Esse lugar, porém, em que G.H. se reconhece foi abalado porque ela vem de uma experiência que aconteceu no dia anterior, que é o que ela vai reconstituir retrospectivamente nesta narrativa do dia seguinte.

G.H. fala desta experiência como a perda de uma terceira perna invisível, uma espécie de muleta imaginária do sujeito.

Todos nós nos garantimos numa imagem de nós mesmos, que é aquela que nos é dada por aqueles que nos refletem, a relação de espelho. É a partir desta ordem do imaginário que ela está inicialmente falando. E o único lugar onde essa falha aparece é um retrato.

> "Talvez tenha sido esse tom de pré-clímax o que eu via na sorridente fotografia mal-assombrada de um rosto cuja palavra é um silêncio inexpressivo, todos os retratos de pessoas são um retrato de Mona Lisa."
> *A paixão segundo G.H.*

Esse livro é a perseguição em palavras de algo impossível de se reduzir em palavras. Por isso a luta desigual, e da qual não há como fugir. Trata-se justamente de não reduzir a códigos prontos, a terceiras pernas da narrativa, aos modos de atuar, aos moldes de roteirizar e de representar um texto que trata do irrepresentável.

Conforme reconstitui o dia anterior, traçando a cartografia do apartamento quando se dirige ao quarto da empregada, da qual mal se lembra do rosto, G.H. se depara com um umbral, ou seja, um limiar de passagem, que vai implicar em tremendas transformações. A patroa, que estava brincando de ser empregada naquele dia, depara-se com uma empregada com a ousadia de patroa. G.H. pensa que vai encontrar um bas--fond, mas encontra um império que tem uma rainha, Janair, uma representante de um país estrangeiro. Ao rememorar o rosto da empregada a partir da imagem inscrita na memória, dá-se o desabamento de camadas calcárias, como se mundos subterrâneos desabassem.

> "Não contara é que aquela empregada, sem me dizer nada, tivesse arrumado o quarto à sua maneira, e numa ousadia de proprietária o tivesse espoliado de sua função de depósito."
>
> *A paixão segundo G.H.*

Ao se defrontar com este inesperado, G.H. se depara com si mesma. Ela se refere, então, ao quarto de empregada com denominações de lugares de poder conectados às forças subterrâneas — como mina de urânio, campo de petróleo, sarcófago e minarete —, aos quais a personagem só entrou pela via de uma porta estreita do outro de classe, que é o mundo da empregada.

> "O quarto parecia estar em nível incomparavelmente acima do próprio apartamento. Como um minarete."
>
> *A paixão segundo G.H.*

Este minarete ao qual ela se refere está no deserto, no sentido próximo ao que Gilles Deleuze dá ao deserto, como sendo o lugar onde os caminhos não são demarcados e onde todas as trilhas se apagam. O lugar onde parece não haver nada, mas, por isso mesmo, contém tudo. E neste minarete, ela vê o inesperado mural como uma mensagem bruta deixada como um recado por Janair. Pela primeira vez G.H. vai se ver pelo olhar de um outro que não pertence aos seus iguais.

E seu limiar se dá no encontro com a barata, que surge dentro do guarda-roupa. É quando G.H. perde as demarcações e as garantias de que sujeito e objetos estão separados. Este é o pacto que a personagem fará nessa transgressão.

"Eu sou a barata, sou minha perna, sou meus cabelos, sou o trecho de luz mais branca no reboco da parede sou cada pedaço infernal de mim."

A paixão segundo G.H.

Temos no romance uma mulher saindo radicalmente das regras tácitas da civilização. Esse é um livro poderoso de mulher empoderada num sentido muito diferente do que está ligado à militância feminista. Nós estamos em um lugar de desmoronamento da civilização, em que ela experimenta o neutro e o imundo.

Ao atravessar este umbral, há uma longa árdua, árida e fascinante convivência com um momento vivo, um instante no qual não se promete redenção.

O salto transformador é uma mulher que é tão mulher quanto uma barata é uma barata. Isto significa a renúncia a um heroísmo, que a devolve àquilo que seria como um lugar primeiro. Agora, porém, depois de viver e de relatar a experiência, G.H. é completamente outra. E completamente outros são aqueles que fazem o caminho desse livro.

* **José Miguel Wisnik** é professor de Literatura Brasileira na Universidade de São Paulo, compositor, intérprete e produtor musical, além de escritor e ensaísta. Publicou, entre outros livros: *O som e o sentido; Veneno remédio: O futebol e o Brasil; Maquinação do mundo: Drummond e a mineração.*

A subjetividade na cultura moderna e a revelação em Clarice Lispector

*Franklin Leopoldo e Silva**

"A despersonalização como a destituição do individual inútil — a perda de tudo o que se possa perder e, ainda assim, ser."

C. L.

A subjetividade na cultura moderna e a revelação são duas noções de caráter filosófico mas também literário que estão presentes na obra de Clarice Lispector. A questão da subjetividade está relacionada a si próprio, ao Eu que narra e que está presente no mundo. E a questão da revelação é aquilo que esse Eu narrador é capaz de revelar e o que o mundo é capaz de revelar a ele. Essa sintonia não muito bem ordenada, no caso de Clarice, faz com que haja então essa espécie de reciprocidade da revelação entre o autor e o mundo, que é uma coisa difícil de perceber, a começar por ela mesma e também pelos seus leitores.

Costuma-se chamar o romance de Clarice de romance de introspecção, ou seja, aquele em que o narrador vai se voltar para dentro de si e ali encontrar, então, tudo aquilo que ele pretende revelar na sua escrita. Essa interioridade é muito problemática porque ela tem que ser muito bem colocada e esclarecida porque as denominações tradicionais precisam ser todas remexidas e reviradas por não caberem exatamente naquilo que eles se propuseram a fazer — portanto, são rótulos. Essa introspecção é um romance que, em vez de narrar o que está acontecendo objetivamente no mundo, tenta fazer com que a interioridade do narrador seja uma mediação necessária para que isso apareça, e, desse modo, uma revelação. Não é uma descrição do mundo, mas uma revelação que passa por essa mediação do sentimento e da interioridade. De certa forma, este rótulo está dentro do quadro que nós podemos chamar de cultura Moderna. A cultura Moderna, para o bem e para o mal, nasce a partir do Eu, do ego, da consciência, da subjetividade, que no início da nossa história, em torno do século XVII, foi colocada como centro e lugar da verdade. Então, todas essas verdades das quais nós precisamos para nos situar nesse mundo, a partir da Modernidade, passaram a se irradiar do Eu.

O sujeito — e o pensamento — no centro do mundo. E o que significa, no mundo em que vivemos, as coisas passarem pela ideia e pelo pensamento?

O fato é que há uma coisa que o romance de Clarice vai colocar especialmente em questão. O Eu foi colocado no centro do mundo porque ele aparece como uma certeza inabalável e a partir dali, mesmo durante certo tempo, a única certeza. E vai sempre permanecer como, de certa forma, a única. Por quê? Porque as outras dependem dele. Então é isso, o romance de Clarice vai colocar muito essa certeza do eu e essa hegemonia em questão, e até que ponto isso é realmente verdadeiro e corresponde às nossas experiências.

Essa questão não durou muito tempo do ponto de vista histórico. O grau de confiabilidade que se tinha nesse poder que havia sido atribuído ao sujeito, de ser a mediação necessária ao mundo, foi se tornando frágil e débil. Embora colocado no centro, esse sujeito e esse Eu não puderam esconder mais suas contradições, expondo suas fragilidades, o que levou a um desenvolvimento do pensamento que resultou em romances como os de Clarice. Esses livros têm como ponto de partida e ponto de chegada a problematização desta certeza sobre o Eu, que antes parecia tão espontânea, segura e fundamental.

Ao longo da história, nós temos ainda um marco em que essa precariedade do sujeito apareceu de uma forma mais nítida. Freud mostrou-se contra aquelas certezas clássicas. Não adianta fingir que você está em casa, que você detém uma segurança e uma certeza que te dão a possibilidade de conhecer-se a si mesmo e conhecer o mundo. Você tem que admitir que você é estranho, total ou parcialmente. A partir daí é que você tem que estabelecer essa relação tanto de você com você mesmo quanto com o mundo e com as coisas que você pretende conhecer ou esclarecer.

Houve a partir daí uma espécie de choque, que gerou a crise que nós até hoje estamos vivendo. Apesar de ter sido durante muito tempo uma descoberta e uma certeza muito forte, o sujeito e a consciência não constituem o mundo — este era um certo aspecto que brotava dessa hegemonia desse caráter central do sujeito. Mas se não constitui no sentido de criar as coisas, constitui no sentido de aparecerem para mim. Isso equivale a uma espécie de criação da consciência ou criação intelectual das coisas, o que é um poder evidentemente a ser exercido.

Mas logo se revelou o caráter problemático desse poder e do valor que se dá a essa humanização do mundo. Por isso Clarice vai perguntar: será que somos humanos?

"Escuta, diante da barata viva, a pior descoberta foi a de que o mundo não é humano, e de que não somos humanos."

A paixão segundo G.H.

Porque essa humanização do mundo e essa hegemonia da minha consciência e da minha maneira de ser logo se mostrou muito mais problemática e precária do que fonte de segurança e de verdade. Sempre que você enaltece a figura humana do ponto de vista ético, histórico, você está dentro de um certo humanismo. Há vários humanismos. No caso da modernidade, isso aconteceu dentro desses parâmetros em que o pensamento moderno se formou: o ser humano está no centro de tudo.

Há uma série de expressões relacionadas a este conceito que correm por aí, como a "morte de Deus", "o mundo se tornou leigo", a "sacralidade desapareceu". Tudo isso significa que agora o ser humano ocupou o espaço, e que é ele quem dita as regras. Por outro lado também, esse novo critério, que é o humanismo, mostrou-se duvidoso e frágil. Hoje nós temos essa ideia de que aquilo que tem um fundamento apenas e tão somente subjetivo é restrito.

Porém, o critério do subjetivo e da subjetividade na cultura moderna teve uma pretensão de ser universal. O que o ser humano faz, pensa e conhece é universal. Não há outro critério que se possa colocar no lugar dele. Então, começou-se a pensar que, mesmo no sentido científico e filosófico, o que é subjetivo tem inevitavelmente uma restrição. Por conta disso, é preciso prestar muita atenção ao modo como isso que nós chamamos de realidade externa ao sujeito é absorvido e representado por ele exatamente porque tem restrições. Não há um espelhamento e não há uma adequação exata entre as duas coisas.

É por isso que um filósofo como Nietzsche, por exemplo, diz que a visão que nós temos da realidade é demasiado humana. Isso quer dizer que, além dessa absorção humana e representativa do real, há outros aspectos que deveriam ser levados em conta, mas nós temos muita dificuldade para sairmos de nós mesmos para deixar a nossa hegemonia e o nosso narcisismo. A cultura é narcisista. O mundo em que nós vivemos é narcisista. Então, é como se o narcisismo tivesse tomado conta de nós, da nossa natureza. Chegou-se a um momento em que foi preciso rever esses critérios e entender que a descoberta do subjetivo é certamente uma conquista porque a partir disso você vai exigir a liberdade e a autonomia, todas essas coisas que antes não havia tantas condições se colocar. Então, neste sentido, foi muito bom. Por outro lado, ocasionou também restrições a respeito de uma visão do mundo que é, por assim dizer, irradiada da instância subjetiva e não quer considerar outros parâmetros que pudessem vir a se agregar a isso.

Essas dúvidas todas vão ter grande impacto sobre a narração e, portanto, sobre o romance que, a partir de certo momento, começou a colocar em dúvida essa figura do narrador e esse procedimento da narração tal como ele vinha sendo habitual. O narrador, que na teoria literária chamamos de onisciente, tem todos os personagens sob seu domínio, entrosa a história de um modo análogo àquele em que Deus cria as coisas e descreve o mundo a partir dele é realista porque transpõe o real para a sua narração. Este narrador foi sendo posto em questão porque o que está por trás dessa narração e descrição do mundo que achamos por vezes tão fiel tem uma mediação, que é a representação que já aparece então em crise. Se pegarmos um romance de Honoré de Balzac e compararmos com o romance da era modernista dos anos 1920, ou seja, a partir do século XX, percebemos imediatamente a diferença que deriva dessa precariedade do sujeito.

Nesse momento em que a descrição é tão adequada e tranquila você tem uma ideia de que a maneira como eu represento o mundo é tão adequada quanto possível, mas a partir do sujeito que narra. A partir de certo ponto, houve uma ideia de que havia elementos perturbadores extremamente significativos e que essa mediação é problemática porque causa muitas distorções na realidade. Portanto, aquela descrição, aparentemente objetiva do mundo é talvez uma tradução do escritor, do filósofo ou até mesmo cientista muito mais do que uma tentativa de se chegar até as coisas.

No final do século XIX e início do XX, havia tendências filosóficas que tinham essa bandeira de que é preciso voltar às coisas porque há toda uma tradição que se formou, que julgava descrever as coisas muito bem, mas que, na verdade, estava se afastando delas. Isso porque a mediação tem um risco e pode se tornar o fim, ou seja, o meio pode se tornar o fim.

Isso começou a perturbar um pouco essa relação entre o narrador e a realidade narrada, criando-se a crise da narrativa e do narrador. Tudo isso deriva dessa problematização da grande figura moderna do sujeito, porque, afinal, é o sujeito que narra. As ideias e a linguagem são os nossos meios. Questionou-se: será que não estamos parando no meio do caminho? Nem as ideias nem a linguagem são mais um meio para se chegar às coisas e recuperá-las porque se tornaram um fim em si mesmas. Percebemos isso com clareza ao longo do desenvolvimento que tudo isso sofreu. A questão é muito grave e provoca essa introspecção, que reconhece a existência do sujeito e é uma reação àquela descrição que se pretendia objetiva, como se o sujeito não existisse.

Essa introspecção é bem-vinda, mas ao mesmo tempo traz um problema porque o que foi posto em crise não é apenas o modo como o sujeito descreve o real, mas ele próprio. O próprio sujeito está em crise. Então, se eu me volto para a introspecção e acho que dentro de mim vou resolver os problemas e encontrar a verdade, não é bem assim. Esta é a crise da modernidade. Os medievais, antecessores da modernidade, achavam que a verdade está na realidade, que é só descrever bem o real que você conhece as coisas. Houve uma inversão. Como eu sou um ser pensante e essa realidade é pensada por mim, logo ela está dentro de mim. Então, a verdade está dentro de mim. Mas também não é tão tranquilo assim fazer essa inversão. Portanto, esse "adentramento" do sujeito em si próprio se tornou problemático. Por isso a introspecção, que é uma reação ao realismo, já começa com esses problemas, porque ela também é fruto dessa crise.

No caso de Clarice, o que acontece é que a consciência dessa crise, qualquer que seja a intensidade com que ela foi sentida, faz com que o papel do narrador, ou seja, o papel da subjetividade e desse "ensimesmamento" e dessa prioridade da introspecção do sujeito em relação ao que está fora seja exercido de um modo "desconstrutivo" — prefiro dizer, uma desconstituição. Assim como houve um tempo em que o sujeito achava que para conhecer, para escrever, para fazer qualquer coisa era preciso constituir o mundo do pensamento agora, a partir da consciência da crise do próprio sujeito e, portanto, da introspecção, talvez seja preciso exercer a introspecção, a consciência e o papel do sujeito, mas de modo a, ao mesmo tempo, desconstitui-lo e desconstrui-lo. Isso porque você já tem uma consciência muito forte de que a certeza não estava fora, mas também não está dentro. Então, sim, vou exercer a introspecção, a consciência das coisas, mas vou de alguma forma me valer dessa hegemonia que a modernidade me trouxe, mas de forma desconfiada, de modo a mostrar que esse papel constituinte que aparentemente o sujeito tem, na verdade, é ilusório e, na medida em que ele o exerce, ele se desconstitui.

No romance contemporâneo, que a gente chama de fluxo de consciência, como em James Joyce, Clarice e Lúcio Cardoso, existe esse duplo procedimento. Ao mesmo tempo que a narração vai se constituindo, o narrador vai se desconstituindo porque a crise do objeto e a crise do sujeito, mostraram que desde a Antiguidade, a expressão que mostra o mecanismo da realidade diz que as coisas vêm a ser e estão aí pra que nós as conheçamos. A partir de certo momento, começou-se a afirmar algo que estava incluído nessa frase, mas cujo caráter negativo não era tão exposto: as coisas vêm a desaparecer. E aquele que as narra participa desse processo de que o ser é o desaparecimento, o ser não é a passagem da obscuridade à clareza. Clarice afirma isso muitas vezes. É a passagem da luz às sombras ou à obscuridade.

> "Já estava havendo então, e eu ainda não sabia, os primeiros sinais em mim do desabamento de cavernas calcárias subterrâneas, que ruíam sob o peso de camadas arqueológicas estratificadas - e o peso do primeiro desabamento abaixava os cantos de minha boca, me deixava de braços caídos. O que me acontecia? Nunca saberei entender mas há de haver quem entenda. E é em mim que tenho de criar esse alguém que entenderá.
>
> É que apesar de já ter entrado no quarto, eu parecia ter entrado em nada. Mesmo dentro dele, eu continuava de algum modo do lado de fora. Como se ele não tivesse bastante profundidade para me caber e deixasse pedaços meus no corredor, na maior repulsão de que eu já fora vítima: eu não cabia."
>
> *A paixão segundo G.H.*

Todas essas dificuldades, que mostram qual é o resultado dessa introspecção, dessa certeza que o sujeito teve de si mesmo, configuram-se na experiência narrativa de *A paixão segundo G.H.* Nesse sentido, certamente, pode ser dita como um experimento limite de Clarice Lispector.

É preciso pontuar também que essa narrativa, dita moderna, modernista, segue muito mais o fluxo da consciência do que o ritmo das coisas. Daí certa má vontade, que já se manifestou e ainda se manifesta, a respeito dos romances de introspecção. O fluxo de consciência, apesar de ser mais acelerado do que o das coisas, na sua expressão aparece como mais lento e isso causa essa dificuldade e até um certo obstáculo na leitura.

Há uma intenção nesse tipo de romance de articular o ritmo e a consciência que as coisas vão se sucedendo. E essa expressão tão comum, "o tempo passa", foi escamoteada. Se o tempo realmente passa aí, então, é muito complicado, porque toda a história da filosofia consiste em dizer que o tempo passa aparentemente, mas verdadeiramente ele não passa, senão nós estaríamos todos desnorteados. O romance do fluxo de consciência vem mostrar e recuperar isso: "o tempo passa." Há um certo ritmo dos estados de consciência que é tão difícil de acompanhar, descrever e exprimir que, por vezes, o próprio narrador se perde dentro desse procedimento porque esse tempo que passa obviamente deixou de ser alguma coisa que posso medir. Esse tempo passou a estar dentro e a ser a consciência. Nesse sentido, há um certo choque na ordem que nós, mesmo no tempo passando, queremos reconhecer que é necessária. Essa é a questão: como expressar o ritmo do tempo da consciência e representá-lo na linguagem.

Podemos dizer que a partir dessas dificuldades Clarice Lispector, sobretudo em *A paixão segundo G.H.*, pode ocasionar uma percepção de que o escritor já não está tão resignado àquela experiência da inadequação. Algo como, tudo bem, a linguagem é inadequada, simbólica e descontínua, e as emoções não são expressas de uma maneira direta, mas faço o que posso. Essa resignação do escritor com um caráter simbólico e representativo da linguagem, torna-se desesperante para esse tipo de romance. Clarice Lispector já não está mais resignada com essa inadequação e, portanto, com aquele distanciamento e aquela mediação que existe entre as coisas que acontecem. Tem distâncias, tem mediações. Não me conformo mais com isso. Quero saltar no sentido de atingir de modo muito mais imediato aquilo que há para ser dito como se a distância entre as duas coisas pudesse ser assim imediatamente transposta.

A narração está adequada à realidade que narra? Esse problema é superado por uma tentativa de atingir, imediatamente, aquilo que deveria ser narrado de tal modo que haveria quase uma simbiose, um contato imediato, mas que forçosamente tem que passar pelas mediações do pensamento e da linguagem para acontecer. Então, temos um paradoxo. Para se chegar ao imediato, que é a pretensão, tenho que fazer um trânsito muito difícil, esforçado, doloroso, na tentativa de, ao fim desse percurso, talvez poder atingir esse imediato. E, então, acontecer a revelação. Isso é um problema porque, de certa forma, estamos dizendo com isso que o sujeito abdicou da sua função de mediador. De fato, a crise é essa. O sujeito não quer ser o tradutor, o reconstrutor ou facilitador do entendimento do mundo e do drama humano. Ele quer, se for possível, transpor aquilo imediatamente para linguagem. Esse imediato, então, fica complicado porque a linguagem não é imediata, ela é uma mediação.

Logo, está se colocando em xeque a própria introspecção, que, no entanto, é a modalidade da qual o escritor está se valendo para narrar. Este é um paradoxo constitutivo desse tipo de romance. Por isso é que ele vai se pondo como narrador ao mesmo tempo que vai desaparecendo como narrador, que é a única maneira de tentar fazer com que a mediação da sua voz, da sua escrita e da sua narrativa não se ponha definitivamente como aquilo que deve ser transposto, um obstáculo, no fim das contas. Se o narrador faz da sua função narrativa uma forma dele mesmo desaparecer, ele está, de alguma maneira, tentando fazer com que esse imediato apareça, ou seja, a morte da mediação e o surgimento do imediato a partir de o desaparecimento do narrador no decurso da narrativa.

Ao fazer isso, então, ele trabalha com a construção da narrativa e com a desconstrução de si mesmo, ou seja, ele é alguém que lida com a sua construção e com a sua extinção ao mesmo tempo.

Não dá para afirmar que o sujeito sai de si para encontrar o outro. No caso do existencialismo, o sujeito sai de si para encontrar ele próprio, porque está fora dele, e não para encontrar o outro. Tanto é assim que esse outro que ele vai encontrar, ele reconhece como sendo ele mesmo transformado. Saí de mim para encontrar eu mesmo.

Quando sai de si mesma, G.H. encontra o Ser. Ele não encontra o Ser que ela é. Ela encontra o Ser filosófico mesmo.

A mediação da barata, que é a provocação da saída de si e do reconhecimento do outro, tem um caráter muito problemático. A questão é que significa sair de mim, que aparentemente tem alguma consistência, e que a partir de então vejo que não tenho tanto assim. A protagonista não sai de si mesma para encontrar a consistência, mas sim o viscoso, o interior da barata.

A interioridade é um problema, mas a exterioridade é o lugar da perda. Em termos de Clarice, isto se constitui um impasse.

Porque quando você tem a interioridade como problemática e a exterioridade também, você tem então essa concepção de que o Ser e o nada se equivalem. Ao sair de si na busca do Ser, encontra-se o nada, o que vai ter um certo impacto sobre a sua forma de ser e de pensar. A crise que ela vive, que é expressa na literatura, constitui a configuração desse impasse. A questão é: o ser pré-humano ou pós-humano ou o ser pré-humano e pós-humano? Se assim for, estamos nessa linha intermediária e, portanto, somos humanos. É preciso questionar essa própria condição humana, para verificar se vale essa saída do pré--humano e do pós-humano.

A dramaticidade de Clarice está nessa questão. O Ser não está na dimensão do humano. E como atingi-lo? Recuando ao pré-humano, a barata, ou indo na direção do pós-humano? Tudo o que ela fez foi colocar essa questão.

> "Eu talvez já soubesse que, a partir dos portões, não haveria diferença entre mim e a barata. Nem aos meus próprios olhos nem aos olhos do que é Deus. Foi assim que fui dando os primeiros passos no nada. Meus primeiros passos hesitantes em direção à vida, e abandonando a minha vida. O pé pisou no ar, e entrei no paraíso ou no inferno: no núcleo."
>
> *A paixão segundo G.H.*

O limite da narração, na verdade, é uma espécie de autossupressão da narração por causa dessa desconstrução. Todo o esforço humano de salvação, que consiste em transcender, é eliminado para ficar dentro do que é. Habitualmente, para o pensamento humanista há um percurso que a narração deveria cumprir para nos satisfazer, que é a transcendência e a redenção. Isso é tão forte, que nem os existencialistas, que são tidos como pessimistas, conseguem escapar. A revolução é um tipo de transcendência, eu e o mundo seremos outro ou o mundo vai se superar. Isso nos dá uma certa expectativa e esperança de futuro. Mas em *A paixão segundo G.H.*, a transcendência e redenção são eliminadas para que se fique dentro daquilo que é.

"Reza por mim, minha mãe, pois não transcender é um sacrifício, e transcender era antigamente o meu esforço humano de salvação, havia uma utilidade imediata em transcender. Transcender é uma transgressão. Mas ficar dentro do que é, isso exige que eu não tenha medo! E vou ter que ficar dentro do que é."

A paixão segundo G.H.

No vocabulário da filosofia, o contrário da transcendência é a imanência: o em si, o junto de si, o muito perto de si, o coincidindo consigo mesmo. E não ter condição de transcender e de ir adiante desse si mesmo é desesperador e angustiante. Portanto, a maneira pela qual você pode tentar alguma coisa, além de ficar dentro do que é, uma vez que não pode transcender, é pela paixão. Nem intelecto, nem o conhecimento, nem outras formas habituais de pensar e representar essa paixão dão conta. A paixão é talvez um modo de se levar adiante de você mesmo. Aproximar-se de alguma coisa ou se aproximar desse ser entendido na sua totalidade significa alcançar aquilo que na verdade é infernalmente inexpressivo, que tem algo a ver com a travessia complicada para se chegar ao imediato. Ou seja, a salvação que viria a partir da transcendência ela permanece, e eu a desconheço porque eu permaneço naquilo que é, ou seja, na imanência.

Essa permanência na imanência é uma espécie de perda da intensidade de Ser. Os existencialistas mostram muito isso. Quando eu transcendo, eu mudo. Essa transformação é uma tradução de uma certa intensidade latente no Ser. E se permaneço naquilo que é, estou mais ou menos imóvel, vivendo, portanto, a intensidade daquilo que é. Troca-se a expectativa da transcendência pela angústia da imobilidade. E isso faz, de certa forma, retroceder ao pré-humano se admitimos que o humano é essa capacidade de ir adiante de si.

Então, encontraríamos na literatura de Clarice Lispector a imanência radical. A palavra transcendência é complicada porque é enganosa. Quando nós a pronunciamos, imediatamente nos vem nosso uso habitual dela, relacionado a uma certa metafísica, uma certa religiosidade, ao sair de si para se elevar. A transcendência tradicional é isso, mas este não é o caso em *A paixão segundo G.H.* A transcendência é sair de si. G.H., ao contrário, está se tornando cada vez mais o que ela é, cada vez mais dentro do que é.

Passar pela matéria é uma forma de transitar para o nada. Por isso, a barata é a matéria e, principalmente, o interior dela. Justamente por não podermos fazer essas conotações religiosas e metafísicas temos que permanecer na imanência.

> "O que sai do ventre da barata não é transcendentável — ah, não quero dizer que é o contrário da beleza, 'contrário de beleza' nem faz sentido —, o que sai da barata é: 'hoje', bendito o fruto de teu ventre — eu quero a atualidade sem enfeitá-la com um futuro que a redima, nem com uma esperança — até agora o que a esperança queria em mim era apenas escamotear a atualidade.

> Mas eu quero muito mais que isto: quero encontrar a redenção no hoje, no já, na realidade que está sendo, e não na promessa, quero encontrar a alegria neste instante, quero o Deus naquilo que sai do ventre da barata — mesmo que isto, em meus antigos termos humanos, signifique o pior, e, em termos humanos, o infernal."
>
> *A paixão segundo G.H.*

Essa espécie de composição entre a sacralidade e o demoníaco é que coloca justamente um modo de transitar por esses problemas sem essas opções tradicionais. O ventre da barata não tem nada do espírito? Tem, porque ele é recebido de uma forma não materialista. Ele é espiritual? Claro que não, ele é o viscoso, que não é nem ideal, nem material e, portanto, é uma posição própria do que se chamaria de pensamento literário. Diante da barata, G.H., o ser humano, torna-se angustiadamente sensível.

O problema da personagem é que ela é impessoal. Ela é as valises e aparentemente não tem muita densidade pessoal, mas tem uma sensibilidade àquilo que seria o exterior. Mas ela é cada vez cada vez mais a barata, e a barata cada vez mais ela. E essa sensibilidade às coisas é derivada da angústia.

E essa desordem que se coloca entre a verdade da matéria e a verdade do sagrado é justamente para mostrar que essa posição não pode ser definida. Há uma espécie de sacralização da matéria. O sacrilégio é o sagrado deslocado do seu lugar. Se Fausto vendeu a alma ao diabo, G.H. vendeu a Deus, ou seja, existe uma relação originária que ela tenta atingir nessas negações. Não podemos dizer exatamente se é o nada anterior ao ser ou se é alguma coisa que está entre o ser e o nada. A narrativa vai se constituindo, então, por essa nova relação que o narrador tenta estabelecer.

> "A mim, como a todo o mundo, me fora dado tudo, mas eu quisera mais: quisera saber desse tudo. E vendera a minha alma para saber. Mas agora eu entendia que não a vendera ao demônio, mas muito mais perigosamente: a Deus. Que me deixara ver. Pois Ele sabia que eu não saberia ver o que visse."
>
> *A paixão segundo G.H.*

Há uma metáfora da representação muito utilizada na tradição que trata desses assuntos: o espelho. Idealmente o espelho da realidade. Mas se ele absorve, ele reflete fielmente ou aquilo que está do outro lado do espelho é diferente daquilo que está fora do espelho? O que se pode dizer no caso de Clarice Lispector, é que se tem um espelho ou alguma coisa diante do mundo que na verdade podia se chamar de uma "superfície defletora", ou seja, devolve, expulsa, não absorve. É preciso que as coisas não sejam espelhadas e organizadas dentro do sujeito, dentro desse espelho. É preciso que elas sejam lançadas de volta a uma certa origem obscura desconhecida para que se libertem de nós e para que adquiram esse caráter primário que é definido depois por ela como a "obscuridade do ser".

O espelho ilumina, mas quando eu lanço as coisas de volta à sua origem obscura, elas perdem essa iluminação, prova de que era Eu — e a minha inteligência, minha razão e meus desejos, que as iluminavam. Quando há um afastamento entre esses elementos, volta-se então àquela escuridão originária, às trevas primitivas, de que falam os textos sagrados. Mas podemos supor exatamente que essa origem obscura seja também um lugar onde a exterioridade e a interioridade ainda não se distinguiram — assim como a luz não saiu das trevas. Ora, é preciso se aproximar disso para que se tenha uma revelação que não esteja comprometida com um espelho, com uma luz artificial e com a maneira pela qual você constitui ou reconstitui o mundo. Se consegue superar isso e chegar a essa fonte primária, alcança-se a revelação que o narrador pretende atingir para que ele possa se valer dela para exprimir alguma coisa. Esta revelação provém do fundo, e não da matéria, mas do fundo da matéria, da gosma do interior da barata. Então a consciência se surpreende de que aquilo que deriva do Ser, da profundidade, não é para ser adorado e enaltecido. É pegajoso, é viscoso, é nojento.

Mas o contato com essa verdade é doloroso e angustiante, e é então que a revelação acontece. G.H. usa esta expressão: núcleo da vida. E este lugar não está muito de acordo com as expectativas habituais. É por isso que o interior da barata é tão representativo do núcleo das coisas, da verdade, da revelação. Esse viscoso, que escapa, significa aquilo que é e quando eu estou no interior daquilo que é paradoxalmente estou também num processo de desaparecimento. Tudo o que vem a ser, vem a desaparecer.

> "Eu que pensara que a maior prova de transmutação de mim em mim mesma seria botar na boca a massa branca da barata. E que assim me aproximaria do... divino? do que é real? O divino para mim é o real."
>
> *A paixão segundo G.H.*

Desde que o sujeito se tornou hegemônico e acreditou ter essa força, ele mais cultivou também o desejo de Ser. Porque quando o sujeito foi descoberto, ele comparou essa condição limitada como uma coisa que não era certa, tudo o contrário de Deus.

Então, ele se sentiu finito, percebendo o Ser muito precário e sua existência muito desordenada ao passo que no Ser infinito você tem tudo pronto e acabado, ou seja, nada falta. Logo, ele passou a ter o desejo fundamental de tudo o que existe, de transformar essa existência em Ser. Etimologicamente, existir quer dizer Ser fora de si. Existir é cultivar o desejo de Ser. Então é um desejo irrealizável e que, portanto, gera então uma angústia e uma frustração, que em *A paixão segundo G.H.* fica no silêncio quando ela come a barata. Ela interrompe o relato. Existe o silêncio e é ali que se dá tudo. Ela vai adentrar o Ser, e se tornar um com ele ou vai devorar o Ser para se tornar o SER quer deseja ser.

Há outras tendências no pensamento que dizem que o existir e o Ser estão tão separados que não é possível passar de uma outra. Desejamos essa passagem porque desejamos sempre aquilo que nos falta. Mas essa passagem será impossível porque há um abismo entre as duas coisas.

Através da arte se transforma esse desejo de ser em uma existência concreta através de uma personagem, de um livro, de uma pintura. Há uma outra tendência, diferente desta, que diz o seguinte: o ato criador, quando diz respeito à obra de arte ou ao humano, faz inexistir, portanto, ele cria a inexistência.

Diante de uma obra de arte se está vendo matéria: tela, tinta, luz, moldura. Aquilo que se está realmente vendo e admirando não existe, ou melhor, só existe como elaboração imaginária do autor que conta também com a corroboração do imaginário de quem vê para que aquilo venha a existir. A consciência do imaginário é mais forte do que a consciência que se põe no real. Paralelamente a isso que se está vendo e admirando e que não existe, está se tomando consciência da inexistência. Aí está o paradoxo que muitos apontam entre a fraqueza e a força da arte. A criação da ficção, a criação do que não existe para que você tenha consciência, através dessa ficção, da inexistência e da existência.

Ao experimentar essa relação com o viscoso, a protagonista experimenta a verdade, que brota do núcleo das coisas e que, por ter algo de viscoso, tem também algo de repugnante. Não é a verdade que eu invento, porque esta é agradável. Então é justamente a crítica da representação e da narração representativa.

> "É suficiente ver no couro de minhas valises as iniciais G.H., e eis-me. Também dos outros eu não exigia mais do que a primeira cobertura das iniciais dos nomes."
>
> *A paixão segundo G.H.*

A personagem, G.H., que é uma pessoa bem-posta, viaja muito, tem as malas com suas as iniciais e mora em um belo apartamento, vai entrando num processo de decomposição ao longo do romance e vai perdendo as determinações convencionais que permitiam a ela exercer aquilo que ela achava que era a liberdade. Por exemplo, pego as minhas malas e viajo, esta é uma determinação convencional da classe dela, mas não é liberdade. Quando ela chega à liberdade e a esse indeterminado, ela tem um movimento de repugnância diante dessa verdade e dessa liberdade encontrada dessa forma porque é também estar diante do absurdo, que ela não gostaria de admitir.

Entre a convenção e o absurdo não tem passagem, mas sim ruptura. E é isso que constitui o problema e a radicalidade da narrativa em *A paixão segundo G.H.* O anonimato da personagem é curioso e relativo. Ela não sabe quem é porque só tem as iniciais. Mas as iniciais não constituem propriamente um anonimato completo, mas uma indicação de que ela nunca vai poder completar. As iniciais são, portanto, uma espécie de testemunha do anonimato que vai se produzindo no romance.

"Escuta, diante da barata viva, a pior descoberta foi a de que o mundo não é humano, e de que não somos humanos. (...) meus sentimentos humanos eram utilitários, mas eu não tinha soçobrado porque a parte coisa, matéria do Deus, era forte demais e esperava para me reivindicar. O grande castigo neutro da vida geral é que ela de repente pode solapar uma vida."

A paixão segundo G.H.

E essa matéria de Deus vai, por assim dizer, conduzi-la ao nada, para dentro do que é. Há uma ruptura e uma transposição do limite. A salvação ou redenção existiriam dentro desses limites, onde nós vivemos. A redenção está perto dos limites, mas se eu os ultrapasso então não tenho mais salvação e redenção.

G.H. teria percebido que não trocou as certezas convencionais pela verdade, mas pelo enigma. Não se trata de Deus e o Demônio. Trata-se de transitar por Deus para chegar ao nada, quando qualquer tipo de expectativa desaparece dentro dessa ruptura.

A minha condição humana desconstruída, todas essas limitações clássicas e mais alguma decadência do eu, da consciência, o processo de anulação: para que tudo isso se eu não saberia ver aquilo que visse. Deus, a verdade ou qualquer coisa desse tipo é o fracasso. É muito paradigmático esse final, porque há vários autores que, ao falarem da literatura e da própria filosofia, colocam essa questão: está destinada ao fracasso. A narrativa subjetiva estava destinada ao fracasso. Escapou-se da narrativa tradicional para tentar transpor um certo limite que levaria a alguma coisa, mas levou ao fracasso.

Esse fracasso é aceito de uma maneira pessimista ou a literatura ao se ver diante dele o celebra e o aceita? A literatura, a poesia e a arte em geral são sempre incompletas, sempre aquém do que deveria ser, mas celebrativa. O que ela celebra, então? Certamente não é a vitória, mas o fracasso. Portanto, é como se a arte estivesse consagrada ao fracasso — o que na verdade faz mais do que se mostrar como algo humano. A condição humana está destinada ao fracasso porque é o desejo irrealizável de se superar.

> "A realidade é a matéria-prima, a linguagem é o modo como vou buscá-la — e como não acho. Mas é do buscar e não achar que nasce o que eu não conhecia, e que instantaneamente reconheço. A linguagem é o meu esforço humano. Por destino tenho que ir buscar e por destino volto com as mãos vazias. Mas volto com o indizível. O indizível só me poderá ser dado através do fracasso de minha linguagem. Só quando falha a construção, é que obtenho o que ela não conseguiu."
>
> *A paixão segundo G.H.*

* **Franklin Leopoldo e Silva** é professor sênior do Departamento de Filosofia da USP e autor, entre outros, dos livros: *Descartes: A metafísica da modernidade*; *Ética e literatura em Sartre*; *Universidade, cidade, cidadania*.

"Esquecer-se de si e, no entanto, viver tão intensamente": A vitalidade da despersonalização

*Rafaela Zorzanelli**

> "Por enquanto a metamorfose de mim em mim mesma não faz nenhum sentido. É uma metamorfose em que perco tudo o que eu tinha, e o que eu tinha era eu - só tenho o que sou. E agora o que sou? Sou: estar de pé diante de um susto. Sou: o que vi. Não entendo e tenho medo de entender."
>
> C. L.

Há uma experiência recorrente que percorre toda a obra de Clarice Lispector: as personagens vivenciam uma espécie de paixão, no sentido do sofrimento ou talvez do sacrifício, experimentada em algum momento a partir de algo aparentemente banal. Em geral, é a partir desse estado de deslumbramento e também de terror desencadeado por esta situação quase cotidiana que há uma virada nas histórias apresentada pelas personagens de uma maneira insistente em diferentes livros.

A fortuna crítica insiste em chamar esta experiência da paixão de epifania. No entanto, no vocabulário de Clarice, uma das principais nomeações para esse processo é a despersonalização, como aparece em *A paixão segundo G.H.* É interessante observar na obra o quanto essa despersonalização não precisa ser provocada por um grande evento — ao contrário, ela pode ser disparada por uma situação aparentemente comum.

"O relato de uma experiência que a princípio se mostra simples e rotineira, mas que acaba por mostrar toda a força de uma revelação. É a percepção de uma realidade atordoante quando os objetos mais simples, os gestos mais banais e as situações mais cotidianas comportam iluminação súbita da consciência dos figurantes, e a grandiosidade do êxtase pouco tem a ver com o elemento prosaico em que se insere o personagem."

Affonso Romano de Sant'Anna

A despersonalização é resultado do processo de atravessar uma crise e uma perda de esteios morais e identitários que é sempre um ponto de virada para uma outra experiência de si. Este elemento na obra é quase uma teoria filosófica sobre a experiência subjetiva, que passa por um desmanchamento a partir do contato com outra coisa que não é o eu — e em sendo uma paixão é também uma possibilidade de se sentir ou de se experimentar de outra maneira.

A ideia de epifania é uma proposta de leitura dessa experiência, como disse. Creio, no entanto, que poderíamos chamar esse percurso relatado pelas personagens de dessubjetivação subjetivante, porque é no ponto de maior crise e de maior esfacelamento de si que é possível uma abertura. É possível sentir de outro jeito e ser de uma outra forma. Em geral, é isso que as personagens da obra de Clarice nos contam.

Essa ideia de despersonalização, ou de dessubjetivação subjetivante, é a ideia de um certo "esquecimento de si", que leva as personagens a um estado de contato com o "inumano" e com algo que não é exatamente nosso, mas que nos permite sentir diferentemente.

> "Quando o eu passa a não existir mais, a não reivindicar nada, passa a fazer parte da árvore da vida — é por isso que luto por alcançar. Esquecer-se de si mesmo e no entanto viver tão intensamente."
>
> *Um sopro de vida*

A proposição de que é no momento em que mais se esquece de si mesmo que se pode ser mais intensamente é a destruição do conceito que a sociedade tem de felicidade ou do que seja gozar a vida. Em geral, associa-se a felicidade com algo egóico que parte do eu: eu quero, eu sinto, meus desejos precisam ser realizados. Mas em Clarice, há uma certa experiência de desmanchamento, uma espécie de cisão, em que é nela que se abre a possibilidade para um sentir diferente daquele que em geral as personagens estavam acostumadas.

Clarice vai nomear essa nova experiência de si mesmo, esse estado que se abre nas personagens, de "plano neutro e inexpressivo", variando e repetindo expressões dessa mesma ideia, como o estado de "pensar-sentir" e o "tempo da atualidade". Além de G.H., há outras personagens em diferentes obras nas quais é possível encontrar esse processo de despersonalização. O Martim, o anti-herói de *A maçã no escuro*; a Ana, do conto "Amor" e as protagonistas da crônica "Perdoando Deus" e do conto "O ovo e a galinha".

> "Caminho em direção à destruição do que construí, caminho para a despersonalização. (...) A despersonalização como a destituição do individual inútil — a perda de tudo o

que se possa perder e, ainda assim, ser. Pouco a pouco tirar de si, com um esforço tão atento que não se sente a dor, tirar de si, como quem se livra da própria pele, as características. (...) Aquilo de que se vive — e por não ter nome só a mudez pronuncia — é disso que me aproximo através da grande largueza de deixar de me ser."

A paixão segundo G.H.

A partir da compreensão dessa experiência de crise alcançamos a correlação com a entrada nesse plano que Clarice chama de inexpressivo, em que G.H. vive a "largueza de deixar de me ser", que ela vai, inclusive, apresentar de uma maneira muito própria na linguagem, rompendo várias regras da gramática, com a frase final: "A vida se me é."

"A vida se me é, e eu não entendo o que digo. E então adoro. - - - - - -"

A paixão segundo G.H.

"Chego à altura de poder cair, escolho, estremeço e desisto, e, finalmente me votando à minha queda, despessoal, sem voz própria, finalmente sem mim — eis que tudo o que não tenho é que é meu. Desisto e quanto menos sou mais vivo, quanto mais perco o meu nome mais me chamam, minha única missão secreta é a minha condição, desisto e quanto mais ignoro a senha mais cumpro o segredo, quanto menos sei mais a doçura do abismo é o meu destino. E então eu adoro."

A paixão segundo G.H.

Essa ideia da abertura para uma vida mais larga tem a ver com uma experiência de desistência. Essa construção quase parece um erro da linguagem, mas não é. É a própria ideia de que esta vida larga vai poder se cumprir melhor, quanto mais se vivencie esse abandono de si mesmo.

Há três tempos dessa despersonalização na obra de Clarice. O primeiro é quando se está totalmente encaixado e conformado com certas regras e parâmetros sociais, que de alguma maneira orientam a vida. É o que ela chama de ter uma montagem humana, uma humanização, uma "sentimentação utilitária", em que estão presentes todos os esteios com que operamos socialmente. G.H., por exemplo, é alguém que tem uma espécie de realização em se reconhecer nas iniciais bordadas ou colocadas na própria bolsa. Pode-se pensar esse primeiro tempo como uma normatividade, a cultura, civilização e todas aquelas regras que fazem com que talvez sejamos mais engessados, um modo de ser que contém a nossa forma de pensar e de sentir.

> "Em torno de mim espalho a tranquilidade que vem de se chegar a um grau de realização a ponto de se ser G.H. até nas valises."
>
> *A paixão segundo G.H.*

Neste primeiro tempo, as personagens estão adequadas, mas não tanto quanto parecem. Isso vai se esfacelar com a experiência despersonalizante, que é o segundo tempo, onde encontramos o relato desse processo e do que se passa com aquela personagem que passou por uma visão ou experiência que abre para uma outra forma que ela não tinha sentido até então. A obra explora a experiência de vitalidade na queda, na intranquilidade e na perturbação. Clarice vai falar de uma neutralidade imanente sempre presente e que é despertada por essas experiências. Às vezes ouvimos esse neutro. Em outras vezes, não, e até fugimos dele. Mas ele está sempre ali, conosco, como um incômodo insistente. A "perda de uma terceira perna" é a principal alegoria dessa queda. A moralidade e as normas da civilização que formam essa personagem que se sente adequada e faz com que ela alcance todas as coisas que quer é também uma espécie de freio de mão puxado na nossa sensibilidade.

> "Perdi alguma coisa que me era essencial, e que já não me é mais. Não me é necessária, assim como se eu tivesse perdido uma terceira perna que até então me impossibilitava de andar mas que fazia de mim um tripé estável. Essa terceira perna eu perdi. E voltei a ser uma pessoa que nunca fui."
>
> *A paixão segundo G.H.*

Cada personagem da obra de Clarice vai dar um destino diferente para o que fazer de si depois desta experiência de expansão da sensibilidade. Esse terceiro tempo, que seria depois de viver essa despersonalização, é o que Clarice chama de "plano inumano", "inexpressivo", "neutro", "matéria viva", "it", "coisa", "antes do humano", "pré-humano", "atonal".

> "Enfim, enfim quebrara-se realmente o meu invólucro, e sem limite eu era. Por não ser, eu era. Até o fim daquilo que eu não era, eu era. O que não sou eu, eu sou. Tudo estará em mim, se eu não for; pois 'eu' é apenas um dos espasmos instantâneos do mundo. Minha vida não tem sentido apenas humano, é muito maior — é tão maior que, em relação ao humano, não tem sentido."
>
> *A paixão segundo G.H.*

Esse contato com um estado em que você tem uma sensação de desapossamento — aquilo que você era, você não é mais —, te conduz a ganhar alguma coisa. Ou seja, é a perda e o desmanchamento, mas é também a reconstrução de "esboços não acabados e vacilantes". É interessante pensar assim em termos de uma sociedade ególatra tal como a gente vive, em torno dos nossos próprios desejos, da realização deles. Clarice ecoa um pouco a ideia de que nos pontos onde você mais se desagrega, mais você é. Quanto mais se perde a identidade, mais se ganha alguma possibilidade de "outramento", para lembrar Fernando Pessoa.

O pensamento é outro tema que não se pode deixar de lado em sua obra. Tamanha é a força do tema do pensamento nos textos de Clarice, que ele é um dos elementos que responde a uma pergunta recorrente e frequentemente sem resposta.

"O que é que eu sou? Sou um pensamento."
Um sopro de vida

O pensamento adquire contornos diferenciados, alcançando sua expressão mais singular na ideia de pensar-sentir. O modo como o pensamento aparece na obra transgride nossas visões de senso comum não só sobre o que é pensar, mas também sobre o que é sentir. Sentir não tem um estatuto menor do que pensar na obra de Clarice. O "pensar-sentir" se aproxima do mundo das sensações muito mais do que de uma suposta habilidade com a razão ou inteligência, não estando associado à consciência, mas sim a um saber sem saber que se sabe. Além disso, os sentidos são experimentados fora de seu território habitual.

"Guiado pela sede como único pensamento."
A maçã no escuro

"O sorriso fora um pensamento."
O lustre

"Sinto quem sou e a impressão está alojada na parte alta do cérebro, nos lábios — na língua principalmente —, na superfície dos braços e também correndo dentro, bem dentro do meu corpo, mas onde, onde mesmo, eu não seu dizer."
Perto do coração selvagem

Nessa abertura para o estado de pensar-sentir, iniciada pelos processos de despersonalização, abre-se a possibilidade de sentir-se outro, com esse estado onde você não se pode saber ao certo qual é o limite entre o sujeito que sente e o objeto sentindo. A ideia de uma busca ou uma valorização de processos de destituição de si, de dessubjetivação, de apagamento entre sujeito e objeto ou entre si mesmo e o mundo é muito bem ilustrada pela ideia de "esquecer-se de si" como um processo que pode conduzir a uma vida mais intensa.

"Sim, e é quando o eu passa a não existir mais, a não reivindicar nada, passa a fazer parte da árvore da vida — é por isso que luto por alcançar. Esquecer-se de si mesmo e no entanto viver tão intensamente."
Um sopro de vida

* **Rafaela Teixeira Zorzanelli** é psicóloga, professora do Instituto de Medicina Social da UERJ e autora do livro *Esboços não acabados e vacilantes: Despersonalização e experiência subjetiva na obra de Clarice Lispector* (Editora Annablume).

A experiência da paixão: Da reconstituição impossível ao ato de invenção

*Flavia Trocoli**

> "Será preciso coragem para o que vou fazer: dizer. E me arriscar à enorme surpresa que sentirei com a pobreza da coisa dita."
>
> C. L.

A literatura de Clarice Lispector é um modo de retornar ao espanto. Voltar *A paixão segundo G.H.* implica não só aceitar o convite para falar desse livro, mas também me dispor a me espantar de novo. Esse retorno é comparável ao espanto da criança que olha o mundo sem todo um arsenal de compreensão pronto e rígido que alicerça a cultura e a civilização.

Não à toa convoco o espanto precisamente num momento da história do país em que, de alguma maneira, vivemos um retorno justamente da banalização do mal, portanto, é importante que nos espantemos. *A paixão segundo G.H.* foi publicado em 1964, ano do primeiro golpe que o Brasil sofreu. No quarto de empregada, G.H. afirma que vê as velhas estruturas cederem — e, assim, pode se constituir uma das chaves de leitura interpretativa para o romance, qual seja: a da escrita de uma possibilidade de abalo da nossa herança colonial e escravocrata.

O romance de 1964 mergulha na experiência da paixão para atravessar a reconstituição impossível do acontecimento até alcançar a sua forma na literatura. A narradora relata em *A paixão segundo G.H.* uma experiência de desmontagem, ou seja, de perda de todo um sistema de representação com o qual organizamos o mundo.

Um dos primeiros pontos a que se pode atribuir impossibilidade de reconstituição diz respeito ao fato de que G.H. vive essa experiência como objeto do seu próprio dizer, o que estaria figurado por meio do pronome "ela", e não como sujeito da consciência, o que estaria figurado através da terceira perna, entendida como atributo e propriedade que estabiliza o "eu" e a vida social. Quando o eu e seus atributos de diferenciação e defesa vacilam, quando a própria moldura da realidade é colocada em xeque, acontece algo que é da ordem de um absoluto desamparo. Essa experiência afeta a narradora e seu corpo a ponto de tudo desmoronar e, nesse momento, o eu não consegue elaborar simbolicamente tamanho abalo. De alguma maneira, esse crime cometido contra a realidade estabelecida deve-se ao fato dessa experiência privar a narradora de todos os seus pontos de referência identitários. Num instante, não existe mais identidade, círculo de amigos, classe social, dá-se um encontro em que os espelhos se partem e essa imagem que se constrói de si mesmo como semelhante reconhecível não está ali mais para responder. Portanto, todo um sistema de representação desmorona.

G.H. atravessa todo o seu apartamento sem saber que vai se encontrar com esses seres absolutamente estranhos a ela, que são a empregada e a barata, mas depois do abalo, ela acaba fazendo um movimento de retorno à fala, ou seja, ela se vê impelida a dar forma, a narrar, justamente aquilo que fez desmoronar o que já estava identificado e representado. Não há elaboração suficiente que corresponda a esse encontro radical com esse outro e a reconstituição impossível é uma espécie de fracasso necessário da linguagem, um modo desta se manter fiel àquilo que não se diz todo.

No último volume de *Em busca do tempo perdido*, de Marcel Proust, o narrador diz: "A obra não passa de uma espécie de instrumento óptico oferecido ao leitor a fim de lhe ser possível discernir o que, sem ela, não teria visto em si mesmo." *A paixão segundo G.H.* é também um instrumento óptico para que cada leitor faça sua travessia e reconstrua, através, da leitura o próprio livro. A possibilidade de reinventar na linguagem essa experiência da paixão está em xeque tanto para o narrador de *Em busca do tempo perdido*, quanto para a narradora de *A paixão segundo G.H.* Diferentemente de um narrador realista tradicional, como por exemplo, aquele dos romances de Honoré de Balzac, que rege a cena como um mestre, os narradores modernos narram a partir de pontos cegos da cena — eles não sabem tudo, muitas vezes eles pouco compreendem, mas receberam um choque e precisam dar uma forma:

> "Pois como poderia eu dizer sem que a palavra mentisse por mim? como poderei dizer senão timidamente assim: a vida se me é. A vida se me é, e eu não entendo o que digo. E então adoro. - - - - - -"
>
> *A paixão segundo G.H.*

Se não se entende, e ainda assim é preciso relatar, esse relato precisa se reconhecer parcial, porque se escreve a partir de uma perda, de uma ausência, ou de uma falha:

> "Esse ela, G.H., no couro das valises, era eu; sou eu — ainda? Não. Desde já calculo que aquilo que de mais duro minha vaidade terá de enfrentar será o julgamento de mim mesma: terei toda a aparência de quem falhou, e só eu saberei se foi a falha necessária."
> *A paixão segundo G.H.*

Por mais que o quarto de empregada tenha camadas, que o prédio de G.H. tenha camadas, que o corpo da barata tenha camadas, tudo no relato precisa sofrer um processo de redução para caber nas palavras que a narradora precisa recriar a partir de um choque. Assim, o "ela" em que G.H. se transforma, digamos, é o que sobraria depois dessa travessia em que a personagem se despe de todos esses "eus", de todas as suas camadas.

Muitos leitores de *A paixão segundo G.H.* focam a experiência com a barata, deixando de lado o encontro com a empregada, quanto a mim, tenho quase uma predileção pela ênfase no encontro com Janair. A história teria começado com uma mulher, a patroa, tomando o café da manhã depois da demissão da empregada, Janair. A patroa, que diz ter talento para arrumação, está decidida a arrumar todo o apartamento, começando pelo quarto de empregada que ela julga estar escuro, sujo e entulhado. Essa vocação de G.H. para arrumar é muito importante porque arrumar tem a ver tanto com certo modo de dispor os objetos, quanto com um distintivo de classe que, neste caso, se embaralha (o quarto de empregada nada tem dos atributos supracitados geralmente vinculados à pobreza):

"Sempre gostei de arrumar. Ordenando as coisas eu crio e entendo ao mesmo tempo. Mas tendo aos poucos, por meio de dinheiro razoavelmente bem investido, enriquecido o suficiente, isso impediu-me de usar essa minha vocação: não pertencesse eu por dinheiro e por cultura à classe a que pertenço, e teria normalmente tido o emprego de arrumadeira numa grande casa de ricos, onde há muito o que arrumar. Arrumar é achar a melhor forma."

A paixão segundo G.H.

A patroa vai para os fundos do apartamento — o que já seria algo estranho, porque temos, sim, que estranhar essa arquitetura colonial e escravocrata que prevê a existência do quarto de empregada. Não podemos naturalizar o fato de que os apartamentos no Brasil tenham quarto de empregada, mesmo os pequenos — especialmente na Zona Sul do Rio de Janeiro, onde se passa o romance e onde vivia a elite do país nos anos 1960. E o Rio de Janeiro, especialmente, é uma cidade que tem uma arquitetura em que justamente os pobres moram em cima e, portanto, têm as melhores vistas, e os ricos moram embaixo. Essa geografia carioca e a arquitetura escravocrata do quarto de empregada compõem de modo problemático o romance.

Ao entrar no quarto de empregada e encontrar o vazio, como ela diz, faz aparecer justamente o ódio de classe da personagem — que ainda não tinha sido revelado. O apartamento de G.H. fora decorado com cuidado para protegê-la dos excessos. No quarto, diante dos rastros da empregada ausente, ela se depara com a quebra de expectativas e vê seu mundo, de classe média alta carioca, se estilhaçar.

> "O que eu via era a vida me olhando."
> *A paixão segundo G.H.*

Janair deixa na parede do quarto, que não era propriedade dela, um inesperado mural, e G.H. vai aproximá-lo de uma escrita. Ao tentar se lembrar de Janair, a narradora revela a invisibilidade e o anonimato com que ela, pertencente à classe média alta, julgava o outro, a outra classe. Mas, a partir do momento em que ela perde seus atributos, inclusive de classe, ela consegue se lembrar dos detalhes da empregada e reconhece que ela era como uma rainha africana, ou seja, é capaz de nomear e dar um rosto ao outro.

Janair despe G.H. das suas máscaras, a empregada despe a patroa de todos os seus atributos e cria um oco, e é a partir desse oco que a empregada passa a ser vista, a ter um nome e a ter um rosto.

> "Os traços — descobri sem prazer — eram traços de rainha. (...) Arrepiei-me ao descobrir que até agora eu não havia percebido que aquela mulher era uma invisível. Janair tinha quase que apenas a forma exterior, os traços que ficavam dentro de sua forma eram tão apurados que mal existiam: ela era achatada como um baixo-relevo preso a uma tábua.
> E fatalmente, assim como ela era, assim deveria ter me visto?"
> *A paixão segundo G.H.*

Esse encontro com a empregada pode ser lido como uma passagem para que se chegue à alteridade radical figurada através da barata. Como falar desse encontro radical que G.H. tem com a barata a ponto de experimentar a sua massa branca? É como se esse se confundir com o objeto, de alguma maneira, falasse do amor, que é também essa experiência de perda de limites em que o sujeito se experimenta no objeto o que, em sua radicalidade, pode provocar desamparo e devastação. Como se cria esse acontecimento na linguagem?

> "Sentada, consistindo, eu estava sabendo que se não chamasse as coisas de salgadas ou doces, de tristes ou alegres ou dolorosas ou mesmo com entretons de maior sutileza — que só então eu não estaria mais transcendendo e ficaria na própria coisa. Essa coisa cujo nome desconheço, era essa coisa que, olhando a barata, eu já estava conseguindo chamar sem nome. Era-me nojento o contato com essa coisa sem qualidades nem atributos, era repugnante a coisa viva que não tem nome, nem gosto, nem cheiro."
>
> *A paixão segundo G.H.*

A genialidade de Clarice Lispector aparece nesse trecho, por exemplo, em que faz existir essa coisa sem nome. Esse dar existência não é um não dito, mas um dito que justamente remonta a um dizer impossível.

> "Mal a direi, e terei que acrescentar: não é isso, não é isso! Mas é preciso também não ter medo do ridículo, eu sempre preferi o menos ao mais por medo também do ridículo:

> é que há também o dilaceramento do pudor. Adio a hora de me falar. Por medo?
> E porque não tenho uma palavra a dizer."
>
> *A paixão segundo G.H.*

O instante do choque vivido em absoluta mudez, do qual é impossível a reconstituição integral, de alguma maneira, é uma morte. Por um instante, no momento em que a barata está em sua boca, a palavra teria estado morta, mas G.H. faz o esforço de sair desse estado, vomita a barata, porque é esse movimento que confere força inegável ao que se viveu na tentativa de traduzir em cena algo que não tem explicação e, inicialmente, não tem nem mesmo forma, terá sido um desmaio. Ela volta do quarto, sim, com as mãos vazias, mas faz dessa experiência radical um livro, que agora será um filme. Ela atravessa a perda e a dor para povoá-la com a potência da criação.

> "A realidade é a matéria-prima, a linguagem é o modo como vou buscá-la — e como não acho. Mas é do buscar e não achar que nasce o que eu não conhecia, e que instantaneamente reconheço. A linguagem é o meu esforço humano. Por destino tenho que ir buscar e por destino volto com as mãos vazias. Mas volto com o indizível. O indizível só me poderá ser dado através do fracasso de minha linguagem. Só quando falha a construção, é que obtenho o que ela não conseguiu."
>
> *A paixão segundo G.H.*

O tempo do romance é o do dia seguinte, quando a barata já não é só uma barata. A partir do momento em que a barata perde essa dimensão literal e impossível de coisa, a narradora passa às metáforas e às metonímias. A barata foi esmagada, cingida pela cintura, o que leva G.H. a pensar que era uma fêmea. Nesse só-depois do espanto, a barata passa a ser a mãe, para quem ela reza, passa a ser o feto que ela abortou, o amante que ela amou. Ao dar outras significações ao acontecimento a partir do relato, a barata e a narradora já estão no plano da linguagem. A obra coloca em cena muitas figuras de linguagem, metáforas, paradoxos e oximoros, oscila entre polos aparentemente opostos e ambivalentes nas designações para a experiência, que vão do divino ao diabólico, do inferno ao paraíso, da vida à morte, da repulsa ao fascínio, uma vivificadora morte, no dizer da narradora.

Pode-se apontar, em *A paixão segundo G.H.*, no mínimo dois fracassos: um fracasso da linguagem em dizer integralmente um acontecimento traumático e um fracasso de uma possível revolução social que produziria um Brasil com outro modo de organização social e de outra relação de classe. Há ironia (herança machadiana?) no livro, porque a personagem, ao final, depois de sentir as velhas estruturas cederem, diz que vai retomar sua vida diária e comerá *crevettes*, o que é uma marca do privilégio da classe a que ela pertencia. Clarice escreveu esse romance quando morava no Leme, um bairro que porta em seu desenho a profunda desigualdade do país: diante do mar azul-esverdeado, há praticamente três ruas cercadas por dois morros com favelas que, hoje, têm tiroteios diários.

"Uma cidade de ouro e pedra, o Rio de Janeiro, cujos habitantes ao sol era seiscentos mil mendigos. O tesouro da cidade poderia estar numa das brechas do cascalho.

Mas qual delas? Aquela cidade estava precisando de um trabalho de cartografia."

A paixão segundo G.H.

Depois de falar para vocês talvez possa começar a pensar que a escultura de Clarice Lispector — modelada por Edgar Duvivier — está de costas para o mar, virada para o morro e para a pedra, para justamente não deixar que esqueçamos que o trabalho de cartografia, a que ela aludia em 1964, é ainda hoje mais necessário para não tornarmos abstratos os milhares de mendigos desta cidade de ouro e (muita) pedra. Como fazer ainda existir a brecha para a invenção?

* **Flavia Trocoli** é professora do Departamento e do Programa de pós-graduação em Ciência da Literatura, da UFRJ, membro-fundadora do Centro de Pesquisas Outrarte: psicanálise entre ciência e arte, no IEL/UNICAMP, organizadora de livros como *Um retorno a Freud* e *Teoria literária e suas fronteiras*, e autora de ensaios em torno de Clarice Lispector, Virginia Woolf, Marcel Proust e Marguerite Duras.

Índice

Apresentação	11
O Percurso G.H.	13
PRIMEIRO ATO	15
SEGUNDO ATO	45
TERCEIRO ATO	113
Posfácio – O indizível	194
OUTRAS PALAVRAS: Transcrição das Oficinas Teóricas dos especialistas na obra de Clarice Lispector que participaram do processo de criação do filme	197
No território da paixão: A vida em mim – Nádia Battella Gotlib	201
To be and not to be at the same time – Nádia Battella Gotlib	210
O perigo de estar vivo — Yudith Rosenbaum	223
Um romance altamente transgressor – José Miguel Wisnik	245
A subjetividade na cultura moderna e a revelação em Clarice Lispector – Franklin Leopoldo e Silva	252
"Esquecer-se de si e, no entanto, viver tão intensamente": A vitalidade da despersonalização – Rafaela Zorzanelli	273
A experiência da paixão: Da reconstituição impossível ao ato de invenção – Flavia Trocoli	281

A Paixão Segundo G.H. (2023)

CRÉDITOS DAS IMAGENS

Créditos das imagens (coletivo):
Paulo Mancini, Antonio Garcia Couto, Kity Féo, Mariana Villas-Bôas, Thanara Schönardie, Luiz Fernando Carvalho e Melina Dalboni

Encarte 01:
Clarice Lispector: acervo Paulo Gurgel Valente

Sala de G.H.: frame do filme *A paixão segundo G.H.*

G.H. (Maria Fernanda Candido) de robe branco e na piscina: Paulo Mancini

G.H. (Maria Fernanda Candido) e câmera: Antonio Garcia Couto

Janair (Samira Nancassa) e claquete: reprodução Luiz Fernando Carvalho

Encarte 02:
Reprodução dos cadernos do diretor Luiz Fernando Carvalho

Créditos dos profissionais nas imagens:
Anele Rodrigues, Bira Guidio, Bruno Armelin, Caio Muniz, Cesinha Maquinista, Cidão, Daniela Fonseca, Eduardo Ribeiro, Fabiano Nunes, Felipe Alves, Fernando Menudo, Isaac Douglas, Jessica Weirich, João Irênio, Juliana Lins, Kity Féo, Lara Aline, Luiz Fernando Carvalho, Marcello Ludwig Maia, Maria Fernanda Candido, Mariana Villas-Bôas, Melina Dalboni, Miqueias Lino, Nádia Battella Gotlib, Natasha Magalhães, Paulo Mancini, Pedro Mota, RafaEu DumDum, Ronaldo Buiu, Rosário Soares, Samira Nancassa, Silvia Sobral, Thanara Schönardie, Tomás Biaggi Carvalho e Vlademir Ferreira Ferraz

Copyright © 2024 *by* Melina Dalboni

Direitos desta edição reservados à
EDITORA ROCCO LTDA.
Rua Evaristo da Veiga, 65 – 11º andar
Passeio Corporate – Torre 1
20031-040 – Rio de Janeiro – RJ
Tel.: (21) 3525-2000 – Fax: (21) 3525-2001
rocco@rocco.com.br
www.rocco.com.br

Printed in Brazil/Impresso no Brasil

A autora e a editora não mediram esforços para reconhecer e contatar as fontes e/ou detentores dos direitos autorais de cada imagem. Qualquer omissão e/ou erro involuntário ocorrido será corrigido numa futura edição desta obra.

Design de capa e cadernos de imagens: Victor Burton
Foto verso de capa: Bluma Wainer
Preparação de originais: Pedro Karp Vasquez

CIP-BRASIL. CATALOGAÇÃO NA PUBLICAÇÃO
SINDICATO NACIONAL DOS EDITORES DE LIVROS, RJ

D139d

    Dalboni, Melina
       Diário de um filme : a paixão segundo G.H. / Melina Dalboni. - 1. ed. - Rio de Janeiro, 2024.

       ISBN 978-65-5532-371-9
       ISBN 978-65-5595-237-7 (recurso eletrônico)

       1. Lispector, Clarice, 1920-1977. A paixão segundo G.H. (Cinema). 2. Adaptações para o cinema - Diários. 3. Cinema e literatura - Diários. I. Título.

	CDD: 791.436
23-87209	CDU: 791.31:82

Meri Gleice Rodrigues de Souza - Bibliotecária - CRB-7/6439

O texto deste livro obedece às normas do Acordo Ortográfico da Língua Portuguesa.

Impressão e Acabamento:
GEOGRÁFICA EDITORA LTDA.